"등잔 밑이 어둡다"는 말처럼 자기의 단점을 정작 자신은 모르는 경우가 많습니다. 그래서 친구의 진심 어린 충고는 발전에 큰 도움이 됩니다. 이런 점에서 '한국에 뿌리를 둔 서양인' 피터 언더우드(Peter Underwood)의 역저 《퍼스트 무버(First Mover)》는 우리가 귀담아 들어야 할 소중한 제언이라고 생각합니다.

지금 한국경제, 한국기업은 새로운 도전에 직면해 있습니다. 지금까지 선진국을 모방하는 패스트 팔로어(fast follower)의 방식으로 많은 성과를 이루어냈지만 이제 새로운 창의와 혁신 없이는 선진국을 뛰어넘기 어려울 것입니다.

이러한 시기에 한국이 새로운 제품을 창조하고 세계 시장을 선도하는 퍼스트 무버로 변화해나가야 한다는 저자의 충고는 가슴 깊이 새길 만합니다. 아울러 이러한 변화는 창의성과 다양성을 키우는 교육과 개방적이고 효율성을 중시하는 사회를 통해 가능하다는 그의 지적에 공감하지 않을 수 없습니다.

언더우드家는 한국과 한국인의 오랜 친구입니다. 1885년 언더우드 1세가 처음 입국한 이래 4대에 걸쳐 한국의 교육, 종교, 사회 발전에 기여해오고 있습니다. 우리를 가장 잘 아는 외국인 피터 언더우드의 애정 어린 제언은 우리가 선진국가, 일류기업으로 발전해가는 데 좋은 지침이 될 것입니다.

■ **손경식** 대한상공회의소 회장

피터 언더우드의 책을 읽으면서 한국 사회의 여러 가지 병리 현상과 치유 방안에 대해 더욱 깊게 이해할 수 있게 되었습니다.

40년 이상 한국에서 치열하게 살며 느낀 생생한 경험을 바탕으로 서양인과 한국인의 경계를 자유자재로 넘나들며 쓴 그의 글은 촌철살인의 혜안으로 한국의 사회와 경제를 진단합니다.

한국이 운명을 건 자세로 변화해야 한다는 진정 어린 조언과 한국에 대한 애틋한 사랑의 메시지가 진한 감동으로 다가옵니다. 한국의 근본적인 변화를 고민하는 모든 이들에게 필독을 권합니다.

▪ **박상용** 연세대학교 경영대학장

무역을 시작한 지 반 세기 만에 무역 1조 달러를 달성한 대한민국. 그리고 무역 2조 달러를 향해 새로운 항해를 막 시작하려는 이때 발간된 《퍼스트 무버》는 무역 2조 달러로 가기 위해서 우리가 지금 무엇을 해야 하는지 잘 일깨워주고 있습니다.

지금까지 한국을 이끌었던 패스트 팔로어(fast follower)적인 생각과 행동 방식을 하루 빨리 버리고 창의성과 도전정신이 통하는 퍼스트 무버(first mover)로서의 과감한 변신 필요성, 그리고 '한국의 국제화는 주고받는 국제화가 아닌 밖으로 나가는 일방적인 국제화였다' 는 그의 지적은 우리에게 시사하는 바가 매우 크다고 할 수 있습니다.

저자인 피터 언더우드는 127년간 4대째 이 땅에서 살고 있는 언더우드 가문의 증손으로서 한국을 가장 잘 아는 한국인이자 서양인입니다. 그래서 한국과 한국인, 그리고 한국사회에 대한 애정과 진정성이 담긴 이 책의 메시지가 더욱 소중하게 느껴집니다.

■ **홍석우** 지식경제부 장관

전쟁의 폐허를 딛고 일어선 대한민국 사람들은 이 지구상에 기적을 이루었고, 지난 50년 동안 인류가 지금껏 겪어보지 못한 속도로 발전해왔습니다. 이 눈부신 변화 속에서 우리 자신들도 너무 많이 변화하여 모두가 정체성의 혼란 속에 빠진 순간들이 있었다는 것을 누구나 공감할 것입니다. 언더우드 가족은 130여 년 전 미지의 땅 한국에 와서 연세대학교라는 큰 선물을 한국 민족에게 안겨주었습니다. 그 연세대학교는 한국이 좋을 때나 나쁠 때나 언제나 우리를 지켜준, 대한민국 사람들이 사랑하는 학원이라고 나는 생각합니다. 오늘 피터 언더우드는 이 책을 출판하면서 또다시 우리에게 선물을 전해주었습니다. 그는 객관적인 시각에서, 그리고 제3자의 입장에서 한국의 변화된 모습을 명징하게 보여주고 있습니다.

그의 저작은 대한민국의 좋은 점과 나쁜 점을 사업가 측면에서 예리하게 분석하고, 세계에서 중추적인 역할을 맡을 수 있도록 미래를 향해 한 발 더 나아가는 데 밑거름이 되는 책입니다. 한국의 모든 지성인들에게 한 번쯤 읽어보기를 권합니다. 무엇보다도 한국에 대한 깊은 사랑에서 나온 책이기에 그의 메시지가 더욱 공감을 얻을 것입니다.

■ **인요한(존 린튼)** 연세대학교 세브란스병원 가정의학과장

FIRST MOVER
퍼스트 무버

Copyright ⓒ 2012 피터 언더우드
이 책은 황금사자가 발행한 도서로서 본사의 허락 없이
책 내용의 일부 또는 전체를 복사하거나 전재하는 행위를 금합니다.

FIRST MOVER

한국, 한국인, 한국경제를 위한 진실을 말하다

퍼스트 무버

피터 언더우드 지음

FIRST MOVER

조금 긴 서문
언더우드, 한국에 뿌리를 둔 서양인

대한민국이 더 넓은 세상으로 나아가기를… 014

- 언더우드 가문, 한국을 떠났다? —— 014
- 언더우드, 당신의 국적은 어디입니까? —— 016
- 단 두 개의 세상 —— 019
- 한국 뿌리의 서양인으로 살아왔다는 것 —— 020
- 진심으로 열린 마음을 꿈꾸며 —— 021

CHAPTER 1
한국, 역동적이고 아름다우며 특별한 나라

목표를 향해 가는 폭발적인 에너지 028

- 세상에서 단 하나뿐인 나라, 코리아 —— 028
- 우리를 위한 개인의 희생 —— 031
- 불가능한 목표를 세우고 초과 달성하는 나라 —— 033
- 우리를 돌아보는 소중한 시간 —— 035

CHAPTER 2
'운명을 건 변화'를 제안한다

눈 덮인 산길을 걷는 자의 발자국 038

- 한국 경제 위기인가 —— 038
- 한국, 눈 덮인 산길을 걷기 시작했다 —— 041

역사에서 가장 중대한 변화의 기로 044
- 위기의 징후가 보이기 시작하면 늦다 —— 044
- 가격과 품질을 넘어서야 한다 —— 045

변화를 위해서는 운명을 걸어야 한다 049
- '변화의 시계'는 멈춰서 있다 —— 049
- 변화를 거부하는 슬픈 자화상 —— 051
- 변화를 위해서는 운명을 걸어야 한다 —— 054

변화를 받아들일 준비가 돼 있는가 056
- 한국다움을 지켜야 하지만 —— 056
- 한국다움의 대안은 서양다움이 아니다 —— 057
- 현상만을 고치는 것은 대안이 아니다 —— 058
- "담당자가 누구야?" 문화 —— 060
- 변화를 받아들일 준비가 돼 있는가 —— 062

CHAPTER 3
이룰 수 없는 꿈, 노벨상

새로움, 창의성, 생각하는 능력 064
- 엉덩이에 새겨 넣은 장미 문신 —— 064
- "남의 인생을 살지 마라" —— 069
- 노벨상, 불가능한 꿈인가? —— 071

정답은 두 개 이상일 수 있다! 074
- 3차 방정식의 의미 —— 074

- ■ 점수 위주 교육의 폐해 —— 076
- ■ '하나의 정답'은 창의력을 말살한다 —— 078

문제를 푸는 것과 문제를 해결하는 것 081
- ■ 소크라테스의 교육 방식 —— 081
- ■ 정교와 정확은 다르다 —— 083
- ■ 제발 질문을 하라 —— 084
- ■ 교육의 권위가 한국을 망가뜨린다 —— 085

우리는 1980년대형 인재를 양산하고 있다 088
- ■ 우골탑의 역사는 미래를 보장해주지 않는다 —— 088
- ■ 우리의 뇌는 저장 장치가 아니다 —— 090
- ■ 아이디어 싸움으로 충만한 교육 현장을 만들자 —— 091
- ■ "숙제 하지 마라, 책 읽지 마라" 권하는 노벨상 수상자들 —— 093

CHAPTER 4
'권위'의 시대는 끝났다

권위의 나라 한국 098
- ■ 청바지가 낳은 비극 —— 098
- ■ 권위의 나라 한국 —— 101
- ■ 군사 독재가 낳은 새로운 '돌격 문화' —— 103
- ■ 경제개발 5개년 계획의 마인드 —— 104

군림으로는 미래를 헤쳐나가지 못한다 106
- ■ 군림은 떨쳐버리기 힘든 유혹 —— 106

- 미래는 정해진 것이 아니라 궁금한 것이다 —— 107
- 상하문화가 아니라 수평문화다 —— 109
- 군림이 아니라 설득이다 —— 111

가장 위에서 먼저 바뀌어야 한다 114
- '건방짐'의 데자뷰 —— 114
- 막 나가면 안되는 사회 —— 117
- '미국의 힘'이라 불린 한 장의 사진 —— 118

'멋진 실패'에 상을 줘라 122
- KAL의 추락, 그리고 권위주의 —— 122
- 다양성과 창의성의 시대, 실패가 존중되는 사회 —— 123
- 스컹크 워크스의 비밀 —— 126
- 다양함은 권위주의보다 강하다 —— 128

CHAPTER 5
재벌 경제, 변화가 필요하다

재벌 체제의 핵심, 오너 132
- 왕자가 왕만큼 똑똑할 확률은? —— 132
- 재벌의 사전적 의미 —— 134
- 가족이 '소유'하고 있기는 한 건가 —— 137
- 북한은 한국 7위의 재벌 —— 139
- 월급 사장의 비애 —— 141
- 한국 사회에서 재벌이 갖는 의미 —— 143
- 몇 가족의 유전자에 한국의 운명을? —— 145

재벌 경제 체제의 공정성 문제 148
- 승복의 문화가 필요하다 —— 148
- 재벌들의 행패 —— 150
- 규제가 아니라 환경을 제대로 만들어야 한다 —— 152
- 반기업 정서의 본질 —— 155
- 빌 게이츠, 그리고 40년 전 한국 선각자의 행동 —— 156

주주자본주의 : 새로운 시대의 뿌리 159
- 주주자본주의의 원칙으로 가자 —— 159
- 권력 분산, 창의성을 키우는 새로운 토양 —— 161
- 이익의 분배, 리더를 키우는 새로운 전략 —— 165
- 유능한 경영자가 한국의 미래다 —— 166
- 진정으로 후대에 물려줘야 할 것은 —— 168

CHAPTER 6
'인연'을 버리고 '이성'을 세우자

한국만의 독특한 공동체 문화 174
- 히딩크가 남기고 간 그림자 —— 174
- 공동체, 성공을 위한 중요한 요소 —— 178
- 공동체 문화가 낳은 끈과 연줄 —— 179
- 공동체 문화가 낳은 파벌 —— 181

공동체 문화의 네 가지 문제점 185
- 파벌은 재생산된다 —— 185
- 작은 공동체가 큰 공동체를 망친다 —— 187

- 희생의 강요는 창의성을 막는다 —— 189
- 뿌리를 해결하지 못하는 '인연과 끈'의 문화 —— 191
- 다양성이 사라진다 —— 193

학벌주의가 낳은 비극 196
- 학벌주의의 비효율성 —— 196
- SKY 졸업장은 인재들의 도전 정신을 막는다 —— 197

오로지 효율성만을 생각하자 200
- 평가 제도의 변화가 필요하다 —— 200
- 고소영의 비극, 리더들은 모범을 보여야 한다 —— 201

CHAPTER 7
개방은 경쟁력이다

외로운 섬나라, 한국 208
- 반도에서 섬으로 —— 208
- 다가가지 않고 다가오기를 바라는 나라 —— 210
- '진짜 섬나라' 일본의 비극 —— 212

혼혈은 순혈보다 아름답고 강하다 215
- 우리 기술, 우리 제품의 함정 —— 215
- 'KTX-산천'이 보여준 '우리 것 집착'의 비극 —— 218
- 혼혈은 아름답다 —— 220
- 하이브리드와 잡종의 차이 —— 222
- '한식 세계화'가 보여준 코미디 —— 224

- 우리가 해온 것이 국제화였을까 —— 226
- 한국인의 피부 색깔은 살색이 아니다 —— 229

진심으로, 그리고 진취적으로 개방하라 231
- 개방은 경쟁력, 받아들이지 말고 쟁취하라 —— 231
- 진심으로 마음을 열어야 한다 —— 233

CHAPTER 8
Fire! Aim! Ready?

숫자와 기록, 우리가 집착했던 것들 238
- '빨리빨리!' 한국인을 상징하는 단 하나의 단어 —— 238
- 한국처럼 동시동작에 강한 사람들이 없다 —— 240
- '기록 단축'과 '남과 비교하기' —— 241
- 패스트 팔로어의 숙명 —— 244
- 퍼스트 무버의 숙명 —— 246

속도가 해결할 수 없는 새로운 문제들 249
- 되돌아가기에 우린 너무 멀리 와 있다 —— 249
- 검은 백조의 등장 —— 254
- 티 나지 않아서 슬픈 강점, 신중함 —— 256

속도에 대한 새로운 개념 260
- '빨리빨리'의 반대말은 '천천히'가 아니다 —— 260
- 신중할수록 더 빠르다 —— 261

책을 마치며
우리는 무엇으로 세상의 중심이 될 것인가

전 세계를 호령하는 허브 오브 엑설런스 266
- 허브와 '지리적 유리함'의 차이 —— 266
- 중국과 인도, 일본이 초강대국? —— 267
- 사이즈가 모든 것을 해결해주지는 않는다 —— 270
- 우리는 무엇으로 세상의 중심이 될 것인가 —— 274
- 한국인이 품고 있는 '꿈의 크기'는 어느 정도인가 —— 277

조금 긴 서문

언더우드,
한국에 뿌리를 둔 서양인

■ ■ ■

나는 나 스스로를 '한국에 뿌리를 둔 서양인'이라고 믿는다. 여기에는 한국과 서양, 두 가지 사이에 어떤 비중의 차이도 없다. 나는 한국에 뿌리를 두었다는 사실도 포기할 수 없고 절대 포기하지 않을 것이며, 나 자신이 서양인이라는 사실도 부인하고 싶은 생각이 결코 없다.

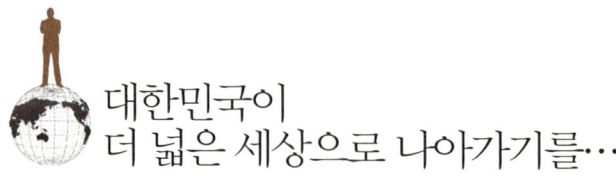
대한민국이
더 넓은 세상으로 나아가기를…

■ **언더우드 가문, 한국을 떠났다?**

2005년, 형(형의 한국 이름은 '원한광'이다. 형은 한미교육위원회 위원장을 맡고 있었다)이 가족과 함께 한국을 떠나기로 했을 때 당시 대부분의 언론에서는 '100년 뿌리를 가진 언더우드 가문이 한국을 떠난다'라는 제목으로 그 일을 보도했다.

나는 이미 오래 전부터 한국에서 일을 하고 있었고 당시에도 한국을 떠날 생각이 없었다. 그러나 거의 모든 언론 보도의 제목은 '언더우드 가문, 한국을 떠난다'였다.

사실 서운한 마음이 앞섰다. 한국을 떠나는 형 역시 기자들에게 "동생이 한국에 남는다"라는 사실을 분명히 여러 차례 밝혔다고 한다. 하지만 그때 그 사건으로 한국에서 언더우드 가문은 '공식적'으로 떠난 것이 돼버렸다. 심지어 북한에서는 "기독교 반동 가문인 언더우드 집안이 한국에서 쫓겨났다"고 알려졌다 한다.

이후 줄곧 한국에서 사람들에게 내 소개를 하면 "언더우드 가문은 떠났다는데?" "당신, 진짜 언더우드 가문 후손 맞아?"라는 반응이 나왔다. 내가 언더우드 가문의 후손임을 굳이 밝힐 이유도 없고, 그로 인해 어떤 이득을 챙길 생각도 전혀 없지만 엄연히 남아 있는 나를 두고 "가문 전체가 한국을 떠났다"라고 묘사하는 것이 유쾌하지만은 않았다.

우리 집안은 선교사 집안이다. 나의 증조할아버지도 선교사였고 할아버지와 아버지도 선교사였다. 또 우리 형도 한동안 선교사로 일을 했다. 그런데 나부터 선교사가 아닌 다른 직업을 가지기 시작했다.

언더우드 가문에 대해 잘 아는 많은 이들이 묻는다. "당신은 왜 선교사라는 직업을 선택하지 않았나요?"

물론 아버지가 선교사라고 아들이 선교사여야 할 이유는 없다. 하지만 가문의 이력 자체가 1대도 아니고 2대, 3대도 아니고, 무려 4대 연속으로 선교사 생활을 했으니 "피터 언더우드는 왜 선교사를 하지 않지?" 궁금하게 여길 법도 하다.

하지만 어떤 일을 시작하면 반드시 그 일을 맺어야 할 때가 온다. 미국 국적을 가진 선교사로서 기독교가 전파되기 이전의 조선, 그리고 기독교가 조심스레 발전하던 시기의 한국에서는 우리 가문이 해야 할 일이 있었을 것이다.

하지만 내가 자라고 성인이 된 시기부터는 그렇지 않았다. 그때 이미 한국의 기독교는 세계적으로 가장 놀라운 성장세를 보이고 있었다. 외국의 선교사가 한국에 와서 일을 해야 할 상황이 아니라, 오히려 한국 선교사들이 해외에 나가 활발하게 포교를 해야 할 시기였다.

이것이 내가 선교사를 직업으로 택하지 않은 중요한 이유 가운데 하나다. 언더우드 가문의 사람으로서, 한국의 기독교 발전을 위해 일해야 하는 시기가 저물었기 때문이다. 내가 한국의 기독교 발전을 위해 이바지할 영역이 아버지나 할아버지, 증조할아버지 시대만큼 남아 있지 않았기 때문이다.

사람에게는 시대에 따른 소명이 있다. 그 시대에 맞는 사람이 있고, 세월이 지나 또 다른 시대가 오면 또 그 시대에 맞는 다른 사람이 있다.

형도 한국을 떠나면서 그 이유를 이렇게 설명했다. "가문이 한국에 오면서 꿈꿨던 일들이 모두 이뤄졌기 때문"이라고. 아마 형이 드러내고자 하던 바도 내 생각과 마찬가지로 선교사 집안으로서 언더우드가의 소명은 이제 다 마쳤다는 뜻이었을 것 같다.

■ 언더우드, 당신의 국적은 어디입니까?

한국에 살면서 가장 많이 듣는 질문 가운데 하나가 바로 이것이 아닐까 싶다. "당신의 국적은 어디냐, 당신은 스스로를 한국 사람이라고 생각하느냐, 아니면 서양 사람이라고 생각하느냐?"라는 질문 말이다.

이 질문에 대한 내 대답은 항상 하나, "나는 한국에 뿌리를 둔 서양인(Korea rooted Westerner.)"이라는 것이다.

이렇게 답하면 "알겠는데, 그러니까 그 답은 한국인이라는 거냐, 아니면 서양인이라는 거냐?"라는 후속 질문이 들어온다. 그러나 내 대답은 고지식하지만 마찬가지다. "한국에 뿌리를 둔 서양인입니다"라는 것이다.

딱 부러지지 않는 나의 답을 듣고 사람들이 서운한 기색을 내보일 때도 있다. 그것이 느껴진다. 또 적지 않은 사람들이 "언더우드는 스스로를 서양인이라고 생각하는구나"라고 단정짓기도 한다.

> 실제 우리 집안은 4대째 서울에서 살고 있다. 지금 돌이켜보면 한국에서 4대째 순수하게 서울을 지켜온 가정이 몇이나 될까 궁금하기도 하다.

하지만 아니다. 나의 정체성은 한국인, 또는 서양인 둘 중 하나로 규정할 수 있는 것이 절대 아니다. 내가 '한국에 뿌리를 둔 서양인'이라고 표현하는 것은, 말 그대로 내 뿌리는 한국이며 내가 생각하는 방식과 문화에는 한국과 서양 모두가 섞여 있다는 뜻이다.

이 때문에 나는 한국을 제3자적 시각에서 '한국'이라고 부르기도 하고, 또 따뜻한 애정을 담아 '우리나라'라고 부르기도 한다. 가끔 한국 사람을 지칭할 때면 '한국인'이라고 부르기도 하지만, 또 가끔은 '우리나라 사람들'이라고도 부른다. 이 두 가지 시각은 내가 선택하고 어쩌고 할 수 있는 문제가 아니다.

"둘 중 하나를 선택하라" 하고 강요를 해도 소용없다. 사람들 듣기 좋으라고 "나는 100% 한국인입니다"라고 말할 수는 있겠지만 그건 진실이 아니다. 그렇다고 또 '나'라는 사람이 단지 '한국에 오래 산 서양인'이라는 뜻도 아니다.

사람들이 나에게 고향이 어디냐고 물어보면 난 '연희동'이라고 답한다. 내 고향은 실개천이 흐르던 서울의 변두리(내가 어렸을 때 신촌은 변두리였다) 연희동이었다. 나는 그곳에서 자랐고 그곳에서 개구리를 잡으며 놀았다.

내 친구가 논과 밭 사이에 설치돼 있던 거름통에 빠져 똥물을 뒤집어쓴 모습을 보고 깔깔대면서 놀렸던 곳도 연희동이고, 모든 것이 꽁꽁 얼어붙은 겨울철 논 위에서 얼음을 지치며 시간 가는 줄 모르고 행복해 했던 곳도 신촌이다. 콜라 캔으로 이어 만든 연통 난로 앞에서 손을 호호 거리며 추위를 녹였던 곳도 내가 지금 살고 있는 이곳 연희동이다. 실제 우리 집안은 4대째 서울에서 살고 있다. 지금 돌이켜보면 한국에서 4대째 순수하게 서울을 지켜온 가정이 몇이나 될까 궁금하기도 하다. 그래서 나보고 '서울 토박이'라고 불러도 난 거부감이 전혀 없다.

하지만 나에게 한국의 수많은 문화를 100% 거부감 없이 받아들일 수 있는지 누가 묻는다면, 내 대답은 "그렇지 않다"는 것이다. 나는 연줄을 따라 내 사람을 챙기는 한국만의 공동체 문화나, 한국의 많은 기업에 일반화돼 있는 가족 중심의 경영 방식에 찬성하지 않는다.

이는 내가 한국의 문화를 이해 못해서가 아니라 한국을 너무 잘 이해하고 있기 때문이라고 생각한다. 만나면 단 3분 만에 형과 동생이 나뉘고 서열이 구분되는 독특한 한국 문화를 잘 알지만, 그보다는 서양식으로 만나 나이에 상관 없이 편하게 악수도 하고 이야기하는 것을 더 익숙하게 생각한다.

그래서 나는 나 스스로를 '한국에 뿌리를 둔 서양인'이라고 믿는다. 여기에는 한국과 서양, 두 가지 사이에 어떤 비중의 차이도 없다. 나는 한국에 뿌리를 두었다는 사실도 포기할 수 없고 절대 포기하지 않을 것이며, 나 자신이 서양인이라는 사실도 부인하고 싶은 생각이 결코 없다.

■ 단 두 개의 세상

나에게는 이렇게 두 개의 세상이 공존한다. 나는 1955년 5월 5일 미국에서 태어났지만 3개월이 지난 뒤 한국으로 들어왔다. 친구들에게 "내가 3개월 됐을 때 아빠 보고 한국 가자고 옹알거렸는데, 아빠가 똑똑해서 알아들으시더라" 농담 삼아 말하기도 한다.

그리고 어린 시절을 줄곧 한국에서 보냈다. 잠깐 미국에서 공부한 적도 있지만 고등학교 때까지 학창시절 나의 주무대는 한국이었다.

아마 이때부터 나에게는 두 개의 세상이 공존하기 시작했던 것 같다. 한국에서 학교를 다녔지만 외국인 학교를 다닌 탓에 주로 접한 문화는 서양의 것이었다. 그리고 집에 돌아오면 다시 한국 친구들과 놀면서 한국의 문화와 어울렸다.

학교에서 영어를 사용할 때면 자연스럽게 서양의 문화가 몸에서 나타났다. 그리고 집 주변에서 한국 친구들과 놀며 한국말을 사용할 때면 한국인이 됐다. 나도 모르고 있었지만, 지금 생각해보면 당시 내가 사용했던 언어에 따라 나의 생각과 문화도 두 가지로 점차 분리되고 있었는지도 모른다.

실제 나는 초등학교 다닐 때까지 상당 기간 동안 세상에 국가라고는 한국과 미국, 딱 두 개뿐인 줄 알고 있었다. 초등학교 1학년 때 일본 공항에서 나의 한국말 질문에 대꾸도 않고 지나치던 일본인을 보고 "아빠, 저 사람은 왜 내가 한국말로 물어봤는데 대답을 안해줘? 왜

저렇게 불친절해?"라고 분개했던 기억이 난다. 당시 나는 세상에 한국과 미국 이외에 일본이라는 다른 나라가 있을 수 있다는 사실을 이해하지 못했던 것 같다.

■ 한국 뿌리의 서양인으로 살아왔다는 것

그리고 나이가 들면서 점차 이 분리된 세상에 대해서 나만의 시각을 갖기 시작했다. 미국 대학 시절 내 전공은 아시아 역사였다. 그리고 너무 자연스럽게 전공을 마친 뒤 다시 한국에 돌아왔다.

한국에 돌아오자마자 박정희정권의 군사 독재가 마무리되는 모습과 신군부가 쿠데타 과정을 통해 다시 집권하는 과정을 지켜봤다. 그들이 얼마나 폭압적인 방법으로 한국의 젊은이들을 탄압했는지, 그리고 1970년대 후반 한국의 수많은 국민들이 경제 개발을 위해 얼마나 살인적인 노동 강도를 감내하며 자신들을 희생했는지에 대한 기억은 잊히지 않는다. 내가 1981년 한국을 떠나 일본에서 잠시(4년) 생활의 터전을 잡았던 것은, 아마도 또다시 군사 정권이 들어선 한국의 현실에 대한 안타까움과 실망감 때문이었을지도 모른다.

정말 너무나도 못살았던 한국은 정말 너무나도 눈부시게 발전을 하고 있었다. 1988년부터 나는 한국에서 컨설팅 회사에 입사해 일을 시작했다. 내 주요 임무는 한국에서 사업을 하고 싶어 하는 서양인들에게 한국의 상황을 설명하고 그들의 사업이 보다 원활하게 이뤄질 수 있도록 돕는 일이었다.

이 시기부터 내 머리 속에서는 나의 뿌리인 한국과 나의 현실인 서양인이라는 사실이 조금씩 분명하게 구분이 돼가고 있었다. 서양인을 이해시키기 위해 서양인의 시각으로 한국을 보면서 한국만이 가지고 있는 독특한 장점과 단점을 더욱 정확히 알 수 있었다.

또 한국의 뿌리를 기반으로 하고 있었기에 한국의 시각으로 서양인들에게 한국을 설득시키는 작업도 꽤 잘할 수 있었던 것 같다. 어쩌면 나는 다른 어떤 문화적 배경을 가진 사람보다 한국에 대해 더 객관적으로 볼 수 있었을지도 모른다.

■ 진심으로 열린 마음을 꿈꾸며

책을 쓰자는 제안을 받고 사실 많은 고민이 있었다. 100년 넘게 선교사 가문으로 알려졌던 언더우드 가문의 후손이 한국의 문화 및 경제와 한국 비즈니스에 관한 이야기를 하는 것이 어떻게 받아들여질까, 그리고 나의 선조들이 한국에 보여줬던 무한한 애정에 내가 뭔가 흠집을 남기는 것이 아닐까 하는 두려움도 있었다.

하지만 깊은 고민 끝에 이 책을 쓰기로 결심한 가장 큰 이유는 이것이었다. 20년 넘게 컨설턴트로 일하면서 한국과 서양에 관하여 많은 비교 경험과 지식을 갖게 됐다. 그런데 나는 이 지식을 주로 외국 비즈니스 관계자들에게 설명하는 방식으로 사용해왔다.

그런데 이제 그 역할을 바꿔보고 싶은 생각이 들었다. 한국에는 외국인들이 한국에 대해 쓴 감상평도 있고 한국인 스스로가 자신들을 진단한 연구 논문도 있다. 하지만 그 모든 것이 다 객관성과 주관성 사이에서 혼란스러운 모습을 보일 때가 많다.

그래서 때때로 우리는 외국의 권위자가 한국을 어떻게 평가하는지에 지나치게 의존하거나, 아니면 그들의 의견을 "그건 걔들이 한국을 잘 모르니까 하는 이야기지"라며 무시하는 극단적인 모습을 보인다.

한국은 자신만의 독특한 문화를 토대로 세계에서 전례를 찾기 힘든 속도로 발전을 한 나라다. 따라서 이런 이유 때문에 한국에 대한 어설픈 분석은 한국 사람들에게 공감을 불러일으키지 못한다.

하지만 그 때문에 한국은 자신만의 독특함을 쉽게 내려놓지 못한다. 지적도 많고, 그 지적에 대해 공감하는 사람도 많지만 실제 생활의 모습은 쉽사리 바뀌지 않는다. 한국만의 정서를 이해하지 못한 상태에서 순수하게 웨스턴(western) 사고 방식으로 한국을 비평하면 한국 사람들은 절대 공감을 못하는 것이다.

나는 이 '불편한 간격' 사이에 서 있는 사람이다. 그리고 평생을 한국의 비즈니스 환경을 분석하고 그것을 서양인들에게 설명하는 일을 하면서 살아왔다. 돌이켜보면 내가 서 있는 자리, 한국에 뿌리를 둔 서양인이라는 위치가 '참으로 불편한 간격'일 수도 있다. 그러나 반대로 생각해보면 그 불편한 간격이, 어쩌면 지금의 한국에 충심 어린 조언을 하기에 더 없이 좋은 포지션일 수도 있다.

물론 그 조언을 하기 위해 가장 중요한 전제는 한국에 대한 애정이다. 나는 이 애정이 없는 상태에서 이뤄지는 한국에 대한 설명은, 그 내용이 아무리 훌륭해도 별다른 성과를 내기 어려울 것이라고 생각한다. 한국 사람들이 한국이라는 공동체에 대해 갖고 있는 자부심과 애정은 세계 어느 나라에서도 찾아보기 어려운 고유하고 강력한 것이기 때문이다. 그리고 진심으로 말하는데, 나는 내 뿌리인 한국에 대해 진심 어린 애정을 가지고 있는 사람이다.

지금 써 내려가기 시작한 이 책은 그런 취지에서 만들어진 것이다. 수십 년 동안 서양인에게 설명했던 한국만의 독특한 문화와 진실을, 이제 내가 뿌리를 두고 있는 수많은 한국 사람들에게 설명하고 동의를 구하고 싶다. 그리고 그것이 한국의 발전에 작은 도움이라도 되기를 간절히 바란다.

> 수십 년 동안 서양인에게 설명했던 한국만의 독특한 문화와 진실을, 이제 내가 뿌리를 두고 있는 수많은 한국 사람들에게 설명하고 동의를 구하고 싶다. 그리고 그것이 한국의 발전에 작은 도움이라도 되기를 간절히 바란다.

나는 한국이 더 넓은 세상으로 나아가기를 진심으로 소망한다. 내가 보기에 지금 우리가 한층 더 열린 마음을 갖느냐 그렇지 않느냐는 것은 단순한 에티켓의 문제가 아니라 한국의 미래가 걸린 생존의 문제다.

우리의 강점을 지키되, 버릴 것은 냉정하게 버려야 한다. 한국적인 문화에 대한 자부심을 잃지 않되, 더 나은 진전을 위해 받아들여야 할 서양의 문화는 과감하게 채택해야 한다.

앞으로도 이 책에서 여러 차례 강조하겠지만 서양의 문화라고 해서 반드시 옳은 것은 아니다. 오히려 내가 보기에 한국 문화 가운데 상당

수는 효율성이나 집중력 면에서 서양 문화를 능가하는 훌륭한 것들이 적지 않다. 한국이 괜히 50여 년이라는 짧은 시간 안에 전쟁의 폐허에서 세계 13위의 경제 강국으로 성장한 것이 아니다.

하지만 그것이 반대로 "한국적인 것만을 고수해야 한다"라는 논거도 되지 않는다. 서양 것이어서 받아들이는 것이 아니라 "남의 나라 것이라도 필요하다면 과감히 수용해야 한다"라는 개방의 정신이 필요하다. 문화란 자신의 것만 고수할 때 정체되고, 능력은 순수 혈통에 집착할 때 퇴보하기 마련이다.

나는 '한국에 뿌리를 둔 서양인'이라는 나의 정체성에 조금도 불만을 가지고 있지 않다. 다만 한국이라는 사회가 "그러니까 너는 서양인이잖아"라면서 나를 배척하지 않기를 간곡히 소망할 뿐이다. 또 반대로 "그래, 네 뿌리는 한국이니까"라며 나를 맹목적으로 받아들여주기를 원하지도 않는다. '한국에 뿌리를 둔 서양인'이라는 것은 '한국인이냐, 서양인이냐'를 굳이 구분하지 않아도 그 자체만으로 충분히 가치가 있는 하나의 정체성이라고 나는 믿는다.

그리고 그런 나의 작은 조언들이, 격변의 시대를 새로 개척해야 하는 한국 사회에 조금이나마 도움이 되기를 진심으로 소망하면서 이 책을 시작하려고 한다.

■ 감사를 전하고 싶은 소중한 사람들

책을 시작하기 전에, 이 책을 쓰는 데 큰 용기를 준 분들께 감사의 뜻을 전하고 싶다.

서울 마포구 양화진 외국인 묘지에 묻혀 계신 아버지 원일한 박사는 지금의 나를 있게 해준 소중한 분이다. 아버지께서는 나에게 "항상 정직하고 올바르게 살라"고 가르쳐주셨고, 상대방을 포용하는 방법을 알려주셨다. 내가 가지고 있는 한국에 대한 많은 관심과 애정 역시, 평생을 '한국'이라는 벗과 함께 살았던 아버지의 영향 덕분이었다.

2005년 한국을 떠난 형(원한광 교수)은 나의 지적 스승과도 같은 사람이었다. 나는 어렸을 때부터 늘 아버지, 형과 함께 여러 문제에 대해 열띤 토론을 벌였다. 가족 사이에서 벌어지던 당시의 토론을 통해 내 생각과 다른 의견을 어떻게 받아들여야 하는지, 내 의견을 어떻게 설득시켜야 하는지를 배웠다. 특히 나와 같은 세대인 형은 한국 사회의 여러 사안들을 논의하는 데 가장 좋은 토론 상대였다.

1988년 한국에 돌아와 지금의 직장에 입사했을 때 처음 만난 IRC의 피터 바돌로뮤 최고운영책임자(COO)는 내 가장 소중한 벗 가운데 한 명이다. '박도민'이라는 한국 이름까지 가지고 있는 바돌로뮤는 서양인이면서도 한옥 사랑이 유난히 각별한 '한국적 인물'이기도 하다. 그는 한때 동소문동에 있는 한옥 43채가 철거 위기에 놓이자 전통 가옥의 보존 필요성을 주장하며 소송을 제기해 한옥을 지키기도 했다. 그와 20년 넘게 한 직장에서 일하면서 나는 그로부터 많은 지식을 얻었다. 그는 늘 나를 깨어 있도록 만들어준 동지와도 같은 사람이다.

또 이 책의 기획 단계부터 책을 마무리 짓는 순간까지 모든 것을 도와주고 진심 어린 조언을 아끼지 않은 동갑내기 벗 최종욱 씨에게 감사의 말씀을 전하고 싶다. 그의 해박한 지식과 꼼꼼한 조언, 그리고 따뜻한 격려는 내가 이 책을 내는 데 실로 큰 버팀목이 되었다.

그리고 부족한 원고를 꼼꼼히 검토해주셨으며 많은 조언을 해준 연세대학교 박상용 경영대학장님과 이 책이 세상에 나올 수 있는 기회를 제공해준 황금사자 최현문 대표께도 진심으로 감사의 말씀을 드린다.

2012년 겨울, 연희동에서

Chapter 01

한국, 역동적이고 아름다우며 특별한 나라

내가 이 책에서 말하고자 하는 것은, 바로 한국이 극복해야 할 단점과 한계에 관한 것들이다. 그리고 지금 우리가 해결해야 할 대부분의 문제점은 바로 50년 넘게 우리 스스로가 장점이라고 믿었던 것들이다. 문제의 해결이 어려운 이유가 여기에 있다. 지금부터 우리가 버려야 할 것은 지금의 우리를 있게 만들어준 소중한 기반이었기 때문이다.

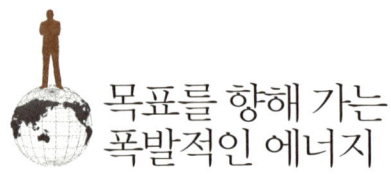

목표를 향해 가는
폭발적인 에너지

■ **세상에서 단 하나뿐인 나라, 코리아**

제2차 세계대전이 끝나고 미국과 서방 세계는 아시아의 작은 섬나라 일본을 접하면서 놀라움과 충격에 휩싸였다. 도대체 일본인이란 어떤 사람들이기에, 젊은 청년들이 가미카제(神風)에 몸을 싣고 생명을 던져 자폭 공격을 할 수 있었을까? 수천 년 역사 동안 개방을 거부하고 섬 안에 갇혀 살던 이 동양인들이 어떤 경로를 거쳐 제2차 세계대전의 악역을 맡을 수 있었는지 서양인들의 궁금증은 높아만 갔다.

루스 베네딕트(Ruth Fulton Benedict)의 유명한 저서 《국화와 칼(The Chrysanthemum and the Sword)》은 일본에 대해 갖고 있는 서양인들의 이러한 궁금증에서 출발하였다. 미국 정부의 요청을 받은 베네딕트는 인류학자의 객관적인 시각으로, 학자의 입장에서 일본을 풀어나갔다. 《국화와 칼》은 서양인들이 생각하기에 세계에서 보기 드물게 유니크(unique)한 특성을 가진 일본에 대한 심층적인 연구 논문이었다.

1980, 1990년대 우리나라 사람들이 해외에 나가면 서양 사람들은

대부분 "일본 사람인가요?"라고 물었다고 한다. 그만큼 일본은 서양 사회에 마치 동양의 고유한 문화를 대표하는 하나의 상징과도 같은 것이었다.

하지만 한국은 일본과 달라도 많이 다르다. 최근 미국과 함께 세계 양대 강국으로 떠오른 중국과도 다르다. 나는 일본에서도 생활을 해봤고 여러 경로로 중국의 문화도 접해봤지만, 우리나라는 이들뿐 아니라 세계 어느 나라와도 다른 고유의 무엇을 가지고 있다.

한국은 세계에서 유일한 분단 국가다. 또 세계에서 유일하게 제작자와 제작 동기, 그리고 제작 원리를 갖추고 있는 문자(한글)를 보유한 나라이기도 하다. 그리고 이스라엘과 함께 단일 민족이라는 사실에 대해 가장 강한 자부심을 갖고 있는 몇 안 되는 나라가 바로 한국이다.

일본 왕에 대한 신격화를 기반으로 목숨을 바쳤던 일본 가미카제의 청년들과 달리 한국인은 그런 신격화 없이도 유례를 찾아보기 어려울 정도로 국가에 대해 강한 충성심을 가지고 있다. 일본은 왕의 항복 선언 직후 모두가 백기를 들었지만, 한국은 임진왜란 당시 선조가 함경도까지 쫓겨가는 동안에도 자발적인 의병을 조직해 결사 항전을 벌인 나라다.

한국은 경제규모 기준으로 1950년대 세계 100위 밖의 최빈국에서 2011년 세계 13위의 경제 강대국으로 성장했다. 이 같은 눈부신 성장은 전례를 찾아보기 어렵다. 일본만 해도 한국전쟁의 덕을 보면서 성장의 기반을 닦았지만, 우리나라는 그 전쟁으로 모든 국토가 폐허가 된 당사자였다.

나는 한국이야말로 세계에서 단 하나뿐인 고유의 특성을 가진 나라

> 나는 이 책에서 한국 사회와 경제가 안고 있는 여러 문제점에 대해 내 생각을 이야기할 계획이다.

라고 믿는다. 그리고 한국이 이뤄낸 눈부신 경제 성장은 우리나라만의 고유한 특성에서 비롯된, 온전한 우리만의 성과라고 생각한다.

나는 이 책에서 한국 사회와 경제가 안고 있는 여러 문제점에 대해 내 생각을 이야기할 계획이다. 그리고 그 이야기가 때로는 너무도 가혹하게 들릴 수도 있을 것이라고 생각한다.

하지만 나는 진심으로 우리나라가 훌륭한 자질을 가지고 있다고 믿는다. 내 생각의 바탕은, 한국이라는 나라와 한국 국민이 정말이지 눈부시게 아름답고 역동적이라는 사실이다.

하지만 현실은 변화무쌍해서 어떨 때에는 우리가 장점이라고 생각했던 것이 단점이 되기도 하고, 단점이라고 생각했던 것이 장점으로 작용하기도 한다.

내가 이 책에서 말하고자 하는 것은, 바로 한국이 극복해야 할 단점과 한계에 관한 것들이다. 그리고 지금 우리가 해결해야 할 대부분의 문제점은 바로 50년 넘게 우리 스스로가 장점이라고 믿었던 것들이다.

문제의 해결이 어려운 이유가 여기에 있다. 지금부터 우리가 버려야 할 것은 지금의 우리를 있게 만들어준 소중한 기반이었기 때문이다.

■ **우리를 위한 개인의 희생**

한국이 이토록 빨리 성장한 데에는 여러 이유가 있을 수 있겠다. 그렇지만 그 가운데 내가 가장 우선으로 꼽는 것은 한국이 '우리'의 나라라는 점이다. 이 '우리'라는 개념을 빼놓고는 한국을 제대로 설명할 수 없다는 것이 내 생각이다.

한국 사람들은 끊임없이 우리가 '우리'라는 사실을 확인하려고 한다. 세계 어느 나라를 가봐도 가수가 노래를 부르는데 자발적으로 그 노래의 코러스를 만들어 박자에 맞게 그 코러스를 합창하는 나라는 한국밖에 없다.

스포츠 스타건 연예 스타건 한국의 팬들은 항상 액션과 리액션을 원한다. 일본 팬들은 자신의 우상이 커피를 마셨다는 커피숍 의자에 앉아 혼자 행복해 하지만 한국 팬들은 다르다. 한국의 팬들은 자신이 얼마나 그 스타를 사랑하는지, 모든 방법을 통해 표현한다. 그리고 상대방이 그러한 사실을 알아주기를 원한다. '나'는 팬, '너'는 가수의 개념이 아니라 "나와 너는 하나의 공동체다"라는 사실을 항상 확인하고 싶어 한다.

나는 한국이 이뤄낸 눈부신 경제 발전의 뿌리가 바로 이것이라고 생각한다. 1970년대 한국의 지도자들은 노동자와 국민들에게 살인적일 만큼의 희생을 강요했다. 우리의 여성 근로자들은 일 주일에 하루도 제대로 쉬지 않고 일을 했다. 하지만 모은 돈을 탈탈 털어도 결혼할 때 가전 제품 몇 가지 장만하면 남는 것이 없었다. 이런 희생은 한국이라는 큰 공동체, '우리'에 대한 확신과 믿음이 있지 않고는 불가능한 것이었다.

한국을 이끈 또 다른 토대인 뜨거운 교육열도 마찬가지다. 한국 부모들의 극진한 교육열은 바로 '가정 공동체'의 끈끈한 유대감에서 출발한다.

부모는 10명의 자식 중에 단 한 명을 가정 공동체를 대표할 인물(보통 장남)로 선정한다. 그리고 선정된 그 자녀를 위해 그야말로 등골이 휠 정도의 배려를 한다. 나머지 동생들은 장남의 성공을 위해 꿈을 버리고 모든 것을 희생한다. 가정의 대표자로 선정된 장남은 자기의 어깨 위에 짊어진 '우리 가정을 일으켜야 한다'라는 무거운 사명을 묵묵히 받아들인다.

세계 모든 나라의 가족이 다 서로를 사랑하지만 한국만큼 가정을 하나의 공동체로 받아들이고 책임과 의무를 지우는 나라는 많지 않다. 삶의 수준은 세계에서 가장 낮았지만 배출되는 인재들의 수준이 세계 어느 나라에 비해도 뒤지지 않았던 우리의 역사는 바로 이 같은 가족의 희생에서부터 출발했다.

1998년 외환위기 당시 수많은 한국 국민들이 참여했던 '금 모으기 운동'은 어떤 경제학 이론으로도 쉽게 설명이 되지 않는다.

인간의 본성은 자신의 이익을 추구하는 것이며, 사회 구성원이 각자 자신의 이익을 추구할 때 시장 경제가 제대로 돌아간다는 자본주의 기본 원칙도 한국에서는 깡그리 무시되고 말았다.

금값이 천정부지로 치솟는데 국민들은 가격이 더 오를 것이 분명한 그 금을 모아 나라를 위해 팔아버린다. 돌 반지, 결혼 반지 등 중요한 상징물들이 아낌 없이 쏟아져 나왔다. 세상에 이런 나라가 또 어디에 있을까.

■ 불가능한 목표를 세우고 초과 달성하는 나라

내가 한국이 얼마나 대단한 나라인지를 설명할 때 항상 하는 말이 있다. "한국은 불가능한 목표를 세우고 초과 달성하는 나라"라는 것이다. 한국은 세계 어느 나라에서도 쉽게 찾아볼 수 없는 폭발적인 에너지를 가지고 있다. 지리적으로 비슷하고 산업 구조도 크게 다르지 않아 한국은 일본과 자주 비교가 된다.

그러나 내가 보기에 두 나라 국민은 근본적으로 유전자 자체가 다르다. 일본 사람들은 끈질긴 반면, 한국 사람은 뜨겁다. 한국인들은 한 번 한다면 해내고야 만다. 목표가 정해지면 그 목표를 달성하는 데 물불을 가리지 않는다. 심지어 그 목표가 불가능해 보이는 것이라 할지라도 말이다. 실로 집요하고 근성이 있으며 부지런한 민족이다.

비즈니스를 하면서 목표를 설정할 때 터무니없이 높게 목표를 잡는 것은 금물이다. 그래서 가장 일반적으로 사용되는 개념이 이른바 '스트레치 목표(stretch goal)'라고 하는 것이다. 이 개념은 GE를 이끌었던 잭 웰치가 사용하면서 주목을 받았다.

스트레치 목표의 기본은 목표를 현실에 비해 아주 조금 높게 설정하는 것이다. 100을 할 수 있는 사람이 목표를 100으로 잡는 것은 바보짓이다. 굳이 목표라는 설정을 해놓지 않아도 가능한 일이기 때문이다. 당연히 도전 의식이 생길 리가 없다.

그렇다고 100을 할 수 있는 사람이 목표를 200으로 잡는 것도 어리

섯다는 것이 스트레치 목표의 기본 개념이다. 어차피 안될 일이기 때문이다. 이렇게 목표를 거창하게 설정한다면 발표할 때 폼이야 날는지 모른다. 그러나 어차피 안될 일을 목표로 잡았기 때문에 마찬가지로 진정한 도전 의식이 생길 리가 없다.

그래서 목표는 까치발을 하고 손을 있는 대로 쭉 뻗으면 겨우 닿을까 말까 한 정도, 즉 스트레치 상황에서 겨우 달성할 수 있을까 말까 한 선에서 잡아야 한다. 능력이 100이라면 120~130 정도를 설정하는 것이다. 이렇게 하면 "조금만 더 하면 목표를 달성할 수 있다" 하는 긍정적인 사고가 마음에 자리잡게 되고, 결국 인간의 능력을 극대화할 수 있게 된다는 것이다.

그러나 적어도 잭 웰치의 이런 이론은 한국에서는 통용되지 않았다. 한국은 목표를 설정할 때 까치발을 들고 손을 쭉 뻗어야 겨우 닿을까 말까 한 목표를 설정했던 나라가 아니었다. 아디다스는 물건을 많이 팔아먹기 위해 '불가능, 그것은 아무 것도 아니다(Impossible is Nothing.)'라는 멋있는 슬로건을 내세웠는지 모르겠지만 한국인에게 이 슬로건은 그야말로 일상 생활이었다.

"오일 달러를 벌어오자"라는 대통령의 한마디에 한국의 청년들은 너나 할 것 없이 사막으로 달려가 청춘을 바쳤다. 리비아 독재자 카다피가 '세계 8대 불가사의'라고 자랑했다는 리비아 대수로 공사의 첫 삽을 뜬 곳은 유수의 선진국 건설사가 아니라 당시(1983년) 중진국 끄트머리에 겨우 붙어 있던 한국의 동아건설이었다. 그리고 한국의 인부들은 50도를 넘나드는 폭염 속에 사막과 산악지대를 뚫고 길이

5524km의 대수로를 연결했다. 이런 한국인들에게 리비아 사람들이 붙여준 별명은 '사막의 불사조'였다.

현대그룹 창업주 정주영 회장은 아산만 방조제 공사를 통해 바다를 막아 농토로 바꾼다는 '불가능해 보이는' 계획을 세웠다. 그러나 이 공사는 최종 물막이 작업을 앞두고 강한 해류라는 복병을 만났다. 전문가를 자처하는 이들은 모두 그 엄청난 물살을 뚫고 간척 사업을 완성하기란 불가능하다고 조언했다. 하지만 정 회장은 러시아에서 거대 유조선을 한 척 사온 뒤 이 유조선을 정박시켜 급류를 완화했다. 이렇게 해서 완성된 아산만 방조제에는 '정주영 공법'이라는 새로운 이름이 붙었다. 이처럼 한국의 역사를 돌아보면 불가능은 그야말로 아무것도 아닌 것이었다.

■ 우리를 돌아보는 소중한 시간

그런데 돌이켜보면 이렇듯 숨가쁘게 50년 넘는 세월을 달려오는 동안 우리는 너무 앞만 보고 뛰었던 것이 아닌가 하는 생각이 든다. 너무 할 일이 많았고 그 과정이 너무 힘겨웠기 때문에, 어쩌면 우리는 우리를 스스로 되돌아볼 차분한 시간을 잃어버렸는지도 모른다.

서점에 가보면 외국에 대한 수많은 연구 사례들이 책으로 나와 있는데, 정작 객관적인 시각으로 한국에 대해 분석한 책은 찾아보기 어렵다. 달려온 길이 너무도 험했기 때문에 이겨야 할 경쟁 상대를 연구하는 데 쏟아 부을 시간은 있어도 스스로를 돌아보는 시간은 못 가졌던 게 아닌가 싶다.

나는 비즈니스맨이고 이 책은 한국의 미래 경제에 관한 나의 작은 제안이다. 그리고 나는 지금 이 시기가 한국 역사상 가장 중요한 변화의 시점이라고 생각한다. 지금 우리에게는 차분히 우리를 돌아볼 여유가 필요하다. "지금까지 해온 대로 하면 잘될 것이다"라는 스스로에 대한 긍지는 잠시 내려놓아야 한다. 지금까지 걸어왔던 60년의 근대화 역사를 뒤로 하고 이제 새로운 100년, 새로운 200년을 준비해야 한다.

이를 위해서는 아프지만 받아들이고 고쳐야 할 것들, 그것을 먼저 추려내야 한다는 것이 내 생각이다. 그런 취지에서 지금이 왜 우리에게 중요한 시점인지, 긴 이야기의 실마리를 풀어나가고자 한다.

Chapter 02

'운명을 건 변화'를 제안한다

지금 우리가 직면한 시대는 우리에게 패스트 팔로어가 아니라 퍼스트 무버(first mover)가 되기를 요구한다. 물론 우리가 영위하는 모든 산업에서 퍼스트 무버가 돼야 할 필요는 없다. 하지만 역사적으로 보면 지금 한국 경제는 전체적으로 '뒤따르는 자'가 아니라 '선도하는 자'가 될 준비를 해야 할 시기임이 분명하다.

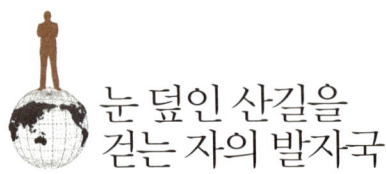

눈 덮인 산길을 걷는 자의 발자국

■ 한국 경제 위기인가

최근 한국 경제에 대해서 이런저런 이야기를 지인들에게 털어놓고 있노라면 많은 이들이 나에게 이렇게 물어본다.

"한국 경제가 그렇게 위기야?"

경제 쪽에서 일을 하고 있으니 자연스럽게 내가 접한 경제적인 문제점을 사람들에게 주로 이야기하게 된다. 그러다 보면 듣는 이들은 "아, 언더우드는 지금 '한국 경제가 위기에 처했다'라고 생각하는구나"라고 믿는 모양이다.

2011년 현재 한국 경제가 위기인가?

나는 이 질문에 대해 "그렇기도 하고 않기도 하다"라고 답한다. 언제나 그랬듯이 한 나라 경제는 많은 문제점을 안고 있을 수밖에 없다. 지금 한국 경제도 마찬가지다. 1970, 1980년대 고도 성장 시기를 거칠 때와 마찬가지로 눈에 보이는 문제점, 보이지 않은 문제점 들을 여럿 가지고 있다.

그런데 내가 말하고자 하는 것은 이런 파편적인 작은 문제점들이 아니다. 대화의 주제야 소소하게 보이는 것들일 수 있지만 가슴 속에서 하고 싶은 말은 이처럼 표면적으로 드러나는 문제점을 고치자고 하는 것이 아니다.

거꾸로 생각해보자. 긍정적으로 보면 한국 경제는 지금 위기가 아니다. 오히려 위기라고 한다면 우리는 지금보다 훨씬 더 거창한, 훨씬 더 심각한 시기를 많이 경험했다.

요즘은 아무도 이런 말을 않지만 내가 젊었을 때에는 "기름 한 방울 나지 않는 나라에서 어떻게 에너지를 낭비할 수 있나"라는 말을 참 많이 들었다.

우리는 1970년대 오일쇼크라는, 한 번도 겪어보지 못했던 충격적인 위기를 겪었다. 석유가 모든 산업의 동력이던 시절, 기름값 폭등은 한국 경제의 뿌리를 뒤흔드는 엄청난 사건이었다.

난데없이 학교가 조기 방학을 실시했다. 아이들이야 신이 났지만 그 방학의 원인이 기름값을 아끼기 위해서였다는 사실을 알고 있었던 어른들은 슬픔의 눈물을 흘렸다. 번화가 상점의 네온사인은 모두 꺼졌고 서울의 밤은 칠흑 같은 어둠이 지배했다.

1976년 박정희 대통령이 연두 기자회견에서 "영일만 부근 내륙에서 양질의 석유를 발견했다. 7광구에는 석유가 묻혀 있을 수 있다"라고 발표했을 때 얼마나 많은 국민들이 행복에 겨워했는지, '우리도 산유국이 될 수 있다'는 희망에 얼마나 많은 사람들이 밤잠을 설쳤는지 아직도 기억이 선명하다. 〈7광구〉라는 영화가 얼마 전 개봉하면서 요즘 젊은 세대도 7광구에 관심을 많이 갖는 모양이지만, 당시 한국에서 석유는 영화 소재가 아니라 국가의 목숨이었고 경제의 운명이었다.

그런데 우리는 단 몇 년 만에 보란 듯이 석유 파동을 이겨냈다. 박정희 대통령의 연두 교서 내용과 달리 영일만에서는 석유가 나지 않았고, 7광구의 석유 개발은 경제성이 없어 공동 개발국이었던 일본이 발을 뺐는데도 말이다.

그 이후로 30년 넘게 한국은 여전히 '석유 한 방울 나지 않는 나라'로 지내오고 있다. 하지만 지금은 그 어느 산유국보다 더 풍요하고 어떤 자원부국보다 더 부유하게 살아간다.

1997년 겪었던 외환 위기도 마찬가지였다. 나는 당시 한국이 IMF 관리 체제의 위기를 충분히 극복할 동력이 있다고 믿었다.

하지만 그토록 빨리, 그토록 멋지게 위기를 극복할 수 있을 것이라고는 미처 상상하지 못했다. 세계 경제의 중심이 제조업에서 IT와 금융으로 빠르게 옮겨갈 때 한국은 관치 금융의 폐해를 최대한 효율적으로 정리했고, 2000년 벤처 기업 붐을 통해 IT 강국으로 성장할 토대를 마련했다.

지금 한국 경제가 당시에 비해 위기라고 할 수 있을까? 그렇지 않다. 한국 경제는 거시 경제의 여러 수치를 살펴보더라도 딱히 위기라고 볼 만한 징후가 별로 없다. 경제 성장 속도 자체가 좀 줄어들긴 했지만 그것은 선진국 대열에 들어선 나라들이라면 당연히 겪는 일련의 과정이다. 반에서 꼴찌 하던 학생이 10등으로 성적을 끌어올리는 건 정말 열심히 공부하면 쉽겠지만, 10등 하던 학생이 밤을 새워가면서 공부한다고 해서 1등 되기는 쉽지 않은 게 세상의 이치다.

그런데 왜 하필이면 지금 한국 경제에 대해 무언가를 이야기하려고 하는 것인가? 나는 이 질문에 대해 "한국은 지금 차원이 다른 새로운 도전을 맞고 있기 때문이다"라고 답한다.

눈에 보이는 위기는 아니지만 눈에 보이지 않기에 더 고치기 힘든, 하지만 고치지 않고서는 도저히 넘어설 수 없는 새로운 차원의 도전을 맞이하고 있는 것이다.

■ 한국, 눈 덮인 산길을 걷기 시작했다

우리는 한국전쟁 이후 약 60년 동안 세계 경제계에서 패스트 팔로어(fast follower)였다. 그리고 앞 장에서 서술했듯이 우리나라는 꽤 괜찮은, 아니 아주 우수한 패스트 팔로어였다. 훌륭한 패스트 팔로어가 되기 위해서는 헌신과 희생, 그리고 부지런함이 필요하다. 그런데 세계에서 한국 국민만큼 헌신과 희생을 기꺼이 받아들이면서 근면하게 살아온 민족은 찾기가 쉽지 않다.

문제는 패스트 팔로어로 먹고살던 시대가 이미 지나가고 있다는 점이다. 한국 경제의 규모는 빠르게 남을 따라 하는 것으로 유지할 수 있는 수준을 넘어서고 있다. 현대자동차가 렉서스보다 싸기 때문에 미국에서 많이 팔리던 시대는 아주 먼 옛날 이야기가 돼버렸다.

지금 우리가 직면한 시대는 우리에게 패스트 팔로어가 아니라 퍼스트 무버(first mover)가 되기를 요구한다. 물론 우리가 영위하는 모든 산업에서 퍼스트 무버가 돼야 할 필요는 없다. 하지만 역사적으로 보면 지금 한국 경제는 전체적으로 '뒤따르는 자'가 아니라 '선도하는 자'가 될 준비를 해야 할 시기임이 분명하다.

> 우리가 걸어가야 할 길은 안타깝게도 앞이 탁 트인 평지가 아니라 눈 덮인 험한 산길이 될 가능성이 높다.

이 사실을 많은 사람들이 알고 있기에 기업 오너들이 앞다퉈 혁신을 이야기하고 정치인들이 '새로운 패러다임'을 부르짖는 것이다.

하지만 나는 '뒤따르는 자'에서 '선도하는 자'로 변신하기 위해 겪어야 할 변화는 '패러다임의 변화'라는 말로는 도저히 설명할 수 없을 정도로 큰 의미를 지니고 있다고 생각한다.

1960년대 수출할 품목이 텅스텐밖에 없던 고난의 시절을 극복하기 위해 섬유와 가발 등 경공업 산업을 육성했던 것은 패러다임의 변화였다.

1970년대 경공업 중심의 경제구조 한계를 벗어나기 위해 중화학공업을 집중적으로 육성했던 것도 패러다임의 변화다. 1998년 외환위기를 극복하기 위해 금융구조를 개혁하고 새로운 동력(IT산업)을 찾으려 했던 것도 패러다임의 변화다.

물론 이런 변화를 이뤄내는 것도 결코 쉽지 않은 일이다. 하지만 이 모든 변화는 이 세상 누군가가 먼저 해놓았던 일들을 교본으로 삼아 열심히 따라 하는 일이라는 공통점을 가지고 있었다.

한국은 지금까지 앞서 지나간 이들이 찍어놓은 발자국을 따라 열심히 달려온 나라였다. 하지만 이제부터는 우리가 앞서나가 남보다 먼저 발자국을 찍어야 할 시기가 왔다.

그리고 우리가 걸어가야 할 길은 안타깝게도 앞이 탁 트인 평지가 아니라 눈 덮인 험한 산길이 될 가능성이 높다. 수십 년 동안 남들이 찍어놓은 발자국을 따라 달려왔던 이들에게 험악한 길을 헤쳐나가라고 요구해야 할 때가 온 것이다.

이 변화는 선진국들이 금융개혁을 어떻게 했는지를 보고 열심히 따라 해 외환위기를 극복할 수 있었던 시절과는 차원이 다른 것이다. 그래서 나는 이것을 '패러다임의 변화'를 넘어서는 더 크고 무겁고 어려운 변화라고 생각한다.

다시 처음의 질문으로 돌아온다.

"한국 경제는 지금 위기인가?"

위기일 수도 있고 아닐 수도 있다. 하지만 문제는 위기냐 아니냐가 아니다. 내 대답은 "겉으로 보이는 위기는 아닐지라도 지금은 그 어느 위기 때보다 더 진지하게 근본적인 문제를 놓고 고민해야 할 때다"라는 것이다.

우리는 지금 이 순간 처절한 마음으로 스스로를 돌아보고 변화를 모색해야 한다. 이제 우리 앞에는 누군가가 찍어놓은 발자국이 더 이상 없을지도 모르기 때문이다.

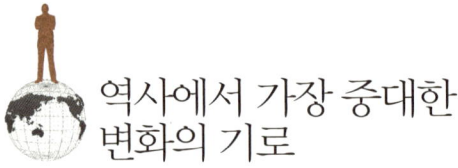
역사에서 가장 중대한 변화의 기로

■ **위기의 징후가 보이기 시작하면 늦다**

경제 역사를 살펴보면 모든 위기의 원인은 사실 너무 간단하고 명백한 것들이다. 그래서 '왜 그렇게 뻔한 이유를 당시에는 몰랐을까?' 하는 생각이 자주 든다.

이유는 간단하다. 위기는 어느 날 느닷없이 찾아오기 때문이다. 이미 사람들이 위기의 징후를 느끼기 시작했다면, 그들이 보고 있는 것은 '위기의 징후'가 아니라 한참 뼛속 깊이 곪기 시작한 '위기의 현상'들이다. 징후를 느끼기 시작했다면 때는 이미 늦은 셈이다.

그래서 우리는 대비를 해야 한다. 다소 과장되게 느껴질지 모르겠지만 경제적 측면으로만 본다면 나는, 지금이 한국 5000년 역사에서 가장 중요한 시기 가운데 하나라고 말하고 싶다.

돌이켜보면 한국이 5000년의 긴 역사를 보내는 동안 지금처럼 세계적으로 주목받았던 시기가 있었는지 되묻고 싶다.

애플이 아이패드를 내놓았을 때 세계 유수의 언론이 아이패드의 대

항마를 만들 기업으로 꼽은 곳이 삼성전자다. 현대자동차의 북미 공장은 미국과 캐나다 각 도시들이 가장 갖고 싶어 하는 공장 시설 가운데 하나다.

한국 경제의 위상은 이미 그만큼 세계적인 수준이 됐다. 그래서 나는 지금 이 시기가 5000년 역사 가운데 가장 중요한 시점이라고 생각한다. 역사에 전례가 없었던 '세계적인 강국'이 되느냐, 아니면 다시 변방의 소국으로 남느냐의 갈림길이 우리 앞에 놓여 있기 때문이다.

위기의 징후가 없다고 안주해서는 안된다. 기업들의 경영 성과가 괜찮다고 "우리는 잘하고 있어" 하고 자위해서도 안된다. 지금 나타나는 성과는 패스트 팔로어로서 성실하게 일해왔던 수십 년의 성과가 누적된 것이다.

그 성과가 있기에 우리는 지금 새로운 고민을 할 여력이 있는 것이다. 징후가 보이기 전에 미리 무엇이 문제였고 무엇이 새로운 시대의 핵심인지를 파악해야 한다.

■ **가격과 품질을 넘어서야 한다**

혹시 "한국 지형에 강하다"라는 삼성전자의 초기 휴대전화 광고 문구를 기억하는지 모르겠다. 삼성전자가 1990년대 휴대전화 시장에 진입하면서 당시 세계 휴대전화 시장을 석권하던 모토로라에 맞서 내놓은 브랜드 홍보 전략이 바로 "애니콜은 한국 지형에 강하다"라는 것이었다.

얼핏 생각해볼 때 이 문구는 "한국 사람은 애니콜을 써야 한다"라는 단순한 뜻이다. 하지만 노골적으로 말하면 이는 당시 애니콜의 품질이, 한국이 아닌 다른 나라에서 모토로라에 상대가 되지 않는다는 점을 자인하는 일종의 자기 인증이었다. 한국 지형에 강한 휴대전화를 들고 다른 나라에 가서 그 휴대전화를 팔 수는 없는 노릇이기 때문이다. 미국이나 중국에서 "삼성의 휴대전화는 한국 지형에 강합니다!"라고 광고할 수는 없지 않은가.

그런데도 삼성은 그런 신토불이(身土不二) 전략을 사용했다. 아마도 최소한 한국 시장만이라도 지켜야 한다는 절박함 때문이 아니었을까, 하는 짐작이 간다.

그런 삼성의 휴대전화가 이제 세계 1, 2위를 다투는 휴대전화 제조업체가 됐다. 세계 1위의 아이폰에 대항하는 거의 유일한 대항마는 모토로라나 노키아가 아니라 바로 삼성의 휴대전화다.

고작 한국 지형에나 강했던 삼성의 휴대전화가 단 10여 년 만에 세계 최정상의 휴대전화 브랜드가 될 수 있었던 것은 끊임 없는 품질 개선 노력이 있었기 때문이다. 삼성은 2000년대 들어와 '한국 지형에 강한' 휴대전화 제조업체임을 포기하고 세계 시장에 눈을 돌렸다.

몇몇 업체들이 저가(低價) 휴대전화로 단기적인 수익을 올리는 데 급급하던 때에 삼성은 그 달콤한 유혹을 뿌리치고 기술을 혁신하고 브랜드 가치를 강화하면서 고급 휴대전화기 시장에서 입지를 구축했다.

이 일련의 과정이 바로 한국 경제, 한국 기업들이 지금까지 살아온 패러다임을 그대로 보여주는 것이다.

초기에는 국민들의 애국심과 낮은 가격을 토대로 시장에 진입한다. 그리고 뼈를 깎는 노력과 살인적인 노동강도를 통해 품질을 높여 경쟁력을 기른다. '가격 경쟁력을 통해 기반을 닦고 품질 경쟁력을 높여 성장을 이룬다'는 것이 한국 기업 성장의 교본이었던 것이다.

그런데 여기에서 한 가지 주목해야 할 점이 있다. 삼성은 그렇게 모토로라, 노키아와 접전을 벌였지만 정작 삼성을 제친 세계 1위의 휴대전화 기업은 노키아나 모토로라가 아니라 애플이라는 사실이다.

애플은 '디자인만 예쁜' 매킨토시 컴퓨터로 사실상 컴퓨터 제조업계에서 만년 2위에 머무르던 별볼일 없던 기업이었다. 물론 만년 2위라고 해도 애플의 기술력은 무시할 수 없는 수준이었다. 그러나 분명한 것은 과거 애플이 세계 정상의 전자 기업은 아니었으며, 휴대전화를 만들던 기업은 더더욱 아니었다는 점이다.

그런데 지금 그런 애플이 삼성을 위에서 내려다보고 있다. 이는 한국 경제계가 실로 충격으로 받아들여야 할 부분이다.

가전 분야에서 수십 년 동안 매진해왔던 삼성이, 1990년대부터 세계 휴대전화 시장에서 강자로 군림해오던 삼성이 어느 날 갑자기 컴퓨터 업계 만년 2위 업체에게 휴대전화 시장 선두를 내줬다는 사실이 무엇을 뜻하는가. 삼성이 휴대전화 시장에서 쌓아온 브랜드 가치가 얼마인데, 삼성이 쌓아온 기술력이 얼마인데 휴대전화 시장에서는 '듣보잡'에 가깝던 애플에게 밀릴 수 있다는 말인가.

애플이 어떤 과정을 거쳐 아이폰을 정상에 올려놓았는지는 많은 사람들이 이미 알고 있기에 상세한 설명을 생략한다. 그러나 여기에서 한 가지 분명히 짚고 넘어

> 애플이 한국 경제계에 던지는 새로운 화두는 바로 이것이다.
> "바보야, 문제는 창의력이란 말이다!"

'운명을 건 변화'를 제안한다 **047**

가야 할 것은 애플의 등장이 기존 제조업체 중심의 세계 경제 구조에 일대 혁명을 가져왔다는 점이다.

그 전까지 제조업체들에 가장 필요한 것은 가격과 제품의 품질이었다. 이것이 20세기부터 이어져 온 세계 경제의 기본 축이었다. 그리고 한국은 이 분야에서 남들을 따라 하는 데에 상당한 소질을 가지고 있었다.

그런데 이제는 세상이 달라졌다. 어느 날 새끼손가락만한 하얀색, 멋진 디자인의 MP3 플레이어 아이팟(iPod)을 들고 나온 애플이 어느덧 지금 세계 정상에 서 있다. 그들이 우리에게 말하는 것은 "품질이 좋아야 한다", "가격 경쟁력이 있어야 한다"는 것이 아니다. 애플이 한국 경제계에 던지는 새로운 화두는 바로 이것이다.

"바보야, 문제는 창의력이란 말이다!"

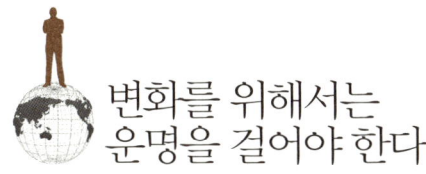

변화를 위해서는
운명을 걸어야 한다

■ '변화의 시계'는 멈춰서 있다

우리는 5000년 동안 남들이 닦아놓은 길을 성실하게 따라가는 것으로 국가를 부유하게 만들어왔다. 그러나 이제 우리에게 닥친 도전은 완전히 새로운 것이다.

그 핵심에는 '창의력'이라는 새로운 과제가 놓여 있다. 이것이 지난 5000년과 앞으로의 5000년을 가르는 기준이 될 것이라고 나는 믿는다.

중국의 유교 사상이 한반도 역사의 주류를 이루던 시기, 미국과 일본의 경제 개발이 우리의 모델이던 시기는 이미 지났다.

애플이 단숨에 휴대전화 시장을 석권했다는 것은 삼성이 단번에 모토로라처럼 변방의 3류 브랜드가 될 수도 있음을 뜻한다. "내가 이래 보여도 이 시장에서 10년 동안 정상에 있어왔는데"라고 거들먹거리는 순간 그 기업은 몰락의 징후를 보이기 시작한다.

창의력이라는 뜬구름 같은 주제를 잠시 좀 현실적인 문제로 옮겨와

보자.

　기존의 기득권, 그러니까 수십 년 동안 쌓아왔던 노하우니 가격 경쟁력이니 하는 것들이 창의력이라는 새로운 도전 앞에 물거품이 될 수 있다는 점을 인정한다면 우리는 지금 우리의 현실을 직시해야 한다.

　2011년 현재 미국 증시에서 시가총액 10위 안에 드는 기업을 살펴보자. 전통의 엑슨 모빌과 제너럴 일렉트릭 등도 있지만 아이폰과 아이패드 돌풍의 주역 애플과 검색 기업 구글도 함께 명단에 올라와 있다.

　딱 10년 전으로 시계를 돌려보자. 지금 세계 인터넷 검색 시장을 장악하고 있는 구글은 10년 전인 2001년 증시에 상장조차 안된 기업이었다.

　2011년 애플은 6년째 시가총액 1위를 지키던 터줏대감 엑슨 모빌을 끌어내리고 미국 증시 전체 시가총액 대망의 1위에 올랐다. 이때 애플의 시가총액은 전 세계 165개국의 GDP를 뛰어넘는 수준이었다. 그러나 이 애플도 2003년에는 시가총액 상위 근처에 명함도 못 내밀던 변방의 컴퓨터 제조 기업이었다.

　한국은 어떤가. 2011년 현재 시가총액 상위 20위를 달리는 기업들 명단을 살펴보자.

> 삼성전자, 현대차, POSCO, 현대모비스, 현대중공업, 기아차, LG화학, 신한지주, 삼성생명, KB금융, SK이노베이션, 한국전력, S-Oil, 롯데쇼핑, 호남석유, 하이닉스, 삼성물산, SK텔레콤, LG, 삼성화재

　이들 기업 가운데 2000년대 들어 새로 떠오른 기업이 몇 곳이나 있는가. 애써 열심히 세어볼 필요도 없다. 단 한 곳도 없기 때문이다.

모두 유구한 역사를 자랑하는 전통의 기업들이거나 새로운 사업을 영위하더라도 재벌 그룹에서 파생된 기업들이다. 시가총액 30위로 외연을 넓히면 그 끄트머리에 유일하게 NHN이라는 신흥 기업 한 곳을 발견할 수 있을 뿐이다.

많은 회사들이 새롭고 창의적인 인재를 키워내려 노력하고 수많은 새로운 사업을 벌인다. 2000년대 초반에는 수천 개의 새로운 벤처 기업들이 새로 태어나기도 했다. 그런데 왜 지금 우리 사회에서는 20년 전과 똑같은 시스템, 똑같은 사람들, 똑같은 기업들만 일을 하고 있는 것일까.

■ 변화를 거부하는 슬픈 자화상

이 질문에 대한 내 대답은 간단하다. '창의적인 도전'이라는 것을 해보지 않았기 때문이다.

앞서 나서는 것, 남들보다 창의적으로 생각하는 것, 남들을 따라 하는 것이 아니라 먼저 틀을 깨면서 치고 나가는 것을 해보지 않았기 때문이다.

인사 혁신도, 경영 변화도, 교육 시스템도 모두 마찬가지다. 남들을 따라 하는 건 잘했는데, 남들보다 앞서 뭔가를 하는 것은 경험이 없다. 해보지 않은 길을 걸어가는 이 충격적인 변화를 받아들일 준비가 너무도 덜 돼 있었다. 어찌 보면 당연한 일일지도 모른다. 우리는 너무 오랫동안 꽤 훌륭한 패스트 팔로어로 살아왔기 때문이다.

나는 새로운 시대를 위해서는 국가 시스템 전체가 바뀌어야 한다고 생각한다. 재벌 중심의 경제 구조도, 정부 중심의 경제 체제도 바뀌어야 한다. 선생님 말씀을 듣고 학원에서 문제 푸는 훈련을 열심히 받는 우리 자녀들의 교육 시스템도 변화해야 한다. 우리의 장점이었던 공동체 문화 중에서도 털어내야 할 것은 털어내야 한다고 생각한다.

그런데 이런 주장은 누구나 할 수 있는 것이다. 또 부분적으로는 이미 많은 분야에서 전문가들이 비슷한 문제를 제기했다. 심지어 재벌 총수들이 기자회견을 통해 "앞으로 우리 그룹은 21세기에 걸맞은 혁신을 이뤄내겠다"라고 선언하기도 했다. 그리고 그 말을 실천하느라 많은 기업들이 분주하게 새로운 제도를 도입하며 변화를 시도했다.

그렇다면 이제 질문은 다시 원점으로 돌아온다. 이런 노력에도 불구하고 우리는 왜 창의적인 도전이라는 것을 제대로 해봤다고 말할 수 없는 것일까.

한 예를 들어보자. 2011년 삼성그룹 이건희 회장이 각 그룹 계열사에 강도 높은 사정을 지시하면서 '부정부패와의 전쟁'을 선언한 적이 있다. 이 회장은 "부정부패가 삼성 그룹 전반에 만연해 있다"면서 개탄했다고 한다. "삼성의 자랑이던 깨끗한 조직 문화가 훼손됐다. 부정을 뿌리 뽑아야 한다"라고 아랫사람들을 강하게 질책했다는 소식도 들렸다.

그 뉴스가 나온 이후 나는 많은 사람들로부터 다양한 '소감'을 들을 수 있었다. 그런데 내 귀에 가장 많이 들렸던 소감은 "아니, 그렇게 말하는 그 사람은 얼마나 깨끗해서?"라는 냉소였고 "삼성의 자랑이 깨끗한 조직 문화였어?"라는 비아냥이었다.

삼성그룹은 하나의 예일 뿐이다. 국내 대기업이라고 이름 붙은 곳

중에 이런 불신을 받지 않는 기업이 몇이나 될까? 내 상식으로는 단 한 곳도 없다.

인사 혁신만 봐도 그렇다. 지금 대기업 가운데 인사 혁신 한 번쯤 안 한 기업은 한 곳도 없다. 정권이 바뀌면 정권이 바뀌었다고, 사장이 바뀌면 사장이 바뀌었다고 다 한 번씩 개혁을 하고 혁신을 한다. 인재를 과감히 등용하고 창의적인 아이디어를 존중하겠다고 누구나 이야기한다.

> 새로운 시대를 위해서는 국가 시스템 전체가 바뀌어야 한다.

그런데 정작 한국 대기업 경영자 가운데 누구도 걷지 않은 새로운 길을 헤쳐나가는 창조적 도전자는 보이지 않는다. 창의적인 아이디어를 제시하면 충분히 보상하고, 인사상 많은 혜택을 주겠다고 말은 하는데 그 선언이 정작 현실에서는 공염불이 된다. 오히려 창조적이고 도전적으로 살다 보면 '모난 돌이 정 맞는다'고 혜택은커녕 불이익만 받기 일쑤다.

그 이유도 간단하다. 그룹의 수장이 창조적 인재를 등용하지 않기 때문이다.

말로는 인사 혁신 하겠다고 나서지만 정작 자기 주위에는 말 잘 듣고 아부 잘하는 사람들만을 중용한다. 대기업에서 출세하기 위해서는 창조적이고 도전적이어야 하는 것이 아니라 총수와 오너의 눈에 잘 들어야 하는 것이다.

이래서는 아무것도 바뀔 수 없다. 사회와 기업의 주도권은 이미 기득권이 가지고 있다. 이들은 이것을 놓을 생각이 없다. 그들이 권력을 지키기 위해 쓰고 싶은 인재는 창의적이고 혁신적인 세력이 아니라,

나를 지키고 내 지위를 보전해줄 충신일 뿐이다.

■ 변화를 위해서는 운명을 걸어야 한다

운명을 걸어야 한다. 내가 이 책에서 말하고자 하는 본질을 한마디로 요약하면 이렇다. 지도자들의 생각이 바뀌어야 한다. 그냥 바뀌는 것이 아니라 처절하게 바뀌어야 한다.

시장 경제의 옹호자인 것처럼 말을 하면서 정작 자신의 기업은 무슨 중세 봉건 왕조처럼 운영하는 재벌 총수들이 바뀌어야 한다.

혁신과 개혁을 이야기하면서 정작 자신의 관심은 자리 보전에만 있는 최고 경영자들이 바뀌어야 한다.

윗사람들의 아부 근성과 도전적이지 못한 태도를 욕하면서 정작 자신도 대학 후배부터 챙기고 고향 선배의 부탁을 중시하는 실무자들이 바뀌어야 한다.

오로지 능력과 실적만으로 인사 평가를 하겠다고 주장하면서 신입 사원 뽑을 때 지방대학 출신은 서류 전형에서부터 떨어뜨리는 관행이 사라져야 한다.

회사가 무슨 정치판이라고, 누구 사람이니 누구 계보니 하는 말이 떠도는 습관이 사라져야 한다.

이 모든 것은 한국이 지금까지 스스로를 지탱해왔던 수많은 동력을 포기해야 이뤄나갈 수 있다. 끈끈한 공동체 문화, 일사불란한 명령 체계 문화를 버려야 한다.

지도자가 뭔가 지시했는데 밑에서 아무 소리 안하고 일사불란하게 자신의 구미에 쏙 맞는 보고서를 가져왔다면 "내 부하들이 일을 참 잘하고 있구나" 감탄하는 게 아니라 뭔가 우리 조직에 창의적 도전을 막는 것이 있지 않은가 의심해야 한다.

> 회사가 무슨 정치판이라고, 누구 사람이니 누구 계보니 하는 말이 떠도는 습관이 사라져야 한다.

지도자 스스로가 자기 주변을 정리하고, 모범을 보여야 한다. 그래야 5000년 동안 이어온 패스트 팔로어 문화가 바뀔 수 있다. 정말로 다른 사람들이 보기에 손가락 하나 까딱하지 못할 정도로 깨끗한 모범을 먼저 보여야 한다.

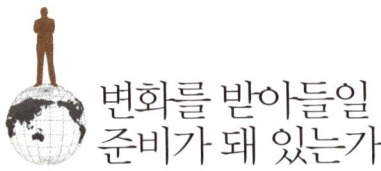

변화를 받아들일 준비가 돼 있는가

■ 한국다움을 지켜야 하지만

한국에는 '한국다움'이 있다. 앞 장에서 밝혔듯이 한국은 정말로 장점이 많은 나라다. 그리고 한국이 이루어낸 성과는 너무나 눈부신 것들이었다. 지나간 뒤에 살펴보면 그 과정이 쉽게 보여도 막상 그 일을 해내는 것은 매우 어렵다. 콜럼버스의 달걀 일화가 괜히 유명해진 것이 아니다. 지금 한국처럼 성장을 갈망하는 수많은 개발도상국에게 "한국이 걸었던 길을 그대로 걸어보라" 하고 조언한다면 그들이 우리만큼 눈부신 성장을 할 수 있겠는가.

이것이 과거 한국다움의 장점이었다. 우리는 지금 이만큼의 높은 성을 쌓기까지 실로 열심히 살았고 정말로 많은 것을 희생했다. 하지만 이제 정말 진지하게 그 '한국다움'의 본질이 무엇인지 성찰을 해야 한다. '한국다움'으로 가장한 잘못된 관습을 쳐내야 한다.

총수의 한마디에 모든 기업 조직이 사활을 걸면서 그의 견해를 금과옥조의 교본인 양 칭송하는 것은 절대로 한국다운 것이 아니다.

우리의 아이들이 줄넘기 학원에서 줄넘기 과외를 받는 현실은, 100% 장담하지만 한국의 발전에 걸림돌이 되면 됐지 절대로 미래의 원동력이 되지는 않는다.

우골탑(牛骨塔)의 전통이 아름다운 것은 내 아이들을 훌륭한 인재로 키워내겠다는 부모의 끔찍한 사랑이 바탕에 깔려 있기 때문이다. 우리가 지켜야 할 한국다움이란 그 부모의 사랑이지 학원에서 하루 종일 뭔가를 암기하느라 시달리는 아이들의 헛된 노고가 아니라는 뜻이다.

■ **한국다움의 대안은 서양다움이 아니다**

역사적으로 보면 많은 나라들이 느닷없이 한계를 맞곤 했다. 그리고 그 해결책을 다른 문화, 다른 나라에서 찾으려고 한다.

나 역시 이 책에서 지금까지 우리가 오랫동안 당연하게 여겨왔던 많은 것들을 고쳐야 한다고 주장할 것이다. 그리고 많은 예를 서구 기업들과 그들의 문화에서 인용할지도 모른다. 하지만 그 이유는, 내가 미국인의 피를 가지고 있기 때문도 아니고, 파란 눈과 하얀 피부를 가지고 있기 때문도 아니다. 또 서구의 전통이 무조건 옳기 때문만도 아니다.

사실 지금 나에게 미국의 문제점을 이야기해보라고 하면 이 책에 쓴 것만큼이나 많은 분량을 쓸 자신이 있다. 지금 미국도 똑같은 병을 앓고 있다. 미국을 세계 초강대국으로 만들었던 많은 장점은 어느덧 미국의 발목을 잡는 덫이 되고 있다.

> 한국다움의 대안은 서양다움이 아니다. 한국다움의 대안은 새로운 한국다움이다.

내가 앞으로 인용하게 될 많은 사례들은, 그것이 잘사는 나라 미국의 사례이기 때문에, 또는 유럽의 사례이기 때문에 드는 것이 아니다. 그것이 옳다고 믿기 때문에 인용을 하는 것이다.

예를 들어 나는 학교 교육 과정이 지금보다 더 합리적이고 창의적이어야 한다고 주장하는 사람이다. 그리고 그 예를 미국의 몇몇 학교 사례를 통해 자주 설명한다. 하지만 내 설명의 요지는 "미국을 따라 하자"라는 것이 결코 아니다. 미국이 하고 있으니 중요한 것이 아니라 창의성을 키우기 위한 그 교육 방식 자체가 더 중요한 것이다.

내 주장의 핵심은 '한국의 장점 가운데 살릴 것은 살리고 그 위에 창의적인 새 시대의 인프라와 새로운 문화를 접목시켜야 한다'는 것이다. 한국다움의 대안은 서양다움이 아니다. 한국다움의 대안은 새로운 한국다움이다.

■ 현상만을 고치는 것은 대안이 아니다

아주 오래 전 이야기다. 내 친척 가운데 한 분이 한국에서 오랫동안 외국인 학교의 총감을 지내셨다. 이분께서 오래 전에 학교의 원활한 운영을 위해 스쿨버스를 사들여 운행을 시작하게 되었다. 지금이야 스쿨버스가 흔하지만 당시만 해도 내 기억으로 한국에 스쿨버스가 도입된 것은 그 외국인 학교가 처음이었다.

그런데 무슨 일 때문이었는지 '스쿨버스에는 32명 이상 태울 수 없다' 는 규제가 생겼다. 학생들을 너무 많이 태우면 사고가 났을 때 대형사고로 번질 수 있다는 우려 때문이었던 것으로 기억이 된다.

총감이었던 친척 어른은 난감해 했다. 스쿨버스 인원을 32명 이하로 제한하면 운영비가 너무 많이 들어갔기 때문이다. 또 스쿨버스 안에 32명 이상이 탄다고 해도 특별히 사고가 더 날 가능성이 있는 것도 아니었다.

친척 어른이 이 문제를 해결하기 위해 정부에서 해당 업무를 담당하는 고위 관리를 만난 모양이었다. 친척 어른은 상황을 열심히 설명했다. "버스 안에 안전 벨트가 다 구비된 상태다. 사람이 많다고 사고가 나는 게 아니지 않은가. 안전벨트 매는 규정을 잘 지키면 사고 위험이 절대 더 커지지 않는다."

일리가 있지 않은가. 무릇 교통 사고란 것은 운전자의 안전 교육을 강화하고 탑승자가 안전 규칙을 잘 지키는 것으로 해결해야 한다. 승객이 많다고 많은 사람이 숨질 것을 걱정한다면 아파트나 고층 빌딩과 같은 건물은 절대 지어서는 안된다.

친척 어른의 주장이 설득력이 있었는지 그 정부 고위 관리가 한참을 생각하더니 이렇게 말했다고 한다.

"맞는 말 같으니, 그럼 외국인 학교 스쿨버스는 예외로 해주겠다. 32명 이상 탑승하고 운행을 해도 좋다."

친척 어른은 그 말을 듣고 어떤 반응을 보여야 할지 실로 난감했다. 분명히 겉보기에는 문제가 해결됐다. 그런데 친척 어른이 기대한 반응은 절대 이것이 아니었다. 문제의 근본은 외국인 학교 스쿨버스에 32명 이상을 허용하느냐 허용해주지 않느냐가 아니었기 때문이다.

외국인 학교 버스라고 해서 한국 스쿨버스에 비해 남달리 사고가 덜 날 까닭이 없다. 당연히 이 문제의 본질은 외국인 학교건 한국인 학교건 간에, 스쿨버스 자체에 32명 이상을 태울 수 있느냐 없느냐다.

그리고 그 문제의 해결책은 스쿨버스의 안전띠 설치 여부를 철저히 감시하고 학생들에게 꼭 안전띠를 착용하게 만드는 것, 그리고 그것을 전제로 32명 이상 탑승 여부를 모든 스쿨버스에 허용해주는 것이다.

내가 한국에 살면서 신기하게 느끼는(또는 당황스럽게 느끼는) 대표적인 문화 가운데 하나가 이것이다. 문제가 있으면 본질을 고쳐야 하는데, 본질이 아니라 눈앞에 닥친 안건만을 조급히 해결하려 드는 것이다.

■ "담당자가 누구야?" 문화

한국에서 일을 하다 보면 참 많이 듣는 말이 "담당자가 누구야? 담당자 알려줘. 내가 해결해줄게"라는 말이다.

사업을 하다 보면 규제에 걸려서, 또는 기타 다른 문제 탓에 난관에 봉착하게 마련이다. 그 규제가 합리적인 것이라면 모르겠으되 문제가 있는 규제일 경우에는 비즈니스맨으로서 답답할 때가 많다. 그런데 그 문제를 제기하거나 도움을 청하면 돌아오는 답은 대부분 "담당자가 누구야?"다.

담당자를 만나서 자신이 그 문제를 해결해주겠다는 것이다. 실제로 그렇게 하면 문제가 해결되는 경우도 적지 않다. 그 도움의 의지가 고맙기는 하나 나는 그런 태도가 적잖게 당황스럽다.

"담당자가 누구야?" 문화는 문제의 뿌리, 그러니까 비합리적인 규제나 관행을 없애는 것이 아니라 당장 드러난 현상만을 제거하겠다는 것에 불과하다. 규제를 없애면 근본이 해결될 문제인데 지금 드러난 현실만을 땜질 형식으로 고치려 하는 것이다. '스쿨버스 32명 이상 탑승 불가 제도'가 불합리하면 그 제도를 고치는 게 아니라 외국인학교 버스에만 32명 이상의 탑승을 허용하는 식이다.

> 우리가 지금 시도해야 할 변화는 이처럼 뿌리를 건드려야 하는 것이다. 그래서 그 변화는 분명히 힘겹고 고통스러울 것이다.

나는 이 '담당자 문화'야말로 사라져야 할 대표적인 한국의 문화 가운데 하나라고 생각한다. 이건 가벼운 문제가 아니다. 이 담당자 문화는 뿌리를 고치지 않고 겉만 손보면서 넘어가는 문화를 상징한다. 그리고 이런 자세는 패스트 팔로어에서 퍼스트 무버가 돼야 하는 절박한 한국 상황에 엄청나게 큰 장벽이다.

"사교육에 찌든 우리의 아이들에게 창의력을 기르는 새로운 교육의 장을 마련하자"라고 주장한다면 학원 교습 시간을 제한할 것이 아니라 국가의 교육 철학을 바꿔야 한다.

"중소기업이 더욱 튼튼하게 성장하는 기반을 마련하기 위해 대기업이 바뀌어야 한다"라고 주장을 하면 대기업의 초과이익을 공유하자고 할 것이 아니라 재벌 위주의 경제 환경을 손질해야 한다.

우리가 지금 시도해야 할 변화는 이처럼 뿌리를 건드려야 하는 것이다. 그래서 그 변화는 분명히 힘겹고 고통스러울 것이다. 반면 겉만 손질하는 변화는 이보다 훨씬 쉬울지 모른다. 하지만 안타깝게도 겉만 손질하는 것은 결단코 지금, 그리고 미래 한국의 변화를 이끌 대안이 될 수 없다.

■ 변화를 받아들일 준비가 돼 있는가

나는 수십 년 동안 우리를 지켜줬고 한국을 발전시켰던 수많은 '전통적 한국다움'에 대해 감사하는 마음을 갖고 있다. 그리고 그 감사만큼이나 새롭게 세워져야 할 미래의 '새로운 한국다움'에 대한 기대를 갖는다.

내가 이 책에서 주장하는 것들이 100% 옳지 않을 수도 있다. 하지만 "언더우드의 주장은 옳지 않다"는 결론을 내리더라도 그 과정이 좀 더 건설적이고 창의적인 고민을 통해 내려졌으면 좋겠다. 우리에게 부족한 것이 무엇인지 귀담아 듣고 그것에 대한 변화를 추구하는 과정에서 결론이 나왔으면 한다. 나는 내 마음 속 고향인 한국이 새로운 변화를 받아들일, 운명을 건 준비를 할 능력이 있는 나라였으면 좋겠다. 그리고 나는 한국이 충분히 그럴 역량이 있는 곳이라고 믿는다.

한국 사람들은 충분히 우수한 사람들이다. 숱한 위기를 딛고 일어선 역사적 사실이 그것을 증명한다. 지금 우리에게 필요한 것은 단 한 가지, 이 질문에 대한 대답이다.

"우리는 변화를 받아들일 준비가 돼 있는가?"

Chapter
03

이룰 수 없는 꿈, 노벨상

새로운 시대의 핵심은 창의력이다. 이 창의력은 기존에 누군가가 풀어 놓은 답을 베끼는 것으로는 절대 길러지지 않는다. 답을 찾는 능력이 아니라 문제를 해결하는 능력을 길러야 한다. 머리 속에 든 게 많은 사람이 필요한 것이 아니라, 생각의 폭이 넓고 유연한 사람이 필요한 것이다.

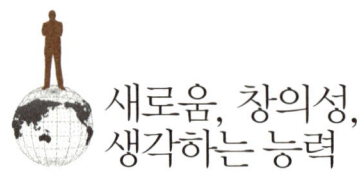

새로움, 창의성, 생각하는 능력

■ 엉덩이에 새겨 넣은 장미 문신

자식 자랑하면 영락없는 팔불출이라지만 그래도 잘 자라준 자식을 보면 뿌듯한 것이 우리나라 모든 부모의 심정이니, 나의 짧은 팔불출 스토리를 독자들이 이해해주리라 믿는다.

고등학교를 졸업할 무렵 딸아이는 몇 개의 미국 대학에 지원했다. 이미 많이 알려져 있지만 미국 대학 입학 시스템에서 가장 중요한 것은 에세이를 어떻게 쓰느냐다. 아빠 마음에 딸이 에세이를 잘 쓸 수 있을지 걱정도 됐고 실제로 도움도 주고 싶었다. 하지만 딸아이는 씩씩하게 혼자서 에세이를 써나갔다.

에세이를 완성한 딸아이는 그 글을 나에게 보여줬다. 그리고 나는 그 에세이의 첫 대목이 아직도 잊히지 않는다. 에세이의 첫 문장은 "나는 엉덩이에 장미 문신을 새겨 넣고 싶다"였다.

요즘 우리 대학들도 신입생을 뽑을 때 4지선다, 5지선다 객관식 평가에서 벗어나 다양한 논술 고사를 실시하고 있다고 한다.

나는 이 같은 논술형 시험에 절대적인 지지를 보내는 사람 가운데 하나다. 앞으로 숱하게 강조하겠지만 답이 1번이냐 2번이냐를 찾아내는 능력과 문제를 해결하는 능력은 완전히 다르다.

그런데 객관식 문제로는 응시자가 얼마나 출중한 문제 해결 능력을 갖고 있는지를 판별할 수 없다. 반면 학생들의 생각을 하나의 스토리로 풀어내는 논술 시험은, 그들이 무엇을 생각하고 있고 어떤 창의력을 가지고 있는지를 알아내는 중요한 판별 기준이 된다.

그런데 요즘 한국 학원가에서 나도는 이야기를 들어보니, 논술 시험을 대비한 수많은 학원들이 성행하고 있다고 한다. 논술 학원에서 뭘 가르치나 궁금해서 이리저리 알아보니 실소를 멈출 수가 없다.

문장을 잘 쓰는 방법. 물론 이런 것들은 가르칠 수 있다고 생각한다. 개인적인 생각이지만 문장이나 글을 잘 쓰는 방법은 기술의 문제이지 본질의 문제는 아니다. 하지만 그래도 잘 다듬어진 문장이 정리 안된 문장보다 보기 좋은 것은 분명하니 학원에서 이런 내용들을 가르칠 수는 있다고 치자.

'기승전결을 잘 완성하는 방법'에 이르면 고개가 갸우뚱해진다. 에세이에 기승전결이라는 틀이 꼭 필요한가 하는 생각이 들기 때문이다. 하지만 이마저도 굳이 이해를 하자면 못할 것도 아니긴 하다. 어찌됐건 글에는 시작이 있고 결론이 있으므로 그것을 부드럽게 연결하는 방법을 알려주는 것도 좋은 글을 구성하는 방법이라면 방법일 것이다.

하지만 '창의성과 개성 있는 글처럼 보이는 방법'을 가르친다는

> 내 딸아이가 엉덩이에 장미 문신을 새겨 넣고 싶어 했던 이유는 이것이었다. 스스로 무언가를 결정할 능력을 키우고 싶다는 뜻이었다.

소리를 들으면 몸이 뒤로 한 번 넘어간다. 학원에서 학생들에게 어떻게 하면 논술 답안이 창의적이고 개성 있게 보이는지를 가르친다는 것이다.

그게 어떻게 가능한가 알아봤더니 먼저 논술 교사가 각종 '창의성과 개성 있는 글'의 사례를 쭉 학생들에게 알려준다고 한다. 그리고 "글의 첫 문장을 이런 식으로 꾸미면 창의적으로 보인다", "이런 사례를 들면 개성 있는 모범 답안을 낼 수 있다", "개성이 과하면 오히려 불리하다" 등의 가르침을 준 뒤 그런 사례를 암기하도록 한다는 것이다.

나는 도대체 이런 사교육으로 학생들이 뭘 얻을 수 있는지 도저히 이해가 가지 않는다. 그래서 '창의적으로 보이는 방법'을 달달 암기해 실제 논술고사에서 그걸 사용하면 그 학생이 창의적이란 말인가? 개성 넘치는 글을 쓰기 위해 '개성 넘치는 글 쓰는 방법'을 열심히 습득하면 없던 개성이 넘쳐나게 되느냐 하는 말이다.

이런 식으로 진행되는 논술 시험은 창의력과 개성을 측정하는 수단이 되지 못한다. 창의력과 개성에 대해 얼마나 많은 학원 교습을 받았느냐를 측정할 뿐이다.

또다시 팔불출 자랑이지만 내 딸아이는 당시 에세이를 잘 쓰는 학원조차 당연히 다니지 않았고, 그나마 글 좀 쓴다고 생각하는 나의 도움도 받지 않았다.

"지금은 아빠의 보호 아래 있기 때문에 내가 스스로 무언가를 결정할 수 있는 범위가 넓지 않다. 하지만 대학생이 되면 나는 성인이 되는 것이고 스스로 모든 것을 결정해야 한다. 나는 대학을 졸업할 때 이 결정을 책임감 있고 훌륭하게 해내는 사람으로 성장하고 싶다. 누구의 도움 없이 스스로 생각하고 스스로 문제를 찾아 해결해나가는 사람이 되는 방법을 배우고 싶다. 그것이 내가 이 대학에 지원하는 이유다."

내 딸아이가 엉덩이에 장미 문신을 새겨 넣고 싶어 했던 이유는 이것이었다. 스스로 무언가를 결정할 능력을 키우고 싶다는 뜻이었다. 성인으로서 자신만의 삶을 살아보겠다는 의지가 그 나이에 벌써 있었던 것이다.

한국에서 살면서 심하게 충격을 받는 일이 종종 있다. 그 가운데 하나가 한국 청년들의 자립 의지가 생각보다 약하다는 것이다. 물론 모든 청년들이 그렇다는 것은 아니다. 하지만 적지 않은 청년들이 스스로 문제를 해결하고 인생을 창조적으로 개척하는 것을 너무 쉽게 포기해버리는 경향이 강하다.

이 문제는 100% 교육의 잘못이자 부모의 잘못이다. 실제 내가 알고 있는 어느 대기업 최고 경영자(CEO)는 나에게 이런 이야기를 들려준 적이 있다.

자녀 교육에 열의를 가지고 있던 이 CEO는 아이를 잘 키워 그 자녀가 미국에서 유학 생활을 마치는 것까지 도와줬다. 그리고 그 자녀는 미국 로스쿨(Law School)을 졸업한 뒤 번듯한 변호사가 됐다.

그런데 이 CEO는 "아이가 그 연봉으로는 미국에서 제대로 살기가 어려워 내가 돈을 보내주고 있다"라고 귀띔해줬다. 아니, 미국 변호사 월급이 얼마인데 그 돈으로 제대로 살기가 어려울까? 도저히 이해가 가지 않아 실례를 무릅쓰고 자녀의 연봉 수준을 물어봤더니 7만 달러라고 한다.

한국 돈으로 환산해보면 8000만 원 가까운 돈이 '제대로 살기에' 충분치 않다는 이야기에 대한 반론은 잠깐 접어두자. 사람 사는 방식이야 워낙 다양하니까, 8000만 원으로 부족하다고 느끼는 사람도 있을 수 있을 것이다.

그러나 연 8000만 원 소득이 부족한지 충분한지 여부와 별개로 그 정도 돈을 벌면서 너무 자연스럽게 부모로부터 또 다른 도움을 받는다는 것은 절대 쉽게 이해할 수 없는 문제다. 그 돈으로 살기가 부족하다면 자기가 다른 일을 해서 더 벌어야 한다. 도대체 나이 30이 다 돼서 연 8000만 원의 소득을 올리는 변호사라는 직업을 가지고서도 부모에게 손을 벌리는 이 사고 방식을 어떻게 이해해야 하는지 머리 속에서 정리가 되지 않는다.

이건 전적으로 교육의 문제이자 부모의 문제다. 부모가 자녀를 그렇게 길렀으니 자녀도 성인이 된 이후 부모에게 손을 벌리는 것을 자연스럽게 생각한다.

성인이 된다는 것은 이제 모든 것을 스스로 결정할 수 있는 나이가 됐다는 사회적 인증이다. 그런데 한국에서 좀 잘사는 집들을 보면 "우리 아들 성인 됐으니 축하하는 뜻에서 차 한 대 사줘야겠다"라고 말하는 부모들이 적지 않다. 도대체 뭘 축하하고 뭘 가르치려 이런 짓을 하는지 이해가 가지 않는다.

내 딸아이가 잘났다는 이야기를 하려는 것이 아니다. 30세의 변호사가 돼서도 부모에게 손을 벌리는 사람과 고등학교 3학년부터 "내 인생을 스스로 준비하겠다" 하고 마음을 먹은 사람 중에 누가 더 험한 세상을 잘 개척할 수 있을까? 더군다나 잘사는 부모의 도움만으로는 더 이상 바꿔나갈 수 없는 시대가 다가오고 있는데 말이다.

딸아이는 이 에세이를 통해 대학에 합격했다. 실제로 딸아이는 대학 생활을 통해 스스로 결정하고 세상의 많은 일에 도전해나가는 훌륭한 성인으로 잘 성장해줬다. 그리고 그 아이는 대학을 졸업할 무렵 (나는 여전히 탐탁지 않게 생각하지만) 스스로의 결정을 통해 기어코 엉덩이에 장미 문신을 새겨 넣고야 말았다.

■ "남의 인생을 살지 마라"

딸아이가 지원한 여러 학교 가운데 미국의 리드 칼리지(Reed College)라는 곳이 있다. 미국 오리건 주에 있는 이 대학교는 순수 학문만을 가르치는 학부 중심의 교양대학이다. 그리고 미국에서 학생들에게 가장 많은 책을 읽게 하는 대학이자 가장 많은 공부를 시키는 곳으로도 유명하다. 2006년 〈뉴스위크(Newsweek)〉가 선정한 25개의 명문대학 그룹인 '뉴 아이비스(New Ivies)'에 속하기도 했다.

그런데 이곳의 교육 방침은 한국 대학과는 완전히 다르다. 졸업이 까다롭고 공부를 열심히 해야 한다는 차원의 문제가 아니다. 이곳에서는 학생들에게 문제를 잘 풀고 잘 해결할 것을 넘어 아예 스스로 문제를 세팅(setting)할 것을 요구한다.

학교는 학생들에게 아무것도 강요하지 않는다. 유일하게 강요하는 것은 "학생들 스스로 어떤 문제에 대해 연구할 것인지를 찾아내라"라는 것이다. 그리고 학생들은 스스로 설정한 그 문제를 해결하기 위해 4년이라는 긴 여행을 홀로 떠나게 된다.

대학 교육 시스템이 이처럼 독특하기 때문에 학생들은 중간고사를 잘 보기 위해 참고서나 문제집을 풀 일이 없다. 한국 대학에서 흔히 말하는 '시험 족보' 따위는 아예 존재할 가능성이 0%다. 한국 대학생들이야 운만 좋으면 10년째 "마케팅이란 무엇인가?"라는 문제를 일관되게 중간고사 문제로 내는 교수님을 만날 수도 있지만 리드 칼리지에서는 불가능한 일이다.

"그래서 리드 칼리지라는 곳은 그렇게 독특하게 교육을 해서 얼마나 훌륭한 인재를 많이 배출했는데?"라고 묻는다면 나는 아주 쉽게 그 답을 말해줄 수 있다. 21세기 최고의 천재 가운데 한 명으로 꼽히며 아이폰과 아이패드 신화를 만들어낸 애플의 최고 경영자 스티브 잡스(Steve Jobs)가 이 대학을 다녔기 때문이다.

잡스는 양부모에게 고집스럽게 주장해 굳이 리드 칼리지를 자신의 대학으로 택했다. 그리고 그는 이곳의 독특한 교육 문화를 토대로 자신의 창의력을 키워나갔다.

잡스는 비싼 학비 등의 이유로 리드 칼리지를 오래 다니지는 않았다. 하지만 그는 "리드 칼리지에서 진행됐던 독서 프로그램을 통해 나는 성장할 수 있었다. 그곳에서 플라톤(Platon)과 호머(Homer)를 읽었고 수많은 동양 고전 철학을 접했다. 이를 통해 나는 새롭게 생각하는 방법을 배웠다. 그리고 그것이 애플을 만든 원동력이 됐다"라고 이 학교가 자신에게 끼친 영향력에 대해 언급한 바 있다.

리드 칼리지가 학생들에게 가르치고자 하는 것을 아주 짧게 요약하면 "스스로 생각하고 스스로 문제를 풀어내라"는 것이다. 기존에 널려 있는, 그리고 그 답이 이미 다 나와 있는 문제를 암기해 답을 찾는 능력은 이 대학에서 쓸모가 없다.

리드 칼리지는 학생들에게 스스로 새로운 문제를 개척하게 만든다. 나아가 이를 토대로 새로운 세상을 설계하도록 종용한다. 그곳에서 공부한 학생들에게 기존의 세상은 딛고 일어서야 할 단순한 극복 대상일 뿐이다. 그렇게 그들은 과거를 단순히 돌아보는 데 그치지 않고, 한 발 더 내딛으며 미래를 창조하는 방법을 배운다. 정답이 아니라 오답과 실패를 통해 세상을 바꾸는 희망을 가슴 속에 간직한다.

이런 경험을 가진 잡스는 2006년 스탠퍼드 대학교 졸업식에서 이렇게 말했다고 한다.

"인생은 단 한 번뿐이다. 남의 인생을 살지 마라. 네 목마름을 추구하라. 바보 같아도 좋다."

■ 노벨상, 불가능한 꿈인가?

이번 장의 주제는 왜 한국에서 학문 분야의 노벨상 수상자가 나오지 않느냐는 것이다. 많은 사람들이 오랫동안 이 문제에 대해 궁금해 했고 또 관련한 의견을 내놓는다. 한국은 기초과학 분야가 약하다, 학문

> "인생은 단 한 번뿐이다. 남의 인생을 살지 마라. 네 목마름을 추구하라. 바보 같아도 좋다."

적 토대가 충분치 않다, 교수진 구성이 부족하다, 정부 지원이 부족하다 등의 이야기 말이다.

다 맞는 이야기다. 하지만 문제의 본질은 그게 아니다. 이유를 복잡하게 찾을 필요가 없다. 노벨상이 어떤 사람에게 주어지는 상인지를 살펴보면 답이 간단하게 나온다.

노벨상 수상의 기준 가운데 가장 중요한 것은 "unique contribution for better world"다. 쉽게 말해 노벨상은 더 나은 세상을 위해 독창적인(unique) 기여를 한 사람에게 주는 상이라는 뜻이다.

철강 산업을 발전시키고 좋은 성능의 LCD(liquid crystal display: 액정 표시장치) TV를 만드는 일 따위도 더 좋은 세상을 위해 기여하는 일이기는 하다. 하지만 이런 일로는 노벨상을 받을 수 없다. 유니크하지 않기 때문이다. 이런 일들은 이미 누군가가 만들어놓은 일을 바탕으로 그것을 더 개선했거나 따라 한 것일 뿐, 아무도 가보지 않은 길을 개척한 독창적인 것이 아니다.

한국에서 노벨상 수상자가 나올 수 없는 이유도 바로 여기에 있다. 노벨상은 창조적인 사람에게, 세상을 새롭게 개척한 사람에게 주는 상이다. 그런데 한국은 교육 시스템 자체가 창조성 하고는 거리가 멀다. 교육 시스템뿐만 아니라 사회 전체 구조도 창조성과는 동떨어져 있다.

한국 학생들은 정말 열심히 공부한다. 그런데 왜 공부하냐고 물어보면 "좋은 대학 가려고요"라고 답한다. 좋은 대학은 왜 가려고 하나요?"라고 물으면 "잘살기 위해서요"라고 답한다. 그리고 공부하는 내용을 들여다보면 전부 기출문제다. 기출문제 열심히 풀어서 답을 찾는 전문가가 되면 좋은 대학의 문이 열리고 좋은 직장의 길이 터진다.

이런 구조에서는 절대로 '더 나은 세상을 위한 독창적인 기여'가 나올 수 없다. 창의적으로 생각하는 것이 '정답이 아닌 길'로 여겨지는데, 어느 누가 창의적으로 생각하겠다는 시도를 할 수 있을 것이며, 어느 누가 독창적인 인재로 성장할 수 있을까.

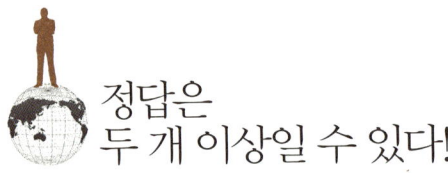
정답은
두 개 이상일 수 있다!

■ **3차 방정식의 의미**

한국은 수학 강국이다. 중고등학생들이 수학 문제 푸는 모습을 보면 실로 놀랍다. 답을 찾아내는 데에는 정말 귀신 같다. 국제수학올림피아드 대회에서 한국이 줄곧 5위권 이상의 상위 성적을 내는 것도 이상한 일이 아니다.

그런데 이런 생각을 해본 적이 있는가? 수학에서 3차 방정식 문제가 있다. 3차 방정식에서는 근이 세 개까지 나온다. 당연히 근이 두 개가 될 수 있는 2차 방정식보다 어렵다. 문제를 풀어보라고 내놓으면 학생들은 기가 막히게 그 세 개의 근을 다 찾아낸다. 탁월하다.

이 학생들이 세상에 나아가 일을 하다가 어떤 새로운 문제에 직면했다. 그런데 그 새로운 문제의 답을 연구해보라고 하면 절대로 그 문제의 답이 한 개 이상일 것이라는 생각을 못한다. 높은 지위에 올라선 사람일수록 이 같은 경향이 강해진다. "답은 하나이지 둘이나 셋이 될 수 없다"라는 고정 관념을 가지고 있다.

3차 방정식은 기가 막히게 잘 풀면서 왜 3차 방정식보다 훨씬 더 복잡한 세상 문제를 풀고자 할 때에는 답이 하나 이상이라는 생각을 못 할까? 수학을 겉으로만 배웠기 때문이다.

　　근의 공식을 잘 외우고 인수분해를 잘 익혀서 문제를 푸는 요령은 멋지게 깨쳤는데, 정작 문제의 본질이 가지고 있는 의미를 모른다. 3차 방정식, 그리고 그 의미는 차수가 높아질수록 근이 여럿 나올 수 있다는 것이다.

　　문제를 풀 때 고려해야 할 차수가 늘어나면 당연히 그 답도 여러 가지가 나온다. 근 세 개를 정확히 찾는 것도 중요하지만 '근이 세 개일 수 있다' 는 사실이 더 중요한 것이다.

　　사회에서 직면하는 문제는 3차 방정식이 아니라 10차 방정식이 넘는 복잡한 일들이다. 심지어 그 방정식이 몇 차 방정식인지조차 알려지지 않은 경우가 많다. 문제가 5차 방정식일 수도 있고 6차 방정식일 수도 있을 때 우리에게 필요한 것은 정답을 얻기 위해 어떤 논리적 사고를 통해 식을 세우고 해결책을 찾느냐 하는 능력이다. 이는 당연히 변수를 어떻게 설정하느냐에 따라 여러 가지 해답이 나올 수 있다는 뜻이다.

　　우리 교육의 최대 약점이 여기에 있다. 세상은 이렇게 복잡해지는데 교육 현장에서는 "정답은 하나다"라는 가르침을 고수하는 중이다. 수학뿐 아니라 사회, 역사, 문학에 이르기까지 거의 모든 분야에서 이런 교육을 강요하는 것이 현실이다.

　　김소월 님의 시 진달래꽃에서 '죽어도 아니 눈물 흘리오리다' 라는 대목이 반어법이냐 역설법이냐를 묻는 코미디 같은 문제가 시험에 나온다. 시 한 줄 한 줄마다 밑줄을 그어놓고 그 해석을 일률적으로 달아 달달 암기하는 교육 방식을 어떻게 받아들여야 할까.

학교에서 배우는 모든 이들에게 "정답은 하나다"를 강조하면 당연히 사회 분위기도 그렇게 흘러갈 수밖에 없다. 평생 배운 게 그것인데 '정답은 두 개, 세 개, 열 개 이상이 될 수 있다'는 생각을 할 수가 없다. 그러다 보니 부모와 학교가 자녀에게 강요하는 인간상도 잘살아라, 좋은 직장 가져라, 돈 많이 벌어라, 하는 식으로 일률적이다. 인생의 정답도 하나가 되는 셈이다. "남의 인생을 살지 말고 목마름을 추구하라"는 스티브 잡스와는 달라도 너무 다른 모습이다.

■ 점수 위주 교육의 폐해

학교에서 가르치는 정답이 하나라는 사실은 또 다른 문제를 낳는다. 교육의 성과를 모두 점수 위주로 환산해버리는 고약한 습관을 갖게 된다는 것이다.

내가 최근에 들었던 가장 놀라운 이야기 가운데 하나는 한국에 초등학생을 위한 줄넘기 학원이 있다는 사실이었다.

도대체 왜 줄넘기 학원이 있을까? 학원 광고물을 보면 '줄넘기는 살 빼는데 좋은 유산소 운동이고 모든 어린이들이 즐기면서 할 수 있는 신개념 스포츠'라고 말한다. 좋은 말이다. 나는 스포츠 전문가는 아니지만 적어도 줄넘기가 좋은 운동이라는 점은 분명히 동의할 수 있을 것 같다.

내가 이해가 가지 않는 것은 광고 문구처럼 줄넘기가 '모든 어린이들이 즐기면서 할 수 있는' 스포츠라면 그냥 즐기면서 하면 되지 그걸 왜 돈 내고 굳이 학원까지 가서 배워야 하느냐 하는 것이다. 이런 학원이 생기는 이유는 학교에서 '줄넘기 급수표'라는 것을 만들어놓았기 때문이다.

이 급수표는 초등학교 1, 2학년 어린이들에게 줄넘기를 시키고 그 개수로 등급을 매기기 위해 만들어진 것이다. 아이들이 잘하면 잘할수록 높은 급수를 받을 수 있다.

초등학교 1, 2학년이면 그야말로 처음으로 집단 생활을 시작하는 가장 어린 아이들이다. 그 아이들이 줄넘기 개수를 세면서 "나는 몇 급", "너는 몇 급" 하고 따지는 모습이 나는 상상이 가지 않는다. 그래서 급수가 낮은 아이들은 자존심이 상한다며 집에 와서 울게 마련이다. 엄마는 '내 아이가 뒤지면 안된다'는 조급증에 아이들에게 줄넘기를 가르쳐줄 사교육 시장을 찾는다. 수요가 생기니 공급이 따른다. 하나둘씩 줄넘기 학원이 생기고 영업이 되기 시작하니 이제 어지간한 초등학교 주변에는 줄넘기 학원이 자리를 잡게 됐다.

이 코미디를 어떻게 설명해야 할까? 한국 사람들이야 너무 자주 보는 모습이라 그러려니 할지 모르겠지만 사정을 모르는 외국인들에게 이것은 정말 희대의 코미디다. 모든 사람들이 편하게 즐길 수 있는 줄넘기는 그야말로 어린이들의 건강을 위한 운동이다. 돈 내고 학원에서 배워야 하는 스포츠가 절대 아닌 것이다.

비단 줄넘기 학원만이 문제라는 뜻이 아니다. '하나의 정답'만을 강요하는 한국의 교육은 결국 거의 모든 영역에서 점수로 학생들의 인격과 창의성을 표시하려는 시도를 한다.

그 이유를 물어보면 대답은 너무 간단하다. 좋은 대학 가려면 좋은 점수를 맞아야 하기 때문이다. 그렇다면 문제는 대학에서 좋은 학생을 뽑는 기준으로 오로지 좋은 점수만을 획일적으로 보고 있다는 점인데, 이게 고쳐지기가 어렵다.

평가를 하는 사람들부터 창의성과 개성을 키우는 교육보다 획일화된 점수 따기 교육 환경에서 자라났기 때문이다. 이들은 두 개 이상의 정답이 있을 수 있다는 사실을, 숫자화된 점수 이외에 아이들의 능력을 나타내는 또 다른 기준이 있다는 사실을 잘 인정하지 않는다. 그래서 지겹고 무거운 이 악순환은 끊이지 않고 연결된다.

■ '하나의 정답'은 창의력을 말살한다

최근 미국 MIT(Massachusetts Institute of Technology)에서 재미있는 연구를 한 가지 진행했다. 부모나 교사가 어린이들에게 설명을 어떻게 하느냐에 따라 어린이들의 상상력이 어떤 변화를 나타내는지를 살펴본 것이다.

연구팀의 실험은 이렇게 진행됐다. 우선 유치원 다니는 어린이들을 두 그룹으로 나눈다. 그리고 이들에게 똑같이 네 가지 기능을 가진 장난감을 쥐어준다. 이 장난감은 버튼을 누르면 소리가 나고, 튜브를 당기면 색깔이 변하는 식으로 모두 네 가지 기능을 가지고 있었다.

한 그룹에게는 선생님이 "튜브를 당기면 색깔이 변해요"라는 식으로 장난감의 기능 한 가지를 아주 구체적으로 설명해주었다. 다른 그룹 아이들에게는 "재미 있는 장난감이니 잘 가지고 놀아요"라며 구체적인 설명 없이 장난감을 쥐어줬다.

어떤 결과가 나타났을까? 한 가지 기능에 대해 아주 구체적인 설명을 들은 아이들 대부분은 장난감이 가진 네 가지 기능 가운데 설명을 전해들은 한 가지 기능만 파악해냈다. 다른 기능이 있는지 찾아내는 아이들이 없었다는 이야기다.

> '하나의 정답'을 알려주는 것은 명확하고 쉽긴 하지만 사람의 상상력을 제한한다. 하나를 정답으로 알려주면 아이들은 하나 이상의 또 다른 무엇이 있을 것이라고 상상을 하지 않는다.

반면 별다른 설명 없이 장난감을 받은 아이들은 대부분 장난감을 열심히 만지작거리고 놀면서 두 가지, 세 가지 이상의 기능을 발견해내더라는 것이다.

심지어 장난감을 가지고 노는 시간도 차이를 보였다. 한 가지 기능에 대해 명확한 설명을 받은 아이들은 대부분 2분 정도 갖고 놀다가 장난감에 싫증을 냈다. 하지만 설명을 듣지 않은 아이들은 최소한 3분 이상 장난감을 갖고 놀았다고 한다.

이처럼 '하나의 정답'을 알려주는 것은 명확하고 쉽긴 하지만 사람의 상상력을 제한한다. 하나를 정답으로 알려주면 아이들은 하나 이상의 또 다른 무엇이 있을 것이라고 상상을 하지 않는다.

우리 한국의 교육이 바로 이런 식이다. 수많은 숨은 뜻을 가지고 있을 것이 분명한 시어(詩語)에 밑줄 쫙 긋고 "이 시어의 뜻은 이거야"라고 가르치면 어느 학생도 그 시를 쓴 시인의 감성을 상상하려 하지 않는다. 선생님이 "정답은 이거야. 외워!"라고 소리치면 어느 누구도 스스로 답을 찾아가려 하지 않는다는 것이다.

나는 초등학교 4학년 학생들이 한해살이 식물에는 어떤 종류가 있는지를 암기해서 무엇을 얻을 수 있을까 정말 궁금하다. 그들에게 필요한 것은 식물의 종류 암기가 아니라 생명이 싹을 틔우고 꽃을 피우고, 다시 씨를 뿌려 위대한 생명을 새롭게 다시 잉태하는 그 경이로운 과정을 느끼는 것이다.

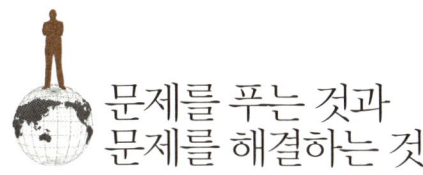
문제를 푸는 것과 문제를 해결하는 것

■ **소크라테스의 교육 방식**

답을 찾는 것(find the answer)과 문제를 해결하는 것(solve the problem)은 다르다. 한국 교육은 이 차이를 알아야 한다. 답은 과거 누군가가 풀어놓은 것을 잘 암기하면 찾을 수 있다. 이것은 패스트 팔로어 시대의 교육이다.

새로운 시대의 핵심은 창의력이다. 이 창의력은 기존에 누군가가 풀어놓은 답을 베끼는 것으로는 절대 길러지지 않는다. 답을 찾는 능력이 아니라 문제를 해결하는 능력을 길러야 한다. 머리 속에 든 게 많은 사람이 필요한 것이 아니라, 생각의 폭이 넓고 유연한 사람이 필요한 것이다.

소크라테스는 "교사는 조력자일 뿐, 교육의 주체는 배우는 사람이다"라고 단언한 바 있다. 그의 교육 방법은 오늘날의 한국 기준으로 보면 지겹고 느리다.

소크라테스는 학생들에게 끊임없이 질문을 던진다. 이것이 그 유명한 '소크라테스의 문답법'이다. 계속되는 질문을 통해 생각하는 훈련을 하도록 한다. 내가 생각했던 정답이 정답이 아닐 수도 있다는 것을 인정하는 순간, 사람의 생각 폭은 넓어지고 창의력은 성장한다.

이 같은 교육 방식에는 또 다른 숨은 뜻이 있다. 적어도 교육에서는 실패를 용인해주는 인내심이 있어야 한다는 것이다.

'정답을 찾기 위해' 선생님이 읊어주는 답을 암기하는 것은 빠르고 쉽다. 하지만 문제를 해결하기 위해 모든 가능성을 열어두고 진지하게 생각하는 것은 느리고 고통스럽다.

한국 교육은 느리고 고통스러운 이 과정을 받아들이지 못한다. 빨리 1번 문제 풀고 2번 문제로 넘어가야지, 1번 문제 붙잡고 오래 생각하는 꼴을 참지 못한다.

2, 3세 아이들을 키우는 엄마들을 보자. 아이들이 퍼즐을 맞추는데 조각 퍼즐을 잘 못 끼우면 금세 "여기에 끼워야지"라고 끼어든다. 아이들이 여기에 맞춰보고 저기에 맞춰보다가 숱한 실패를 겪으면서 결국 정답을 찾아가는 그 시간을 용납하지 않는다.

이런 교육이 극단적으로 나타난 곳이 학원이다. 아이들은 온갖 문제집을 들고 다니면서 강사가 읊어주는 문제 푸는 요령을 통해 정답을 찾아낸다. 아마 고등학교 3학년쯤 되면 풀어본 문제 개수만 해도 수만 개가 넘을 것이다.

이게 유능한 인재를 길러내는 방식인가? 그것도 모자라 스파르타식 학원에 아이들을 가두고 분, 초 단위로 더 많은 문제에 대한 답을 알아내라고 강요한다. 그 많은 답을 다 알아서 도대체 뭐에다 쓰려고 그런 교육을 하는지 나는 정말 진지하게 궁금하다.

■ 정교와 정확은 다르다

한국에서 비즈니스를 하다 보면 너무나도 정교한 계산에 혀를 내두를 때가 있다.

과거 어느 회사와 사업 예측을 같이한 적이 있었다. 예상 판매량을 산출해보기로 했는데, 이때 사용한 변수들은 당연히 대부분 추정값들이었다.

> 왜 이런 현상이 생기는 것일까? 바로 '하나의 정답'이 강조되는 사회에서 살았기 때문이다.

내 비즈니스 파트너는 "물건을 사는 사람들은 10~15살, 대략 1주일에 한 개 정도를 살 것이다. 소비 대상 인구는 약 150만 명 정도일 것이고"라며 변수들을 뚝딱뚝딱 주무르더니 이내 "올해 이 물건의 예상 판매량은 745만 3567개다"라는 결론을 내렸다.

변수는 어정쩡한데 결론은 명쾌하다. 소비 연령은 10~15살로 광범위한데 예상 판매량은 745만 3567개로 그렇게 정교할 수가 없다.

나는 이런 태도야말로 지금 한국 교육이 낳은 아주 기형적인 결과물이라고 생각한다. 한국 비즈니스맨들은 이것이 '정확한 예측'이라고 생각할지 모르겠다. 그러나 이것은 정확한 게 아니고 단지 수치가 정밀한 것이다. 영어로 표현하자면 accuracy한 것이 아니라 단지 숫자가 precision할 뿐이라는 뜻이다.

왜 이런 현상이 생기는 것일까? 바로 '하나의 정답'이 강조되는 사회에서 살았기 때문이다. '정답은 정교하고 단순해야 한다'는 뿌리 깊은 사고 방식이 사고의 폭을 제한하고 변수를 용납하지 않기 때문이다.

■ **제발 질문을 하라**

정답은 하나가 아니라 두 개 이상일 수 있다는 것, 사물에는 항상 변수가 있을 수 있다는 것. 이 같은 사실을 알기 위해서 사람들은 이미 정답이라고 알려진 것을 의심할 줄 알아야 한다.

나는 그래서 나와 함께 일하는 동료들이나 주변 사람들에게 "제발 질문을 좀 하라"고 부탁한다. 질문은 곧 의심이다. 의심이 생겨야 궁금한 것이 생긴다.

"이것이 정답일까?"라고 물을 수 있어야 사고의 폭이 넓어진다. 누군가 내려준 정답(올해 예상 판매량은 745만 3567개라는 결론처럼)이라는 것이 이렇게 어이없는 과정을 통해 만들어졌을 수도 있다는 것을 알아내려면 의심하고 질문해야 한다.

이것은 훈련이고 습관이다. 훈련이 돼 있지 않으면 아무리 "질문을 하라"고 독촉해도 잘 하지 못한다. 평생 그런 훈련을 받아본 적이 없기 때문이다.

이런 훈련은 어디에서 받아야 할까? 당연히 학교다. 교육이 담당해야 할 부분이 바로 여기에 있다. 우리가 맞닥뜨릴 새로운 세계에는 지금껏 보지 못한 새로운 도전이 있을 것이다. 그 도전에 맞서려면 의심하고 질문하고 틀리고 다시 문제를 세팅하는 숱한 과정을 거치면서 문제를 풀어나가야 한다. 미래의 인재는 바로 이 훈련이 제대로 돼 있는 사람, 제대로 의심하고 제대로 질문할 수 있는 사람이어야 한다.

■ 교육의 권위가 한국을 망가뜨린다

"오늘 수업 여기까지. 질문 있는 사람? 질문 없어? 뭐 아는 게 있어야 질문을 하지. 멍청한 놈들. 수업 끝!"

정말 많이 들어본 낯익은 이야기 아닌가? 한국에서 학교를 다닌 사람들이라면 누구나 머리 속에 맴도는 수업 끝 무렵 선생님의 '엔딩 코멘트'다. 이처럼 모든 선생님들은 늘 수업시간 내내 칠판에 필기하고 암기할 것을 가르쳐준 뒤 수업 끝나기 3분 전에 "질문해봐!"라고 시간을 준다.

그리고 그때 누군가가 용감하게 손을 들어 질문하면 그 학생은 쉬는 시간에 급우들에게 수업시간을 연장시킨 천하에 몹쓸 놈으로 찍히게 마련이다.

이렇게 해서는 창의적인 학생이 절대 자라날 수가 없다. 소크라테스는 수업의 시작과 동시에 질문을 시작해 수업 끝날 때까지 질문을 했다. 그런데 한국 중고등학교 수업의 질문 시간은 꼭 수업 마지막에 등장하는 '자투리 시간'으로서 취급을 받는다.

왜 이런 현상이 생길까? 여러 이유가 있겠지만 나는 한국 교육 과정 속에 고착화돼 있는 '교육의 권위'를 그 원인 가운데 하나라고 생각한다. 교사의 권위, 윗사람의 권위, 기출문제 정답의 권위, 규율의 권위 같은 것 말이다.

권위는 의심의 여지를 남겨두지 않는다. 일방적인 복종을 강요한다. 배우는 학생들이 그 권위를 두려워하고 권위에 굴복하는 순간, 의심하고 생각하며 창의적으로 발전하는 통로는 막혀버린다.

> 권위는 의심의 여지를 남겨두지 않는다. 일방적인 복종을 강요한다.

미국과 유럽의 많은 학교에서는 교사들이 학생들에게 충분히 생각하고 질문할 시간을 준다. 또 질문을 하지 않으면 "내 설명이 뭔가 부족하냐?"라며 도리어 화를 내는 교사들도 적지 않다.

한국 교육은 질문 자체가 용납이 되지 않는 구조다. 교사의 권위가 너무 강력하기 때문이다. 또 정답을 빨리 찾아야 한다는 강박관념이 너무 강하다.

2011년 평양에서 아마추어 골프 대회가 열렸다. 이 대회 홈페이지에는 '김정일 국방위원장의 베스트스코어가 38언더파'라고 나와 있다. 김 위원장이 1991년 이 골프장에서 생애 처음으로 라운딩을 했는데, 무려 11개의 홀인원을 기록한 끝에 38언더파라는 스코어를 올렸다는 게 홈페이지의 주장이다.

이 코미디를 보고 우리는 웃지만 북한 사람들은 절대 웃지 않을 것이다. 그들은 말도 안되는 이 황당한 기사를 신앙처럼 굳건히 믿는다. "아니, 바보도 아니고 생애 첫 라운딩에서 홀인원 11개를 기록했다는 사실을 어떻게 믿지?"라는 게 우리의 상식이다. 그러나 이들에게는 "위대한 김정일 동지는 쳤다 하면 공이 홀컵에 빨려들어간다"라는 것이 상식이다. 이 굳건한 믿음의 원천은 북한에서 김정일이라는 이름 석 자가 가진 권위 때문이다.

정도는 다르지만 한국 교육 현장에도 이런 일이 벌어지고 있다. 한국의 학교에서 교사의 권위, 정답의 권위는 불가침의 영역이다. 교사는 학생보다 똑똑해야 하고 교사의 말은 지고지선의 진리로 받아들여져야 한다. 선생님이 "답은 3번"이라고 말하면 답은 3번인 거다. 이런 교육 방식이 "김정일은 홀인원 11개를 기록했다. 안 믿으면 죽는다"라고 말하는 것과 궁극적으로 무엇이 다른가.

우리는 1980년대형 인재를 양산하고 있다

■ **우골탑의 역사는 미래를 보장해주지 않는다**

서양 사람들이 나에게 "한국이 이처럼 빨리 발전하게 된 원동력이 뭐죠?"라고 물으면, 나는 단연코 "우리나라 사람들의 뜨거운 교육열 덕분입니다"라고 답한다.

한국은 진정으로 교육열이 높은 나라다. 부모의 모든 것을 희생하더라도 내 자식만큼은 제대로 배우게 만들겠다는 그 뜨거운 열정이 1950년대 세계에서 가장 가난한 나라였던 한국을 지금 이처럼 눈부시게 잘사는 나라로 만들어놓았다.

그러나 나는 누군가가 "미래 한국이 발전하는 데 가장 큰 걸림돌이 무엇인가?"라고 물어본다면 역시 단연코 "한국의 교육 시스템이다"라고 답을 할 것이다. 지금 고착화된 한국의 교육 시스템을 유지한다면 한국은 감히 단언하지만 미래로 전진하기 어려울 것이다.

지금까지 한국의 발전을 이끌었던 교육의 본질은 '교육의 열기'였다. 이 교육의 열기는 소중히 간직해야 할 귀한 유산이다. 하지만 미래 한국의 운명을 결정지을 교육의 본질은 '교육의 열기'가 아니라 '교육의 내용'이다. 이제 우리는 이 교육의 내용에 대해 진지하게 고민할 때가 왔다.

패스트 팔로어 시대의 핵심은 빨리 정답을 찾는 것(find the answer)이었다. 철강 공장을 짓고 자동차를 만드는 것은 이미 누군가가 미리 해놓은 것들이다. 우리가 풀어야 할 문제는 기출문제였고 핵심은 그 정답을 얼마나 빨리 찾아내느냐, 즉 스피드의 문제였다.

이런 시대에 '정답은 하나'라는 주입식 교육 방법은 그런 대로 효과를 거두었다. 권위에 복종하는 인재들을 양산하는 교육 시스템도 꽤 쓸모가 있었다.

지도자들이 "우리가 찾아야 할 정답은 중화학 공업국가 건설이다. 국민들이여, 돌격 앞으로!"를 외치면, 정답을 찾는 것에는 세계 제1의 전문가들이었던 명문대 출신들이 눈부신 스피드로 그 방법을 찾아냈다. 또 성실한 국민들은 묵묵히 그 권위에 복종하며 엄청난 노동력을 쏟아 부었다.

그러나 지금 우리 앞에 놓인 과제는 패스트 팔로어를 벗어 던지고 퍼스트 무버(first mover)가 돼야 한다는 것이다. 이 시대에 지금 같은 교육 시스템은 성장의 디딤돌이 아니라 걸림돌이다. 찾아야 할 정답이 주어져 있지 않은데, 사회의 핵심 인재들이 기출문제에서만 정답을 찾는다면 창의적인 새로운 도전은 절대 이뤄질 수 없다.

한국이라는 국가는 21세기 중반을 향해 빠른 속도로 나아가는데, 교육 시스템은 1980년대형 인재를 양산하고 있는 것이다.

■ 우리의 뇌는 저장 장치가 아니다

대학 입시철이 끝날 즈음에 길을 걷다 보면 고등학교 교문에 커다란 플래카드가 걸려 있는 것을 볼 수 있다. "우리 학교 3학년 아무개 군이 서울대학교에 합격했다", "우리 학교에서는 서울대와 연·고대를 합쳐 모두 몇 명을 입학시켰다" 하는 것이 그 내용이다.

장한 일이다. 주어진 환경 아래에서 열심히 공부해 좋은 대학에 들어간 것을 나무랄 이유는 전혀 없다. 또 그런 꿈을 가진 학생들을 열심히 독려해 많은 성과를 낸 것도 분명히 자랑스러워할 만한 일이다.

또 나는 한국의 대학이 서열화돼 있는 것을 비판할 생각은 없다. 대학에 서열이 있는 것은 비단 한국만의 일도 아니다.

그러나 이런 플래카드를 보고 있노라면 '한국에서 대학은 출세를 가늠하는 하나의 자격증 역할만 하는구나' 라는 생각을 떨쳐낼 수 없다. 그리고 이 자격증을 어떤 고등학교가 더 많이 땄는지, 명문대학교 입학생 숫자로 점수화하는 현실이 씁쓸하게 느껴진다.

> 중고등학교는 '좋은 대학 입학 자격증'을 따는 도구가 돼서는 안된다. 중고등학교에서 우리 아이들은 창조적으로 생각하는 방법을 배워야 한다. 질문을 할 줄 아는 아이들이 돼야 한다.

"왜 교육 현장을 창의적으로 바꾸지 못하나요?"라고 물으면 "좋은 대학에서 원하는 게 그게 아니니까요"라고 답한다. "좋은 대학은 왜 가려고 하죠?"라고 물으면 "거기를 나와야 출세를 하니까요"라는 답이 돌아온다.

이런 이유로 일류대학교를 못 가 출세 보증 자격증을 따지 못한 대학생들은 대학 시절 인생의 재기전을 위해 또 다른 공부를 시작한다. 그리고 그들이 몰입하는 영역은 외국어와 시사상식 등으로 똑같다.

물론 이럴 수도 있다. 이것이 현실이니까. 그러나 현실을 안타까워하는 목소리에도 분명히 귀를 기울여야 한다. 우리의 미래를 책임질 아이들의 머리는 컴퓨터의 하드디스크가 아니다. 거기에 빼곡히 뭔가를 채워놓고 필요할 때 꺼내 쓰라고 있는 것이 아니라는 뜻이다. 미래의 인재들은 '저장'이 아니라 '활용'의 능력을 길러야 한다.

그런데 좋은 대학 가겠다고 6년 넘게 암기하고, 대학에 가서 취업 준비한다고 또 두뇌에 지식을 저장하는 데 그 소중한 시간을 다 쏟아붓는다면 창의성은 도대체 언제 기를까? '대학에 가면 나 스스로 무언가를 결정하는 방법을 배우고 싶다'라고 말했던 내 딸이 한국 교육 시스템에서 공부했다면 스스로 인생을 개척해나가는 법을 배울 수 있었을까?

■ 아이디어 싸움으로 충만한 교육 현장을 만들자

나는 한국의 교육이 '정답을 빨리 찾는 것'에 집착하는 조급증을 버려야 한다고 생각한다. 우리가 지금 뭔가를 빨리 해야 할 것이 있다면, 그것은 '정답을 빨리 찾는 것'이 아니라 '지금의 교육 체계를 빨리 바꾸는 것'일 것이다.

'정답을 찾는 것'을 넘어서는 새로운 교육의 목표는 '문제를 해결'하는 것이다. 답을 찾는 것이 아니라 실타래처럼 꼬인 문제를 해결하는 능력 말이다.

그리고 이것이 완성된다면 리드 칼리지가 그랬던 것처럼, 궁극적으로 우리 교육은 '문제를 제기하는 능력'을 갖춘 인재들을 길러내는 데 초점을 맞춰야 한다. 중고등학교는 '좋은 대학 입학 자격증'을 따는 도구가 돼서는 안된다. 중고등학교에서 우리 아이들은 창조적으로 생각하는 방법을 배워야 한다. 질문을 할 줄 아는 아이들이 돼야 한다. 그래서 수업 시간은 각자가 낸 아이디어를 가지고 치열하게 토론하는 아이디어의 전쟁터가 돼야 한다.

대학은 학교별로 특색을 갖춰야 한다. 우리 대학의 순위가 중요한 게 아니다. 우리 대학의 경쟁력이 무엇인지를 찾아내는 게 핵심이다.

지금 한국에서 유행하는 특성화 대학 제도를 활성화하자는 차원의 이야기가 아니다. 특성화 대학을 추구한다는 어느 대학 홈페이지에 가보니 "우리 대학은 공무원 양성 특성화 대학으로 자리를 잡아 최근 ×년 동안 9급 공무원 ○○명을 배출한 전문성을 가지고 있다"라고 적어놓았던데, 제발 이러지들 말아야 한다. 도대체 뭘 얼마나 특성화했기에 공무원 시험 합격자 숫자를 자랑으로 삼는가.

또 새로운 시대에 창의적인 아이디어로 충만한 인재들을 길러내기 위해서는 '남의 인생'만을 살도록 강요해서도 안된다.

인생에 정답이 있을 수 없다. 공부 좀 잘하면 다 판사, 검사 되기 위해 애쓰거나 의사 되려고 하는 것은 대한민국이 세계 사회에서 퍼스트 무버로 도약하는 데 아무 쓸모가 없다. 잡스의 말처럼 인생은 단 한 번뿐이다. 남의 인생을 살지 않고 각자의 목마름을 추구하는 사람을 길러야 한다.

■ "숙제 하지 마라, 책 읽지 마라" 권하는 노벨상 수상자들

내가 이번 장에서 처음 던진 화두는 '왜 한국에는 노벨상 수상자들이 나오지 못할까' 라는 것이었다. 이미 그 대답은 충분히 했다고 생각하지만 여기 더욱 명백한 증거(?)가 있어 소개하고자 한다.

2011년 대전에서는 '제5회 아시안 사이언스 캠프' 행사가 열렸다. 아시아의 젊은 과학도들을 위한 이 행사에 마침 노벨상 수상자들이 대거 모여 학생들에게 가르침을 주는 시간이 마련됐다.

이 자리에서 노벨상 수상자들이 강연한 내용을 소개하고자 한다. 세계 최정상의 과학자들, 그리고 노벨상의 취지인 '더 나은 세계를 위한 독창적인 기여(unique contribution for better world)'를 한 사람들이 어떻게 생각하는지를 독자들께 보여주고 싶다.

1986년 노벨화학상을 수상한 리위안저(李遠哲, Lee Yuan Tseh). 그는 대만 출신 중국인으로는 최초로 노벨상을 수상한 인물이다.

> "학교가 학생들에게 자신감을 심어주는 공간이 돼야 한다. 창의성의 기반은 자신감이다. 아시아 학교 대부분은 학생들의 순위를 매기는 것에만 집중한다. 이 때문에 99.9점을 받아도 0.1점을 더 받으라고 다그친다. 이런 방식으로는 창의적인 인재를 길러낼 수 없다."

이스라엘 출신의 생화학자 아론 치에하노베르(Aaron Ciechanover).

그는 2004년 노벨화학상을 받았으며 단백질 분해 분야에서 세계적인 권위를 자랑하는 석학이다.

"아무것도 믿지 말고 항상 의심해야 한다. 나는 의심을 위해서는 책도 읽지 말아야 한다고 생각한다. 책을 읽으면서 저자의 권위에 눌려 무분별하게 저자의 주장을 받아들이려면 차라리 읽지 않는 것이 낫다. '왜?'라는 질문을 항상 던져야 한다. 질문하는 힘은 과학자의 길을 걷게 하는 가장 중요한 원동력이다."

미국의 구조생물학자인 로저 콘버그(Roger David Kornberg)는 2006년 노벨화학상 수상자다.

"나는 숙제를 해본 적이 한 번도 없다. 숙제를 할 시간에 나는 집에서 내가 하고 싶은 실험을 마음껏 했다. 그 시간은 나에게 꿈을 심어준 소중한 순간들이었다. 요즘 학생들은 너무 많은 것을 암기하고 공부하도록 강요 받는다. 이런 공부 방식이야말로 사람의 창의성을 잃게 만드는 가장 나쁜 요소들이다."

이들의 이야기를 듣고 있노라면 어떤 생각이 드는가?
'역시 노벨상은 미친 천재들만 받는 거야. 우리하고는 상관 없는 이야기지'라는 생각이 혹시 든다면 우리는 그동안 주입식 교육에 너무 익숙해져 새로운 기회와 도전을 거부하고 있는 것이다. 반대로 이들의 이야기를 듣고 '아, 우리가 뭔가 잘못된 길을 걷고 있구나'라고 느낀다면 아직 우리에게는 창의적인 인재를 길러낼 수 있는 기회가 많다는 것을 뜻한다.

우리의 교육은 늦었다. 하지만 변화를 도모하기에는 결코 늦은 것이 아니다. 한국은 늘 다른 나라보다 늦게 출발했지만 끝내 따라잡았고 결국 역전을 시키기도 했다. 마음만 먹는다면 우리의 교육 체계를 바꾸는 일도 불가능한 것만은 아니다.

얼마 전 한 지인이 나에게 "한국에서 아이들을 일류대학교에 보내려면 네 가지 조건을 갖춰야 한다"면서 그 조건을 이렇게 설명해줬다.

첫째, 할아버지의 재력
둘째, 엄마의 정보력
셋째, 아빠의 무관심
넷째, 형제의 희생

말을 건넨 지인은 나보고 웃으라고 한 말이었겠지만 나는 이 이야기를 듣고 실로 슬펐다. 한국의 교육이 어느 지경까지 왔는지를 너무나 잘 보여주는 단적인 자화상이기 때문이다.

일류대학이 인생의 목표인 것도 안타까운 일이지만, 그것을 이루기 위해 태연히 형제의 희생을 마음대로 전제해버리는 것이 우리의 슬픈 현실이다.

대학을 보내려면 사교육을 시켜야 하는데 아빠가 버는 돈만으로는 어림도 없으니 할아버지의 재력을 찾게 마련이다. 하루에 세 시간도 못 자고 암기에 몰두하는 자녀를 측은하게 여기는 아빠는 자녀 입시

> 느린 것을 참아내야 하고, 엉뚱함을 받아들일 준비가 돼 있어야 한다.

의 가장 큰 걸림돌로 취급 받는다.

이건 정상이 아니다. 우리는 지금 21세기를 지향하는 새로운 인재를 길러내는 것이 아니라 1980년대형 '말 잘 듣는 저장장치'를 길러내는 데 온 국력을 쏟는 셈이다.

어떻게 하면 우리 교육을 바꿀 수 있을까? 나는 교육 전문가가 아니기에 구체적이고 세세한 방법까지는 잘 알지 못한다. 하지만 이 말만은 확실히 할 수 있다. 바꾸려고 결심했다면 운명을 걸어야 한다. 숱한 반발을 감내해야 한다. 기존 주입식 교육을 통해 형성된 기득권의 수많은 반대를 이겨내야 한다.

교사도 바뀌어야 하고 학부모도 바뀌어야 한다. 느린 것을 참아내야 하고, 엉뚱함을 받아들일 준비가 돼 있어야 한다.

모두가 알다시피 한국 부모의 교육열은 세계 최고 수준이다. 하지만 이미 언급했듯이 교육열은 지켜야 하지만 교육 시스템은 버려야 한다. 우리 부모들의 교육열이 새로운 교육 시스템을 만드는 데 사용된다면 한국은 세계적인 교육 강국이 될 가능성이 충분히 있다.

학부모, 교사, 학교, 정부, 기업, 학계 모두의 뜻을 모아 진실로, 열정적으로 우리의 교육 체계를 바꾸는 것에 뜻을 모아야 한다. 지금 우리에게 필요한 것은 바로 '변화하지 않으면 안된다'는 절박함이다.

Chapter
04

'권위'의 시대는
끝났다

어디에서부터 바뀌어야 할까? 지금 한국의 문화 속에서 가장 시급히 각성해야 할 계층은 아랫사람이 아니라 윗사람이다. 상하관계와 권위주의는 아랫사람이 먼저 바뀐다 해도 절대 무너지지 않는다. 회사에서 인사권자가 바뀌지 않으면 아랫사람들이 변화를 원해도 변화가 생기지 않는다. 그래서 변화란 것은 어렵다. 본질을 혁신하려면 윗사람이 바뀌어야 하는데, 한 번 '윗사람의 권력'을 맛본 사람들이 그것을 포기하기가 쉽지 않기 때문이다.

권위의 나라 한국

■ 청바지가 낳은 비극

2011년 세계 경제계에서 단연 큰 화두로 떠오른 것은 거대 정보기술(IT) 기업 구글이 모토로라를 인수한 것이었다. 또 이 사건과 함께 한국에서 새로 조명을 받은 인물은 '안드로이드의 아버지' 라 불리는 구글의 부사장 앤디 루빈(Andy Rubin)이었다.

구글의 모토로라 인수로 인해 발생하게 될 세계 IT업계의 지각 변동에 대해서는 많은 언론이 충분히 다뤘고 또 이 책의 주제도 아니기 때문에 생략한다. 다만 나는 이 과정에서 알려지기 시작한 새로운 사실 하나에 주목하고 싶다. 스티브 잡스와 함께 21세기 최고의 천재 가운데 한 명으로 꼽히는 앤디 루빈이 2004년 한국을 방문한 적이 있었다는 사실 말이다.

앤디 루빈은 당시 안드로이드 체제를 만드는 벤처 기업의 수장이었다. 그는 2004년 삼성전자를 찾아가 안드로이드 체제를 삼성에 팔고자 했다. 하지만 이 협상은 실패로 돌아가고 만다. 그리고 단 1년 뒤에 구글은 5000만 달러라는 '헐값'에 스마트폰의 혁신적인 운영체제인 안드로이드를 인수하는 데 성공한다.

이 순간의 차이가 지금 구글과 삼성전자에 얼마나 큰 영향을 미쳤는지는 상상하기조차 어렵다. 국내 언론은 이 사건을 두고 "삼성전자가 굴러온 복을 걷어차버렸다"라고 안타까워했다. 그리고 삼성전자의 '미래를 내다보는 눈'이 부족한 게 아닌가 하는 성찰의 목소리도 적지 않았다.

이 사건의 원인이 삼성전자의 단순한 실수였는지, 아니면 실제로 삼성전자 수뇌부의 미래를 예측하는 능력 부족 탓이었는지 나는 확신이 서지 않는다.

삼성으로서도 충분히 할 말이 있을 수 있다. 당시는 스마트폰이 나오기 3년 전이었고 스마트폰 운영체제에 대한 인식도 부족했다. 또 이 사건은 분명히 삼성전자가 '굴러온 복을 찬' 사건이 맞지만 이외에 여러 분야에서 삼성은 미래를 잘 예측했고 충분한 경쟁력을 갖춰왔다. 따라서 경영을 하면서 일어날 수 있는 수많은 사건 가운데 하나를 지나치게 강조해 '삼성의 미래 예측 능력'을 폄하하는 것은 적절치 않을 수도 있다.

하지만 내가 주목하고 싶은 것은, 삼성이 안드로이드를 선택하지 않은 이유다. 비록 당시의 선택이 '굴러온 복을 걷어찬' 잘못된 결정이었다 해도, 그럴 만한 충분한 근거가 있었다면 비판할 필요는 없다. 경영 판단의 오류는 얼마든지 있을 수 있는 일이고, 또 그 논리만 갖춰져 있다면 나는 이런 실수에 좀 더 관대해져야 한다고 생각하기 때문이다.

그렇다면 당시 삼성은 어떤 근거로 그 같은 판단을 내렸을까? 그 속내야 정확히 알기 어렵지만 구글 전문가로 유명한 기자 스티븐 레비(Steven Levy)가 쓴 《구글 안에서(In The Plex: How Google Thinks, Works, and Shapes Our Lives)》라는 책을 보면 당시 정황을 짐작하게 할 만한 일화가 소개돼 있다. 책에 따르면 루빈은 자비로 항공권을 끊고 스스로 안드로이드를 팔기 위해 삼성전자를 찾아갔다. 그리고 루빈은 당시 상황을 이렇게 기억한다.

> "동료와 둘이서 청바지 차림으로 거대한 회의실로 갔다. 청색 정장 차림의 간부 20명이 벽을 따라 쭉 서 있었다. 삼성의 본부장(division head)이 들어오자 서 있던 사람들이 일제히 자리에 앉았다. 본부장은 우리의 프레젠테이션을 지켜본 뒤 웃음을 지으며 '당신 회사는 8명이 일하는군요. 우리는 그 분야에서 일하는 인력이 2000명이나 되는데요' 라고 말했다. 그리고 이후 그 협상은 가격에 관한 이야기도 오가지 않은 채 결렬되고 말았다."

유쾌하지 않은 추정 한 가지를 해보자.

만약 당시 루빈이 청바지가 아닌 정장을 입고 프레젠테이션에 참가했다면, 만약 루빈이 이끌고 있던 기업이 직원 8명의 벤처 기업이 아니라 그 분야에서 꽤 이름을 날리던 회사였다면 역사는 어떻게 바뀌었을까?

바꿔 말해서 혹시 삼성전자가 당시 안드로이드를 인수하지 않았던 이유가 협상 파트너의 후줄근한 모습(청바지 차림)과 그들 기업의 외관

(직원 8명) 때문은 아니었을까?

루빈의 주장만으로는 진실을 알 길이 없지만 나는 이 슬픈 가설이 상당히 설득력이 있다고 생각한다.

문제는 바로 이것이다. 진실은 저 너머에 있지만 나뿐만 아니라 많은 사람들이 이 이야기를 듣고 '충분히 그랬을 수 있어'라고 생각하는 한국의 현실 자체가 문제라는 것이다.

왜 사람들은 이 이야기를 설득력 있게 받아들일까? 바로 이것이 한국의 문화이기 때문이다. 청바지를 입고 비즈니스 미팅 자리에 참석하는 사람들을 무시하는 문화, 고작 직원이 8명밖에 되지 않는 작은 기업을 무시하는 문화, 후줄근해 보이는 외모를 무시하고 내용보다는 형식을 더 중요하게 생각하는 그 문화 말이다.

■ 권위의 나라 한국

나는 우리나라를 규정짓는 대단히 중요한 요소 가운데 하나를 '권위주의'라고 생각한다. 권위는 한국 문화의 또 다른 특징인 체면이나 형식을 중시하는 문화에 큰 영향을 준다.

한국에서 권위는 신성불가침의 영역 가운데 하나다. 선진국의 대열에 올라선 나라 중에서 윗사람의 권위, 규모의 권위, 저명인사의 권위가 한국만큼 강한 영향을 미치는 국가를 찾기는 쉽지 않다.

한국은 윗사람이 한마디 했을 때 그 지시가 그야말로 일사불란하게 실행이 되는 몇 안 되는 나라다. 권력자의 지시가 한국만큼 막강한 영향력을 갖는 나라는 정말 찾기 어렵다.

> 한국은 게다가 이런 왕의 명령에 너무나 헌신적으로 노력을 바치는 착하고 부지런하며 똑똑한 국민들을 가지고 있었다.

그래서 나는 한국을 '왕의 나라'라고 종종 표현한다. 한국에서 대통령은 나라의 왕이고, 아버지는 가정의 왕이다. 기업의 오너는 기업이라는 넓은 제국을 다스리는 황제에 가깝다.

오랫동안 농경시대를 거쳐오면서 형성된 이 독특한 왕 문화는 사실 한국이 발전하는 데 큰 역할을 하기도 했다. 농경시대의 핵심은 체제의 안정이다. 농사를 잘 짓는 것이 생산력의 가장 큰 원동력이었던 시절에는 국가의 경제 시스템을 뒤흔들 새로운 개혁이 크게 필요하지 않았다. 변화보다는 안정이 훨씬 중시되는 것이 당연했다.

따라서 왕의 한마디를 존중하는 것이 수많은 사람들의 의견을 취합하고 종합하는 것보다 빠르고 간편하게 국가를 안정시킬 수 있었다. 1960~1970년대 경제 개발을 위해 온 국력을 쏟아 부을 때에도 이 같은 '왕 문화'는 일견 효율적인 구석이 있었다.

대통령이 "중화학 공업으로 가자!" 한마디 하면 온 나라가 중화학 공업을 위해 혼신의 힘을 다했고, 대통령이 "물가를 잡자!" 제안하면 모든 경제 시스템이 물가 안정에 집중할 수 있었다. 특히 당시에는 한국의 경제 시스템 자체가 복잡하지 않았기 때문에 이런 왕의 권위가 더 효율적으로 작용할 수 있었을지 모른다. 한국은 게다가 이런 왕의 명령에 너무나 헌신적으로 노력을 바치는 착하고 부지런하며 똑똑한 국민들을 가지고 있었다.

■ **군사 독재가 낳은 새로운 '돌격 문화'**

더욱이 1960년대부터 한국의 '왕' 자리는 공교롭게도 군인 출신에게 돌아갔다. 군인은 명령에 죽고 명령에 사는 조직이다. 한국 특유의 권위를 존중하는 문화에 군사 문화가 합쳐지면서 한국에는 한국만의 독특한 위계질서 문화가 새롭게 형성됐다. 박정희 대통령이 이끌던 당시 한국은 누가 보기에도 강력한 군사 왕권 국가에 가까웠다.

나는 도대체 이 문화를 어떤 단어로 설명해야 할지 감을 잡을 수 없다. 한국의 이런 위계질서 및 집단주의 문화는 세계에서 전례를 찾기 어려울 정도로 강력한 것이기 때문이다.

굳이 표현하자면 '돌격 문화'라고 해야 할까. 지휘자가 "돌격 앞으로!"를 외치면 모든 조직원이 일사불란하게 목숨을 걸고 돌격한다. 그 속에서 나올 수 있는 수많은 문제점은 단번에 무시해버린다.

한국 젊은이들이 군대를 가면 군화가 보급품으로 나온다고 한다. 그런데 군화가 맞지 않으면 병사들이 장교에게 "군화가 작습니다"라고 말할 것이다. 내 상식으로 볼 때, 이 경우 군대는 군화를 병사의 발에 맞는 것으로 교체해줘야 한다.

그런데 한국의 군대에서는 그렇게 하지 않는다고 한다. 군화 교체를 요청한 병사들에게 돌아오는 답은 "야, 발을 군화에 맞춰야지 어떻게 군화를 발에 맞추냐?"란다.

다 자란 성인의 발이 군화에 맞게 변할 가능성은 0%다. 이것은 그렇게 말하는 지휘관도 알고 있을 것이다. 그러나 한국 군대에서는 '발을 군화에 맞추는 것'이 가능하다. 이것이 불가능을 가능하게 만드는 한국식 돌격 문화다.

■ 경제개발 5개년 계획의 마인드

이 같은 돌격 문화는 1960년대 이후 한국 경제를 이끈 동력이었던 경제개발 5개년 계획으로 구체화한다. 경제개발 5개년 계획이 무엇인지 모르는 사람은 없을 것이다. 그런데 이 계획의 본질을 좀 더 분명히 이해하기 위해서는 용어의 사전적 정의를 먼저 살펴볼 필요가 있다.

> 경제개발 5개년 계획 = 국민경제의 발전을 위해 사회주의 국가 및 개발도상국 등에서 수립하는 5개년 단위의 경제계획을 말한다. 우리나라에서는 1962년 이후 지속되어온 경제개발 5개년 계획을 통해 고도 성장을 이룩했다.(네이버 지식사전 발췌)

네이버 지식사전에 따르면 경제개발 5개년 계획은 '사회주의 국가 및 개발도상국 등에서 수립하는' 계획이다.

지금도 그렇지만 1960~1970년대 당시 한국은 북한과 극한의 대치를 하던 철저한 반공 국가였다. 그런데 정작 한국은 스스로의 경제 시스템을 사회주의 국가 경제 시스템과 비슷한 체제로 만들었다.

사회주의 경제의 핵심이란 국가 경제의 모든 것을 정부가 결정하는 것이다. 그리고 한국이 걸어온 1960년대 이후 경제 체제는 이 같은 권위주의적 국가 주도 경제와 별반 차이가 없었다. "철은 박태준이지"라는 박정희 대통령의 한마디에 국가 기간산업의 운명이 박태준이라는 한 개인의 어깨에 지워진 것도 '왕의 권위'에 기반한 국가 주도 경제가 아니었다면 절대 불가능한 일이었다.

"사회주의 체제는 모든 생산 수단이 국가에 귀속되는데, 어떻게 한국의 1970년대와 같다고 말할 수 있겠는가?"라고 반론을 펼친다면 좋다. 맞는 말이니 사회주의 대신 파시즘이라는 용어로 바꾸겠다. 하지만 사회주의가 파시즘으로 바뀐다고 해서 내가 말하고자 하는 의미까지 바뀌는 것이 아니다. 이 시기 한국 정부가 모든 경제 구조의 실권을 쥐고 나라 경제를 만들어나간 것은 엄연한 현실이다.

> 왕의 한마디는 온 국민이 충성을 바쳐 지켜야 하는 헌법이었다.

정부 관료들이 주식시장 펀드매니저에게 전화를 걸어 "이번 주에는 화학주를 집중적으로 사들여 주가를 올리고 조선주는 매도해 주가를 내려라"라고 지시했다는 이야기는 더 이상 숨겨진 이야기도 아니다. 1980년대 오로지 정부의 눈치만 보던 한국은행에 붙은 별명은 '재무부 남대문 출장소'였다.

한국은 이처럼 왕이 통치하는 정부의 결정에 따라 모든 것이 움직이던 나라였다. 왕의 한마디는 온 국민이 충성을 바쳐 지켜야 하는 헌법이었다. 정부의 '돌격 앞으로' 명령에 기업도 학자도 언론도 노동자도 모두 목숨을 건 돌격전을 벌여야 했다.

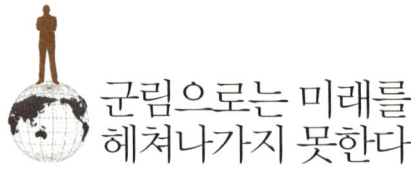
군림으로는 미래를 헤쳐나가지 못한다

■ **군림은 떨쳐버리기 힘든 유혹**

권위주의와 돌격 문화는 한국에 너무나 큰 성공을 안겨줬다. 한국은 이 같은 일사불란함 속에서 눈부신 성장을 거듭했다. 그 결과 1990년대 중진국을 벗어나 선진국을 바라볼 수 있는 경제대국으로 성장했다.

문제는 이 같은 과거의 경험이 과연 미래의 성공까지 담보해줄 수 있느냐다. 이 점에서 우리는 현실을 냉정하게 돌아봐야 한다. 상명하복과 권위의 문화 속에 한국이 성장한 것은 맞지만 그 말이 "앞으로도 권위주의를 유지해야만 한국이 더 발전할 수 있다"는 주장의 근거가 되는 것은 아니기 때문이다.

그런데 문제는 이와 같은 과거의 경험이 남긴 잔영이 한국 경제에 너무 강하다는 점이다. 수많은 사람들이 "권위주의는 타파해야 할 잘못된 문화다"라고 말은 한다. 그런데 정작 한국에는 이 문화가 너무나 강력하게 유지되고 있다.

기업 오너가 "요즘 우리 회사가 왜 이래?" 한마디 하면 수십 개의 계열사가 오너의 말을 입증하기 위해 발 벗고 나서는 것이 바로 그 반증이다. 회사 사장님이 오전 8시에 출근하면 상무는 7시 50분, 이사는 7시 40분에 출근해야 한다. 대통령이 4시간밖에 안 자고 일을 한다고 하니

> 우리가 마주해야 하는 사회는 누구도 정답을 알려주지 않는 미지의 세계다. 앞사람이 남겨 놓은 발자국이 전혀 찍혀 있지 않은 눈 덮인 산길이라는 뜻이다.

장관도 4시간 자고, 차관도 4시간 잔다. 공무원들은 자신이 왜 이렇게 일찍 출근해야 하는지도 모르는 채 새벽부터 책상에 앉아 졸고 있다.

이 문화는 쉽게 사라지기 힘들다. 왜냐하면 군림하는 것은 윗사람 입장에서 상당히 매력적인 일이기 때문이다. 권력 휘두르는 맛을 아는 사람은 절대 권력을 놓지 못한다. 자신의 한마디에 조직이 일사불란하게 복종하는 것을 행복으로 여기는 사람들도 쉽게 그 행복을 포기하지 못한다.

게다가 한국은 그 일사불란함으로 경제를 화려하게 성장시킨 경험까지 있다. 이 때문에 권력을 가진 사람들은 과거의 역사를 기반으로 자신의 권위주의를 미화하기까지 한다.

■ 미래는 정해진 것이 아니라 궁금한 것이다

하지만 나는 군림하는 문화야말로 앞으로 한국 경제와 사회가 발전하는 데 실로 큰 장벽이 될 것이라고 단언한다. 왜냐하면 권위주의는 '패스트 팔로어' 시대를 대표하는 문화이지 '퍼스트 무버'를 꿈꾸는

사회의 문화가 될 수 없기 때문이다.

패스트 팔로어 시대에는 누군가가 분명하게 지시를 해주는 것이 효율적일 수 있었다. 하나의 정답, 그리고 그 정답의 신빙성을 높여주는 보이지 않는 권위가 일을 빠르게 진행시키는 방법이 됐기 때문이다.

그러나 누차 강조했지만 앞으로 우리가 마주해야 하는 사회는 누구도 정답을 알려주지 않는 미지의 세계다. 앞사람이 남겨놓은 발자국이 전혀 찍혀 있지 않은 눈 덮인 산길이라는 뜻이다.

미래가 보이지 않는데, 아무도 정답을 알 수 없는 세계에 발을 디뎠는데, 도대체 누구의 권위를 무작정 믿고 따를 수 있을까.

만약 우리의 리더가 우연히도 지나치게 똑똑한 사람이 돼서 이 흐릿한 미래를 잘 헤쳐나갈 수 있는 슈퍼 지도자의 역할을 해준다면 문제가 쉽게 풀릴 수도 있을 것이다. 그러나 역사적으로 살펴봤을 때 제왕적 시스템 아래에서의 군주는 똑똑한 지도자보다 멍청한 독재자가 훨씬 더 많았다.

그렇다면 어떻게 문제를 해결할 수 있을까? 우리는 지금부터 새로운 전제를 가슴 깊이 받아들여야 한다. 미래는 정해진 것이 아니라 아무도 열어보지 못한, 아주 궁금한 그 무엇이라는 점을 인정해야 한다는 것이다.

이 사실을 인정하면 군림과 권위는 설 땅을 잃는다. 기업 오너가 이 사실을 인정하면 대충 서너 시간 생각하고 "우리는 이게 문제야"라고 단언하는 만용을 절대 부릴 수 없다.

이 사실을 인정하면 오너는 자신의 말 한마디에 아무 반론 없이 일사불란하게 움직이는 수십 개의 계열사를 보고 절대로 행복할 수 없다.

이 사실을 인정하면 새로운 아이디어를 내고 창조적인 도전을 했다가 실패한 사람을 보고 "저 자식은 왜 쓸데없는 짓을 해서 회사에 손해를 입혀?"라며 그 사람을 해고하는 일은 벌어질 수가 없다.

아무도 모르는 세계를 걸어가기 위해서는 반드시 많은 사람들의 집단 지성이 필요하다. 왕 하나만의 두뇌가 아니라 수만 명 대중의 지혜가 필요하다. 이것을 인정하면 생각이 열리기 시작한다.

미국 마이크로소프트 본사에 가보면 반바지를 입고 책상에 앉아 발톱 정리하는 사람들을 흔치 않게 볼 수 있다.

여기에서 중요한 것은 발톱 정리를 회사가 용인하느냐 여부가 아니다. 근무 시간에 발톱 정리하는 게 바람직하다는 이야기는 더더욱 아니다. 강조하고 싶은 것은 근무태도로 사람을 평가하지 않고 오로지 창의성과 실적만으로 사람을 평가하는 마이크로소프트의 기업 문화다.

다수의 지성이 소수의 군림보다 우월하다는 생각을 인정하면 리더는 그 다수를 존중하게 된다. 그리고 인재를 중용하며 자신의 결정에 반대하는 사람을 감싸 안는다.

지금 한국에 필요한 새로운 문화는 바로 이것이다. 그리고 버려야 할 가장 시급한 문화는 왕이 모든 것을 올바로 결정할 수 있다는 허황된 망상이다.

■ **상하문화가 아니라 수평문화다**

한국에서만 통용되는 독특한 단어가 하나 있다. 바로 '형(兄)'이라는 단어다.

형은 영어로 brother로 번역되지만 알다시피 brother와는 완전히 다른 뉘앙스를 가지고 있다. 한국의 형은 핏줄을 나눈 형제만을 뜻하지 않는다. 물론 영어의 brother도 핏줄이 아닌 사람을 지칭하는 경우가 있다.

하지만 두 단어는 본질적으로 다르다. 두 단어의 차이는 사람의 관계가 수직적인지, 수평적인지를 구분하는 일종의 '문화 상징'이다.

한국의 형은 상하관계를 뜻한다. 반면 영어의 brother는 동지를 뜻한다.

한국에서 형은 복종의 대상이다. 서구에서 brother는 나와 가장 마음이 잘 맞는 신뢰할 수 있는 친구다. "이 자식이 선배를 뭘로 보고……"라는 한 문장이 한국에서 어느 정도 파급력을 발휘하는지 생각해보면 형과 brother의 차이를 쉽게 이해할 수 있을 것이다.

서로 형, 동생 하고 부르며 관계를 맺는 문화가 나쁘다는 말을 하려는 것이 아니다. 형, 동생 하면서 아랫사람이 나이 든 사람을 따르는 것은 한국만의 독특한 문화일 뿐이지 옳고 그름을 판별할 수 있는 대상이 아니다.

문제는 그 문화가 일반적인 친분관계를 넘어서서 사회를 형성하는 주요 동력으로까지 확대돼 창의성과 다양성을 말살하는 모습으로 나타난다는 점이다. 한국에서 낯 모르는 사람끼리 만났을 때 가장 먼저 확인하는 것이 나이 서열이다. 나이가 얼마인지를 확인해 누가 윗사람인지를 결정하는 것이다.

> 권위주의는 퍼스트 무버가 돼야 하는 한국 사회에서 창조성을 가로막는 장벽이 된다.

이것은 문화니까 충분히 그럴 수 있다. 그런데 문제는 위아래가 정해지고 나면 아랫사람의 의견에 비해 윗사람의 의견이 압도적으로 큰 영향력을 미친다는 데 있다. 정해진 서열 안에서 의견 충돌이 생기면 "선배를 뭘로 보고", "후배가 건방지게" 이런 말들이 난무한다. 결국 조직의 결정은 수직적 관계 속에서 내려지는 것이 대부분이다.

선후배나 형, 동생 문화가 아름다운 것은 그런 인연의 끈 속에서 서로가 서로를 존중해줄 때의 이야기다. 선배가 후배를 강압하고 형이 동생을 일방적으로 지도하려는 순간 이미 그 문화는 아름다운 관계가 아니라 권위주의적인 돌격 문화로 변질된다.

이런 권위주의는 퍼스트 무버가 돼야 하는 한국 사회에서 창조성을 가로막는 장벽이 된다.

여러 차례 강조했지만 퍼스트 무버가 되기 위해서는 창의력이 필요하다. 그리고 창의적인 생각은 유연한 사회 체계에서 나올 수 있다. 그런데 아주 일상적이고 소소한 결정에서조차 서열이 정해지고 그 서열을 통해 명령과 복종의 시스템이 갖춰진다면 창의력은 더 이상 설 자리가 없다.

■ 군림이 아니라 설득이다

어디에서부터 바꾸어야 할까? 지금 한국의 문화 속에서 가장 시급히 각성해야 할 계층은 아랫사람이 아니라 윗사람이다. 상하관계와 권위주의는 아랫사람이 먼저 바꾼다 해도 절대 무너지지 않는다.

회사에서 인사권자가 바뀌지 않으면 아랫사람들이 변화를 원해도 변화가 생기지 않는다. 그래서 변화란 것은 어렵다. 본질을 혁신하려면 윗사람이 바뀌어야 하는데, 한 번 '윗사람의 권력'을 맛본 사람들이 그것을 포기하기가 쉽지 않기 때문이다.

그래서 나는 사회 지도층의 대오각성이 필요하다고 생각한다. 대통령과 장관, 대기업 총수들이 바뀌어야 한다. 이들이 먼저 군림하는 재미와 권력의 맛을 포기해야 한다. 그래야만 위에서부터 아래로 차근차근 권위주의가 무너질 수 있다.

윗사람은 군림하지 않고 설득해야 한다. 리더가 한마디 했는데 부하 직원들이 일사불란하게 움직이면 뭔가 우리 조직이 잘못되고 있다고 생각할 줄 알아야 한다. 반론이 없는 것은 조직에 다양성이 없기 때문이고, 다양성이 없는 것은 조직에 창의성이 죽었기 때문이다.

혹시 지도자 위치에 있는 사람들 가운데 가끔 부하 직원들 모아놓고 회의를 하면서 "아니, 왜 나만 말하고 있지? 의견들을 내보라니까?"라고 다그친 경험이 있을지 모르겠다. 이런 경험이 있는 사람이라면 정신 차려야 한다. 왜 자기만 말하고 있냐고? 장담하는데 그건 그렇게 말하는 당신 때문이다.

부하 직원이 아이디어를 들고 왔는데 리더 생각에 그 아이디어가 그다지 쓸모없었다고 치자. 리더가 부하에게 "쓸데없는 짓 하지 말고 일이나 열심히 해!"라고 소리치는 순간 그 조직은 죽는다. 그 아이디어가 좋은 것이건 나쁜 것이건 간에, 부하 직원은 그것을 생각해내느라 분명히 노력했을 것이다. 그런데 결과가 마음에 들지 않는다고 그 일을 '쓸데없는 짓'으로 치부해버리면 그 조직에서 누가 그 '쓸데없는 짓'을 하려고 생각하겠는가.

만약 부하 직원의 아이디어가 자신의 생각과 다르다고 치자. 그렇다면 깔아 뭉개는 것이 아니라 설득해야 한다. 왜 그 아이디어가 잘못인지 함께 토론해야 한다. 그리고 그 토론 과정에서 혹시 리더 자신의 생각이 잘못일 수도 있다는 사실을 인정해야 한다. 그래야 조직이 살고 창의력이 살아난다.

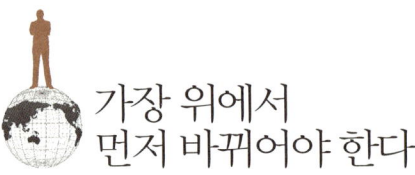
가장 위에서 먼저 바꾸어야 한다

■ '건방짐'의 데자뷰

1995년 4월 13일 중국을 방문 중이던 삼성그룹 이건희 회장이 "정치는 4류, 정부는 3류, 기업은 2류"라는 폭탄 발언을 한 적이 있다.

발언이 알려지자 김영삼 대통령은 진노했고 삼성그룹은 발칵 뒤집어졌다. 뒤이어서 보복조치라고 생각하기에 부족함이 없는 정부의 정책들이 발표됐다.

우선 그해 4월 부산에서 열린 삼성승용차 공장 기공식에 정부 부처 관계자 가운데 국장급 이상은 참석하지 말라는 지시가 떨어졌다는 언론 보도가 나왔다. 뒤이어 삼성항공의 F5전투기 국제공동개량사업에 대한 정부의 기술도입 승인이 늦어졌다. 7월 김영삼 대통령이 미국을 방문할 때 이건희 회장은 재벌 총수 가운데 유일하게 동행을 못하고 '왕따'를 당했다. 이것이 1995년의 일이었다.

16년이 지난 2011년 당시 사건과 너무도 비슷한 일이 최근 다시 벌어졌다.

이번 사건의 주인공도 삼성그룹 이건희 회장이었다. 그는 3월 "정부의 경제 정책에 대해 평가를 해달라"는 기자들의 질문에 "흡족하다기보다는 낙제는 아닌 것 같다" 하고 답했다.

이 발언에 대해 청와대와 경제부처가 대놓고 "불쾌하다"는 반응을 보이기 시작했다. 심지어 청와대 관계자는 "기껏 사면해줬더니……"라며 이 회장이 은혜를 모르는 사람이라는 식으로 공격하기까지 했다.(삼성그룹 불법 비자금 사건에 휘말렸던 이건희 회장은 2009년 이명박 대통령의 결정으로 특별 사면을 받은 일이 있다.)

나는 이 두 가지 사건을 보면서 한국에서 정부란 어떤 존재인가에 대해 깊이 생각을 하게 됐다.

이건희 회장의 발언이 옳은지 그른지를 따지려는 게 아니다. 왜 정부 지도자가 기업인의 발언에 이토록 불쾌해 하는지 그 행동 자체를 이야기하고 싶은 것이다.

이 두 사건의 이면에는 한국 정부의 권위주의 의식이 그대로 반영돼 있다. 정부는 왕이라는 생각, 대통령은 통치자라는 생각, 그리고 기업은 정부에 '기어 올라서는 안되는 존재'라는 생각들 말이다.

기업인이 정부 정책을 비판했다고 기업 행사에 국장급 이상을 참석하지 못하게 하고, 그 기업 총수를 왕따 시키는 것은 권위주의가 보일 수 있는 가장 졸렬한 모습이다. 그런데 그런 모습이 2011년에도 데자뷰처럼 똑같이 반복된다. 기업인이 정부 정책에 대해 "낙제는 아닌 것 같고"라고 말했다고 대통령 주변 인사들이 대놓고 불쾌해 한다. 이 회장이 "정부의 경제 정책은 낙제다"라고 말한 것도 아닌데 말이다.

더 가관인 것은 그 이후 나타난 모습이다. 이 회장은 평창 동계올림

> 정부가 불쾌하게 생각했다는 보도가 나오는 순간, 세상 사람들은 '보복이 있을지도 모른다'는 두려움을 갖기 시작한다.

픽 유치가 확정되자 "대통령께서 오셔서 전체 분위기를 올려놓았기 때문에 이런 것들이 합쳐져서 (동계 올림픽 유치가) 이뤄진 것 같습니다"라며 갑자기 대통령을 칭찬하는 모드로 돌입했다. 코미디도 이런 코미디가 없다.

이것이 한국식 권위주의의 현실이다.

상식적으로 생각해서 아무 문제가 없는 발언을 두고 "기분 나쁘다", "건방지다" 말하며 분노하는 권위자들. 그리고 그 권위자의 위세에 눌려 곧바로 꼬리를 내리는 기업인들의 모습이 한국의 현 주소다.

1995년 이건희 회장의 "정치는 4류, 정부는 3류, 기업은 2류" 발언 사건은 권위에 굴복하면 보복이 이뤄진다는 것을 보여준 단적인 사례다. 실제로 정부의 보복 조치가 이뤄졌기 때문이다.

반대로 2011년 이 회장의 "낙제는 아닌 것 같고" 발언 사건 이후에는 정부의 구체적인 보복이 없었다. 하지만 청와대가 "우리는 아무 보복도 하지 않았다"라고 아무리 강변해도 소용이 없다. 왜냐하면 중요한 것은 보복의 존재 여부가 아니기 때문이다. 정부가 불쾌하게 생각했다는 보도가 나오는 순간, 세상 사람들은 '보복이 있을지도 모른다'는 두려움을 갖기 시작한다.

이 두려움이 있는 한 권위주의는 사라지지 않는다. 나서면 불이익을 받을지도 모른다는 두려움은 창의적인 집단 지성을 가로막는 최대의 적이다.

간단히 생각해보자. 이 사건 이후에 대통령이 기업인을 모아놓고

"우리 오랜만에 모였으니 정말 허심탄회하게 어려운 점을 이야기해봅시다" 하고 권했다고 치자. "낙제는 아니다"라는 수준의 발언에 불쾌해 하는 권력자 앞에서 어느 간 큰 기업인이 허심탄회하게 정부의 문제점에 대해 이야기할 수 있겠는가.

■ 막 나가면 안되는 사회

비슷한 사례는 얼마든지 있다.

2003년 막 취임한 노무현 대통령이 평검사들과 공개적으로 대화 시간을 가졌을 때 일이다. 토론이 격해지면서 평검사들이 "대통령이 취임 전 부산 동부지청장에게 청탁을 한 것은 검찰의 중립성을 훼손한 사례다"라고 공격했다. 그 순간 노 대통령은 불쾌한 기색이 역력한 얼굴로 "이쯤 되면 막 나가자는 거지요"라고 받아쳤다.

노 대통령의 전화가 청탁이었는지 아니었는지 사실관계를 따지자는 것이 아니다. 내가 말하고 싶은 것은 토론을 할 때 윗사람이 어떤 자세를 가져야 하는지에 관한 것이다.

대통령이 "막 나가자는 거냐"라고 불쾌한 어투로 아랫사람을 공격하는 순간, 그 토론은 끝났다고 봐야 한다. 그때부터 그 토론은 절대로 허심탄회할 수가 없기 때문이다. "막 나가자는 거냐"라는 그 한마디가 평검사들에게 공포로 작용하지 않겠는가? 이건희 회장의 "낙제는 아니다" 발언에 청와대가 불쾌해 했다는 보도가 나오는 순간, 기업인들이 꼬리를 내리게 되는 것과 마찬가지다.

나는 진지하게 묻고 싶다.

토론을 할 때 아랫사람들이 윗사람 앞에서 좀 막 나가면 안되는 가? 성과를 평가할 때 아랫사람이 윗사람에게 낙제 점수를 주면 안 되는가?

이런 일이 벌어졌을 때 노 대통령이 "좋다. 더 막 나가자. 토론은 이 렇게 해야 한다. 나는 당신들의 의견에 동의하지 않지만 지금처럼 할 말 못할 말 한 번 다 해보자"라며 상대를 설득하려는 자세를 보였다 면, 그 토론은 역사에 길이 남을 훌륭한 토론으로 기록됐을 것이다.

"경제가 낙제는 아니고" 발언을 들은 이 대통령이 "모처럼 좋은 조 언을 들었다. 앞으로 정부의 능력이 낙제라고 생각되면 과감하게 낙 제라고 이야기해도 좋다" 통 크게 받아 쳤다면 그 순간은 한국의 기업 과 정부 관계를 혁신적으로 변모시키는 역사적인 순간이 됐을 수도 있었다.

그런데 우리는 결정적으로 이게 안된다. 그러니 다시 사회는 원점 으로 돌아간다. 창의성과 다양성이 가로막힌다. 권위주의가 소통을 다시 막아선다.

정말 단순한 이야기이고 정말 쉬운 것인데, 지도자들이 그 쉬운 한 걸음을 뒤로 물러나지 못한다. 그들이 딱 한 걸음만 물러나면 사회에 아주 많은 변화를 가져올 수 있었는데도 말이다.

■ '미국의 힘'이라 불린 한 장의 사진

이 모든 것과 대비되는 한 장의 사진을 독자들께 보여드리고 싶다. 이 사진이 조금 전까지 내가 들었던 사례와 얼마나 비교되는지 느낄 수

있었으면 한다.

2011년 오사마 빈 라덴을 사살했을 때 미국 워싱턴발로 전 세계에 전송된 사진이다.

한국의 한 언론은 이 사진을 두고 "이것이 미국의 힘이다"라고 소개했다. 나는 이 사진을 '미국의 힘'이라고까지 과장되게 말하지는 못하겠지만, 적어도 이 사진이 한국 사회에 실로 많은 것을 보여준다고는 믿는다.

왼쪽에서 두 번째에 쪼그려 앉아 있는 사람이 미국의 버락 오바마 대통령이다. 가장 크고 편한 소파에 앉아 있는 사람은 합동특수작전사령부의 마셜 B. 웹 준장이다.

이 자리에는 대통령만 있는 것이 아니었다. 조 바이든 부통령과 힐러리 클린턴 국무장관, 로버트 게이츠 국방장관, 데니스 맥도너프 국

'권위'의 시대는 끝났다 **119**

> 권위는 검은색 소파에 앉는다고 생기는 것이 아니라 문제를 가장 현명하게 처리할 때 생기는 것이다.

가안보 부보좌관이 모두 동석해 있었다.

그런데 상석은 이들 주요 인사의 차지가 아니었다. 고작 준장 따위가 대통령, 부통령, 국무장관, 국방장관을 제쳐놓고 가장 높은 자리에 앉아 있는 것이다.

바로 이것이다. 대통령이 상석을 비운 이 사진을 보고 세계 어느 누가 오바마의 권위가 떨어졌으며 웹 준장의 권위가 높아졌다고 생각하겠는가? 아무도 그렇게 생각하지 않는다.

권위는 검은색 소파에 앉는다고 생기는 것이 아니라 문제를 가장 현명하게 처리할 때 생기는 것이다. 그리고 저 상황에서 문제를 가장 현명하게 처리하는 방법은 작전 지휘 실무자가 중앙에 앉아 가장 효율적으로 일을 진행하도록 만드는 것이다.

구글 부사장 루빈이 삼성전자를 방문했을 때 그는 왜 굳이 "청색 정장 차림의 간부 20명이 벽을 따라 쭉 서 있었다. 삼성의 본부장이 들어오자 서 있던 사람들이 일제히 자리에 앉았다"라는 '소소한' 사실을 기억해냈을까? 그의 눈에는 그 모습이 너무 낯설어 보였기 때문일 것이다.

한국에서는 술자리에만 가도 상석이 있고 아랫자리가 있다. 식당에서 회식을 해도 아랫사람이 젓가락, 숟가락을 깔아야 한다. 하물며 '삼성전자 본부장님' 씩이나 되는 분께서 들어오시는데 감히 아랫것들이 미리 자리를 잡고 앉아 있을 수는 없었던 것이다. 삼성전자 간부 20명이 본부장님께서 앉을 때까지 공손한 자세로 벽을 따라 쭉 서 있는 그 모습을 예절이라고 생각해야 할까, 불필요한 권위라고 생각해야 할까?

이 문제를 해소해줘야 하는 사람은 윗사람이다. 윗사람이 부하 직원들에게 "막 나가도 괜찮다", "나를 낙제라고 평가해도 괜찮다"라고 격려해야 문제가 해결된다. 그래야 조직이 활발해지고 창의적인 의견이 자유롭게 흐를 수 있다.

"도대체 왜 우리 조직은 이렇게 경직됐어?"라고 투덜대는 리더가 있다면, 다시 한 번 이 이야기를 해주고 싶다. 그 이유는 십중팔구 바로 그 말을 하는 당신 때문이라고.

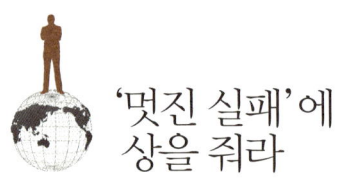

'멋진 실패'에 상을 줘라

■ KAL의 추락, 그리고 권위주의

1997년 8월 6일 괌으로 향하던 대한항공 801편이 추락했다. 그런데 수백 명의 목숨을 앗아간 그 사고는 충분히 사전에 막을 수 있었던 것으로 드러났다. 왜냐하면 부기장이 사전에 추락 사고의 원인을 파악했기 때문이다.

그러나 부기장은 기장에게 그 문제를 솔직히 말하지 못했다. 부기장은 기장의 잘못을 알았지만 기장의 권위를 훼손할 수 없었다. 그 결과 여객기는 추락했고 수많은 사람들이 목숨을 잃었다.

권위주의는 때때로 이렇게 무서운 결과를 낳는다. '좋은 게 좋은 거지', '수천 년을 이렇게 살았어도 아무 문제 없었는데 별일 있겠어?'라고 생각할 일이 아니다. 아랫사람이 윗사람에게 직언을 꺼리는 순간 단순히 아이디어가 부족하고 조직이 경직되는 것을 넘어, 순식간에 한 조직이 존망의 위기에 놓일 수도 있기 때문이다.

한국의 과거는 분명 훌륭했다. 그러나 과거는 미래를 담보해주지 않는다. 과거의 찬란한 역사는 그것만으로 분명히 자랑스러워해야 할 일이지만, 그것에 매몰돼 미래를 보지 못하면 과거는 오히려 족쇄가 된다.

그런데 한국은 이 과거의 아우라가 너무 강하다. "우리는 이렇게 해서 성공했는데"라는 자부심이 지나치게 크다. 그래서 우리의 문화를 너무 강하게 지키려고 한다. 그 결과 우리도 모르는 사이에 스스로 국가의 운명을 꺾어버릴지도 모르는 거대한 암세포를 키우고 있는 것이다.

■ 다양성과 창의성의 시대, 실패가 존중되는 사회

앞으로 우리가 찾아내고 발전시켜야 할 덕목은 일사불란이 아니라 창의성이다. 그리고 그 창의성은 다양성으로부터 나온다. 지금까지 한국이 '너와 내가 같음'을 숭배하는 사회였다면 앞으로 한국은 '너와 내가 다름'을 열렬히 지지하는 사회로 바뀌어야 한다.

다름이 존중되기 위해 가장 필요한 것은 실패를 용인하는 넉넉함이 있어야 한다는 것이다. 어차피 퍼스트 무버끼리 경쟁하는 사회에서 정답이나 매뉴얼 따위는 없다. 따라서 승부는 아무도 걸어가보지 못했던 길을 개척하는 개척자 정신에서 갈리게 돼 있다.

새로운 길을 개척하다 보면 당연히 실수를 하게 마련이다. 교본이 있으면 정답을 찾기 쉽지만, 알려진 정답이 없으면 그 정답을 찾기 위해 수많은 시도를 해야 하기 때문이다.

그래서 지도자는 아랫사람의 실패를 용인할 줄 알아야 한다. 실패를 두려워하지 말고 다양한 시도를 하도록 북돋아줘야 한다. 이것이 바로 일사불란과 권위주의, 돌격 문화가 지배하던 과거와 차별되는 다양성 시대의 핵심 경쟁력이다.

온 세계 사무실에 빠지지 않고 사용되는 3M의 포스트잇은 현대 문구 역사에 혁명을 일으킨 제품이다. 그런데 이 제품은 애초부터 멋진 발명품으로 기획됐던 것이 아니다. 오히려 포스트잇은 실패의 산물이었다.

1968년 3M의 연구원이었던 스펜서 실버(Spencer Silver) 박사는 당시 강력 접착제 개발 업무를 맡고 있었다. 그러나 그는 연구 과정에서 실수로 이상한 접착제를 만들고 말았다. 이 접착제는 접착력이 조금 약했지만 붙였다가 떼어내도 흔적이 남지 않는 엉뚱한 능력을 지니고 있었다.

주목할 만한 점은 실버 박사의 다음 행동이었다. 이 이상한 발명품을 놓고 그는 낙담하지 않았다. 그는 자신의 실패 산물을 바로 회사에 보고하고, 그 실패물의 장점을 살려 제품 발표회를 열었다. 그리고 그 접착제는 실버 박사의 세미나에 참석한 아트 프라이(Art Fry)라는 인물의 아이디어를 통해 세계 문구 역사를 바꾼 혁신적인 제품으로 탈바꿈한다.

우연과 행운이 겹쳐져 벌어진 일처럼 보이지만 사실을 살펴보면 그렇지 않다. 이 사건의 이면을 정확히 파악하기 위해서는 3M이라는 회사의 창조적인 분위기를 먼저 알아야 한다.

3M은 직원들의 아이디어를 절대 죽이지 않는 독특한 회사 풍토를 자랑하는 기업이다. 3M의 연구원들은 연구를 할 때 굳이 연구 주제

를 상급자에게 보고하지 않아도 된다. 연구원들은 능력에 맞게 소신껏 연구의 주제를 정할 수 있다. 3M은 이를 제도적으로 보장하기 위해 아예 연구원들이 자신의 근무 시간 가운데 15%를 원하는 일을 마음껏 할 수 있도록 규정으로 정해놓고 있다.

> 창의성은 실패를 딛고 시작된다. 따라서 지도자가 부하 직원의 실패를 용인할 줄 알아야 한다.

또 3M 사내에서 가장 많이 들을 수 있는 말은 "해봐라, 해보고 안 되면 고쳐라"라는 것이다. 이 회사에서는 '신제품의 아이디어는 절대로 함부로 없애지 말라' 라는 규정이 있다. 아이디어를 없애려면 아이디어를 낸 사람보다 없애려는 사람이 더 많은 반증 자료를 제시해야 한다.

포스트잇의 개발에는 분명히 우연과 행운이 따랐다. 하지만 상세히 살펴보면 이 우연은 거저 생긴 것이 절대 아니었다. 그 우연이 혁명으로 이어진 것은, 바로 그 우연이 일어난 장소가 3M이었기 때문이다.

만약 3M이 실패를 용인하지 않는 회사였다면, 신제품 아이디어를 상사의 한마디로 묵살하는 회사였다면, 실버 박사가 실수로 만든 엉터리 접착제를 감히 회사에 보고할 생각조차 못했을 것이기 때문이다.

실패가 세상을 바꾼 사례는 얼마든지 있다. 수억 명의 생명을 구해 '20세기 인류 최대의 발견' 이라고 불리는 항생제 페니실린도 사실 엉뚱한 실패로부터 시작된 것이었다. 페니실린 발견자 알렉산더 플레밍(Alexander Fleming)은 실수로 실험 접시에서 피어난 더러운 곰팡이로부터 페니실린의 단초를 찾았다. 플레밍이 이 곰팡이를 보고 "에이,

실험 망쳤네. 재수 없어"라면서 접시를 씻어버렸다면 지금 인류의 평균 수명은 17, 18세기처럼 30세에 못 미칠는지도 모르는 일이다.

창의성이란 이런 것이다. 상사가 "제발 창조적인 직원이 돼라" 하고 백날 떠들어봐야 없는 창의성이 갑자기 생겨나지 않는다. 창의성은 실패를 딛고 시작된다. 따라서 지도자가 부하 직원의 실패를 용인할 줄 알아야 한다. 리더 스스로가 하나의 정답이 아니라 다양한 목소리에 귀 기울일 줄 알아야 한다. 그래야 세상이 바뀌는 혁명적 사고가 시작될 수 있는 것이다.

■ 스컹크 워크스의 비밀

실패를 두려워하지 않는 혁신적 사고가 어떤 드라마틱한 결과를 낳는지를 잘 보여주는 사례가 바로 스컹크 워크스(Skunk Works)다. 이 용어는 국가나 기업이 비밀스럽게 추진하는 새로운 개발 프로젝트를 뜻한다.

그런데 스컹크 워크스의 핵심은 '비밀스럽게 하는 일'에 있는 것이 아니다. 핵심은 기업이나 국가가 특정 개발 프로젝트를 '스컹크 워크스'라는 비밀스러운 과정을 통해 진행하는 이유에 숨어 있다.

스컹크 워크스를 하는 이유는 프로젝트를 추진하는 팀에게 그야말로 마음껏 도전하고 창의적으로 생각하는 권한을 주기 위해서다.

일반적으로 조직에 묶여 있는 팀은 무모한 도전을 하기가 쉽지 않다. 지나치게 무모하게 달려들었다가 실패하면 그 책임을 져야 하기 때문이다. 이런 이유로 아래에서 창의적인, 또는 무모한 아이디어를 올리면 중간 간부들은 그런 도전을 꺼리게 된다. 그리고 그 아이디어를 다소 현실적으로 바꾸거나 폐기해버린다.

이런 조직 문화에서는 혁신적인 아이디어가 나오기 어렵다는 것이 스컹크 워크스의 출발점이다. 그래서 스컹크 워크스를 구성할 때에는 개발 프로젝트 팀을 기존 조직에서 분리해 비밀스러운 형태로 만든다. 어떤 중간 간부도 이들을 간섭할 수 없다. 실패를 해도 책임을 묻지 않는다. 설혹 그 프로젝트를 통해 회사가 피해를 입어도 개발팀을 문책하지 않는다는 굳은 신뢰가 마련되어 있다. 이렇게 함으로써 실패를 두려워하지 않는 조직을 만드는 것이다.

스컹크 워크스로 세상을 바꾼 대표적인 기업이 미국 군수업체 록히드마틴(Lockheed Martin)이다. 록히드마틴은 1950년대부터 비밀리에 스컹크 워크스 팀을 꾸려 운영을 시작했다. 이 팀의 구성원들은 흔히 말해 '또라이'들이었다. 조직 생활에 잘 적응하지 못하고 개성이 충만한 사람들, 하지만 그 재능만은 출중했던 사람들이었다. 조직원들 중에는 심지어 마약 중독자와 성 도착증 환자도 있었다.

록히드마틴은 이들에게 마음껏 도전하고 마음껏 실패할 기회를 제공했다. 스컹크 워크스 팀은 조직 내에서 누구의 간섭도 받지 않고 자유롭게 새 제품 개발의 도전에 나섰다.

스컹크 워크스 팀의 첫 작품은 1950년대 개발돼 소련 영공을 비밀리에 휘저은 U-2정찰기였다.

그리고 1965년 록히드마틴의 스컹크 워크스 팀은 자신들을 세계에서 가장 혁신적인 조직의 반열에 올려놓은 명품 정찰기 SR-71을 내놓는다. 오징어 모양의 이 전투기는 인류 역사상 처음으로 음속의 3배를 넘어선 정찰기였다.

또 1980년대 초반 이들은 공중전 역사를 송두리째 뒤바꿔놓은 스텔스 전투기를 생산해낸다. 상대의 레이더망을 피할 수 있는 이 전투기는 30년이 지난 지금도 각 나라의 주요 전투기로 사용되고 있다.

이들이 얼마나 많은 실패를 거듭했는지는 알려져 있지 않다. 하지만 이들도 분명 숱한 실패를 겪었을 것이다. 그러나 실패를 용인하는 록히드마틴의 과감한 조직 문화, 그리고 그것을 기반으로 혁신적인 개발을 성공으로 이끌어낸 팀원들의 도전 정신은 끝내 세상을 이렇게 바꿔놓았다. 두려움 없는 혁신의 결과는 이런 것이다.

■ 다양함은 권위주의보다 강하다

들꽃이 생명을 잉태하기 위해서는 수백만 개의 씨를 허공에 뿌린다. 그 씨앗 중 몇 개는 바위 위에 떨어져 사라지고 몇 개는 척박한 토양에 자리잡아 생명을 잃는다. 그러나 개중에 몇 개는 기필코 자신이 살아남을 수 있는 땅에 자리를 잡고 소중한 생명을 잉태한다. 그리고 끝내 아름다운 들꽃을 피운다. 그래서 나는 들꽃을 보고 있으면 그 생명의 엄청난 능력에 경외감을 느낀다. 아름답다. 이것이 진정한 아름다움이라고 느낀다.

어미 바다거북은 한 번에 100개쯤 되는 알을 해변에 낳는다. 코스타리카의 오스티오날이라는 해변에는 바다거북 5만 마리가 한꺼번에 알을 낳는다고 한다. 그런데 500만 개가 넘는 이 알에서 깨어나 바다에 몸을 담그고 살아남는 새끼의 숫자는 5000마리가 채 되지 않는다.

생존 확률이 1000분의 1밖에 안되는 셈이다. 그러나 숱한 포식자들의 위협을 피해 바다로 돌아간 새끼 바다거북은 장장 1만 2900킬로미터라는 거리를 이동하며 100년이 넘게 그 생명을 이어간다. 자연의 위대함은 바로 이런 것이다.

> 한국형 권위주의 문화는 분명히 한국을 이끌어온 중요한 원동력이었지만 이제 그 수명이 다했다.

시장 경제가 사회주의 경제와 비교할 때 가장 큰 장점이 무엇일까? 시장 경제는 바로 수백만 개의 씨앗을 공중에 흩뿌릴 것을, 수백만 개의 알을 해변에 낳을 것을 용인한다. 그렇게 씨앗을 뿌리고 알을 낳아 결국 위대하고 아름답고 새로운 생명을 잉태하도록 한다. 그것이 바로 국가라는 거대한 지도자가 세상을 설계하는 사회주의에 비해 시장 경제가 갖고 있는 가장 우월한 점이다.

다양함이 권위주의보다 강한 이유가 여기에 있다. 새로운 시대는 아이디어와 창의력의 싸움이다. 누가 더 빨리 일사불란하게 움직이느냐의 싸움이 아니다. 한국형 권위주의 문화는 분명히 한국을 이끌어온 중요한 원동력이었지만 이제 그 수명이 다했다. 우리는 이제 이 권위주의 문화를 과감히 과거의 굴레로 여기고 버릴 수 있는 용기를 갖추어야 한다.

21세기 최고의 경영석학이라 불리는 톰 피터스(Tom Peters) 박사는 이렇게 말했다.

"멋진 실패에 상을 주고 평범한 성공에 벌을 줘라."

퍼스트 무버의 혁신은 이렇게 시작되는 것이다.

Chapter 05

재벌 경제, 변화가 필요하다

리더가 바뀌지 않으면 한국은 바뀌지 않는다. 교육을 바꾸는 것도, 상명하복의 군림 문화를 없애는 것도, 조직 문화를 창의적으로 바꾸는 것도 모두 리더가 결정하고 리더가 모범을 보여야 한다. 그리고 이 리더의 모범은 리더가 가지고 있는 많은 기득권을 내려놓는 것에서부터 시작한다.

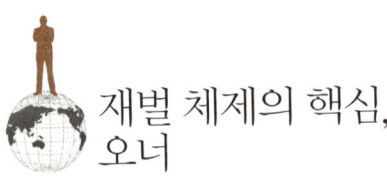

재벌 체제의 핵심, 오너

■ **왕자가 왕만큼 똑똑할 확률은?**

이름만 대면 다 아는 한국 재벌 오너가 이끄는 회사의 이야기다. 이 오너가 이끄는 회사에서 회장에게 보고할 때에는 두 가지 철칙이 있다고 한다.

하나는 보고서를 쓸 때 글자 크기를 반드시 14로 맞춘다는 것, 다른 하나는 원래 보고하려는 보고서에 대응하는 보조 보고서를 하나 더 반드시 만들어야 한다는 것이다.

첫째 원칙이야 연로하신 회장님을 위한 작은 배려로 충분히 이해할 수 있다. 그런데 두 번째 원칙이 잘 이해 되지 않아 회사 관계자에게 이유를 물어봤다.

그 회사 관계자의 답은 이랬다.

"어차피 결정은 미리 다 돼 있어요. A라는 안이 받아들여지기로 정해진 거죠. 회장님도 알고 계세요. 그런데 보고서는 올려야 하잖아요. 그때 A안에 대한 보고서만 덩그러니 올리면 모양이 안 나는 거예요.

성의 없어 보이기도 하고. 그래서 일부러 B안을 하나 더 찾아 예비용 보고서를 만드는 거지요."

"아니, 보고서를 올리기도 전에 결정이 다 돼 있다면 보고서는 뭐 하러 올리나요. 그리고 A로 결정이 돼 있는데 B를 억지로 만들어 올리는 이유도 잘 이해가 안 가는데요."

"에이, 성의 있게 보여야 하니까 그러는 거라니까요. 그래도 회장님한테 올리는 보고선데 그 정도 성의는 있어야죠. 그렇게 하는 걸 좋아하시기도 하고요. 이렇게 하면 회장님이 그래도 '여러 개 중에 내가 선택했다' 라는 느낌을 가지실 수 있잖아요."

"그러다 보고서 B가 채택되면요?"

"그건 그냥 트릭으로 만드는 거라니까요. 하지만 혹시 회장님 마음이 바뀌실 수도 있으니까 대신 B는 최대한 허접하게 만들어요. 그래서 B가 선택될 일은 절대 없는 거죠."

이 이야기를 다 듣고 나서 나는 웃어야 할지 찡그려야 할지 표정 관리가 참 어려웠다. 저렇게 아둔한 절차 아래에서 운영되는 회사에 다니는 직원들이 불쌍하기도 했지만, 반대로 이렇게 속이기 쉬운 오너를 모시고 회사 생활을 하는 것이 편하기는 하겠다 싶은 생각도 들었다.

이 회사는 말 그대로 한국에서 몇 손가락 안에 드는 최대 규모의 재벌 회사다. 그런데 항간에 들리는 수많은 소문들, 그리고 내가 알고 있는 여러 가지 정보를 종합해보면 회사를 이끄는 오너의 수준이 딱 그 정도인 모양이다.

이미 결정이 내려진 사안을 보고서로 받아보는 오너, 그것도 오너가 '내가 선택한다'는 기분을 느끼게 해주기 위해 부하 직원들이 쓸데없는 보고서 B를 작성하는 것이 관행이 된 회사. 그런데도 아무 문제 없이 세계적인 브랜드를 자랑하는 이 회사의 실적을 보면서 '아, 이런 걸 기적이라고 불러야 하나' 하는 생각도 든다.

앞 장에서도 서술했지만 한국 재벌은 기업보다는 왕국에 가까운 지배구조를 가지고 있다. 앞에서 언급한 회사의 오너는 재벌 2세다. 그의 아버지는 한국 경제를 이끈 위대한 인물 가운데 한 명으로 평가를 받는다. 그러나 슬프게도 똑똑한 왕의 자식이 왕이 된다고 해서 그 아들도 아비처럼 똑똑하다는 법은 없는 모양이다.

1970년대 '술과 도박, 여자가 있는 곳이면 항상 함께 한다'라는 소문과 함께 시대를 떠들썩하게 했던 이른바 '7공자'라는 그룹이 있었다. 사람들은 모일 때마다 그들의 방탕함과 안하무인에 혀를 찼다고 한다. 그리고 그들의 아버지는 대부분 당시 국가 경제를 쥐락펴락하던 재벌들이었다.

■ 재벌의 사전적 의미

한국의 경제 시스템을 이해하기 위해 반드시 필요한 과정 가운데 하나가 재벌을 이해하는 것이다. 그런데 이 재벌이라는 단어를 외국 사업자에게 영어로 설명하기란 참 쉽지 않다.

원칙적으로는 이 단어를 콘체른(konzern) 또는 복합기업(conglomerate)이라고 설명해야 한다. 하지만 한 기업이 다양한 업종의 사업을 동시에 영위하고 있다는 뜻의 이런 단어로는 재벌을 분명히 설명할 수 없다.

예를 들어 안 만드는 것이 없다고 할 정도로 사업 범위가 넓은 제너럴 일렉트릭(General Electric: GE)은 분명히 대표적인 복합기업이지만 한국의 재벌과는 완전히 다른 성격을 가지고 있기 때문이다.

이런 이유 때문에 재벌(Chaebol)이라는 단어는 세계에서 가장 권위가 높은 사전인 옥스퍼드 영어 사전에 별도의 단어로 등록 돼 있기까지 하다. 옥스퍼드 사전에 등록된 재벌이라는 말의 뜻은 이렇다.

(in South Korea) a large family-owned business conglomerate.
(한국에서 사용되는 용어) 가족이 소유한 대규모 기업집단

나는 옥스퍼드 사전에서 설명하는 이 짧은 한 줄의 문장이 한국 재벌의 핵심을 가장 잘 꿰뚫고 있다고 생각한다. 한국 재벌의 특징은 바로 이 한 문장, 즉 '가족이 소유한 대기업'이라는 것이다.

아무것도 아닌 것 같지만 이 문장이 뜻하는 바는 실로 크다. 한국은 바로 이 몇몇 가족들이 주도해 1970, 1980년대를 이끌어왔고 이 가족들이 문제를 일으켜 1990년대 후반 외환위기를 맞았다. 그리고 21세기 이후 한국의 미래도 이 몇몇 가문의 손에 달려 있는 것처럼 보인다.

사실 지금은 재벌이 한국 고유의 기업 형태에 가깝지만 비슷한 형태의 기업 집단은 일본에도 있었다. 일본 자이바쓰(財閥, ざいばつ)의 역사는 우리의 그것보다 훨씬 더 길고 전통도 오래됐다. 일본의 3대 자이바쓰는 잘 알려진 대로 미쓰이재벌(三井財閥), 미쓰비시재벌(三菱財

> 한국 재벌의 특징은 바로 이 한 문장, 즉 '가족이 소유한 대기업'이라는 것이다.

閥), 스미토모재벌(住友財閥)이다. 이들은 이미 1800년대부터 미쓰이, 미쓰비시, 스미토모 등 재벌의 창업주 가문을 중심으로 기업집단을 형성해나갔다. 각 재벌별로 성향도 분명하여, '조직의 미쓰비시, 인간의 미쓰이, 결속의 스미토모'는 당시 일본 재벌의 특징을 요약한 유명한 표현으로 남아 있다.

하지만 이런 일본의 재벌들은 제2차 세계대전이 끝나고 미국 군정에 의해 모두 해체되고 만다. 이후 해체된 일본 재벌의 계열사들은 미국의 영향력이 약해지면서 속속 다시 결합을 하게 되는데 그것이 지금의 미쓰이그룹, 미쓰비시그룹 등으로 불리는 기업이다.

하지만 지금의 일본 그룹은 과거 자이바쓰와 완전히 성격이 다르다. '미쓰이'나 '미쓰비시', '스미토모'라는 옛 이름을 결합하기는 했지만 과거처럼 가족 소유라는 끈으로 다시 뭉친 것이 아니다. 단지 옛 정을 기반으로 계열사 사장단들이 모여 결성한 일종의 협의체에 가깝다. 그래서 현재의 이들 그룹은 자이바쓰가 아니라 '그룹(group)'이라는 뜻의 '게이레쓰(系列, けいれつ)'라고 부른다. 지배구조도 한 가문이 장악하는 것이 아니라 서로 주식을 보유해 연결된 형식으로 구성돼 있다. 당연히 그룹을 지휘하는 최대주주도 명확하지 않다.

이처럼 일본의 재벌은 한국의 재벌과 비슷한 형태로 출발했지만 지금의 지배구조는 '가족이 소유한' 한국의 재벌과 완전히 차이를 보인다. 한국의 재벌이 옥스퍼드 사전에 오를 정도로 특이한 존재로 인정을 받는 것도 이런 이유에서다.

한국을 지배하는 재벌의 의미에 대해 좀 더 명확히 이해하려면 외국 언론들이 재벌을 어떤 용어와 비교해서 사용하는지를 살펴보면 된다.

2010년 〈파이낸셜타임스(Financial Times)〉는 한국의 재벌을 서구의 주주자본주의와 비교 분석하는 기사를 실은 적이 있다. 두 체제 가운데 어느 쪽이 더 효율적인지 다룬 기사였다.

이 기사에서도 알 수 있듯이 해외 언론은 재벌과 대응하는 기업 형태를 주주자본주의 기업으로 보고 있다. 기업이 특정 가족의 결정에 따라 움직이느냐 주주의 의지에 따라 움직이느냐, 기업이 가족의 이익을 위해 경영을 하느냐 주주의 이익을 위해 경영을 하느냐가 재벌과 서구 기업을 가르는 가장 명확한 기준이라는 것이다.

주주자본주의는 현대 자본주의에서 가장 일반적이고 보편적인 기업 형태다. 재벌이 주주자본주의와 비교된다는 것은 재벌이라는 기업 형태가 자본주의 시장에서 보편적이고 일반적인 기업 형태와 대치되는 모습을 보이고 있다는 뜻이다.

지금 한국을 이끄는 기업들은 이처럼 세계에서 유래를 찾아보기 어려울 정도로 독특한 지배구조를 가지고 있다. 그 독특함의 강도는 자본주의의 가장 일반적인 기업 형태와 대치될 정도로, 그리고 옥스퍼드 사전에 별도의 단어를 등록할 정도로 유별나다.

■ 가족이 '소유'하고 있기는 한 건가

옥스퍼드 사전에는 한국의 재벌을 'a large family-owned business

conglomerate(가족이 소유한 대규모 기업집단)'이라고 정의를 내렸다고 했다. 그런데 여기에서도 한 가지 지적하고 넘어가고 싶은 것이 있다.

나는 근본적으로 왕자가 왕만큼 똑똑할 확률이 낮다는 의미에서 가족이 소유하고 있는 기업 형태에 대해 긍정적이지 않다. 그런데 법적으로 보면 가족이 기업을 소유하는 것은 아무 문제가 되지 않는다. 또 뒤에 자세히 서술하겠지만 한 가족이 장기적인 시각을 가지고 기업을 경영하는 것이 장점도 있다.

문제는 그런 점들을 따지기에 앞서 한국 재벌 오너들이 옥스퍼드 사전의 정의대로 그 기업을 소유(owned)하고 있기는 한 것인지 궁금하다.

2011년 고려대학교 장하성 교수가 〈조선일보〉에 기고한 글에 따르면 이건희 삼성그룹 회장의 삼성그룹 지분은 0.5%에 불과하다. 이들 가족의 지분을 모두 합해도 1%가 안된다고 한다.

롯데그룹도 마찬가지다. 신격호 회장의 지분은 0.05%이고 가족의 지분을 모두 합하면 2.2%밖에 안된다. 이런 상황을 놓고 분석해볼 때 가족이 그룹을 소유하고 있다고 말해야 하는지 의문이다. 아무리 좋게 봐주려고 해도 이건 소유가 아니라 그냥 그 가족이 지배(control)하고 있을 뿐이다.

따라서 한국의 재벌은 엄밀히 말해 'a large family-owned business conglomerate'가 아니고 'a large family-controlled business conglomerate(가족이 '지배하고' 있는 대규모 기업집단)'이라고 말하는 것이 정확하다. 이들 가족이 그룹 전체를 소유하고 있다고 볼 근거가 부족하다는 것이다.

■ 북한은 한국 7위의 재벌

그렇다면 재벌과 가장 유사한 시스템을 가지고 있는 곳은 어딜까? 재벌에 대해 잘 이해가 가지 않는다면 그와 비슷한 형태의 다른 조직을 찾아보고 비교하는 것이 이해를 돕는 좋은 방법이다. 재벌에 대한 옥스퍼드 사전의 정의, 즉 '가족이 소유한 대규모 기업집단'이라는 점을 인정한다면 내가 보기에 이런 체제가 가장 극단적으로 나타난 곳은 왕국(kingdom)이다.

왕조는 가장 똑똑한 사람이 다스리는 곳이 아니라 조상이 왕인 사람이 다스리는 곳이다. 아빠가 왕이면 아들이 왕이 된다.

다행히 새로 왕이 된 후손이 똑똑한 사람이라면 나라가 태평성대를 맞지만 불행하게도 그 후손이 멍청하면 나라 전체가 고통을 받는 시스템이다.

멀리서 찾아볼 것도 없다. 바로 북한이 이런 시스템이다. 김정일이나 그 후계자로 거론되는 김정은이 똑똑해서 통치자가 된 것이 아니다. 그들은 단지 김일성의 후손이라는 이유만으로 국가의 운명을 거머쥐게 되는 것이다.

그래서 나는 외국 비즈니스맨들에게 한국의 재벌을 설명할 때 북한의 예를 많이 든다. 전체 경제 규모를 감안해보면 북한은 한국에서 한 7위쯤 하는 재벌이라고 설명한다. 이렇게 하면 많은 사람들이 재벌이라는 단어에 대해 쉽게 이해한다.

아무리 그래도 한국 경제를 이끌어가는 주요 기업을 북한과 비교하는 것은 과하지 않느냐고 되물을지도 모른다. 하지만 내 생각에 이런 설명은 전혀 과하지 않다. 북한은 모든 국가 시스템이 김정일 일가의 이익을 위해 돌아가도록 설계돼 있다. 그 안에서 국민들의 복지와 국가의 발전은 번번이 무시된다.

한국 재벌도 마찬가지다. "지금까지 잘해왔고, 그래서 세계적인 기업으로 성장했는데 무슨 소리냐?" 하는 반론은 결과만 지켜보고 하는 말일 뿐이다. 한국의 재벌도 북한과 마찬가지로 가문에 의해 통치됐고 가문의 이익이 가장 우선시되는 구조였기 때문이다.

게다가 통치를 하고 있는 근거가 미약하다는 것도 비슷하다. 북한의 김 씨 일가가 나라를 다스릴 수 있는 정당성은 아무 곳에도 없다. 그 나라가 실제 투표를 하는지 안하는지는 모르겠지만, 투표를 한다 한들 김 씨 일가의 통치가 투표로 마무리될 가능성은 0%에 가깝다. 철권 통치 아래에서 이루어지는 투표가 민심을 제대로 반영할 리가 없기 때문이다.

한국의 재벌도 마찬가지다. 고작 1~2%대 지분율을 가지고 전체 그룹을 통치하는 것은 전혀 정당성이 없다. 그런데도 그 구조가 수십 년째 깨지지 않고 있다. 양쪽 모두 '소유'는 하고 있지 않은데 '지배'는 한다. 그리고 그 지배구조는 너무나 강력하다.

선진국에도 가족 중심 경영 체제가 있지 않느냐고 반문할지도 모른다. 물론 있다. 하지만 그 비중이 한국에 비해 현저히 낮다. 서구에서는 가족 경영이 예외에 속한다. 대부분 주요 기업들은 확고한 전문 경영인 체제를 갖추고 있다.

또 가족 경영을 하는 곳도 한국 재벌과는 전혀 다른 시스템으로 움직인다. 미국에서 가장 대표적인 가족 경영 기업은 포드자동차(Ford

Motor Company)다. 포드 자동차는 1903년 헨리 포드(Henry Ford)가 기업을 세웠고 2000년대에는 헨리 포드의 4대 후손인 빌 포드(Bill Ford)가 회장을 맡아 회사를 이끌어가는 중이다.

하지만 그 속내를 살펴보면 이들이 포드 자동차를 지배하는 것은 한국의 재벌 가문이 그룹을 지배하는 것과 과정도 다르고 명분도 다르다. 우선 포드 가문은 포드자동차의 지분을 40%나 가지고 있는 아주 명확한 최대 주주다. 그들이 경영권을 행사할 수 있는 가장 중요한 이유는 그들이 창업자의 후손이기 때문이 아니라 지분이 확실한 최대 주주이기 때문이다. 한마디로 이들은 그 기업을 '소유하고 있다'고 말할 만한 분명한 근거가 있다.

그런데도 포드 가문은 1979년 외부에서 영입한 전문 경영인에게 경영권을 완전히 넘긴 경험이 있다. 2001년 포드 가문 4세대인 빌 포드가 다시 경영권을 획득하면서 21년 동안의 전문 경영인 체제가 일단락됐지만, 이는 창업자 가문이 강압적으로 경영권을 빼앗은 것이 아니었다. 당시 포드 자동차의 이사회는 타이어 리콜 사태 등으로 회사 경영이 악화되자 구원투수로서 빌 포드를 지명했다. 그리고 그 이유는, 빌 포드가 헨리 포드의 후손이기 때문이 아니라 그의 독자적인 경영 능력을 인정했기 때문이다.

■ **월급 사장의 비애**

> 월급 사장이라는 단어에는, 오너 가문 출신이 아닌 일종의 하위 계급이라는 또 다른 뜻이 숨어 있다.

한국 경제 시스템을 외국인에게 설명할 때 또 한 가지 어려움을 겪는 단어가 '월급 사장'이라는 말이다. 한국에서는 오너 일가가 아닌 전문 경영인을 월급 사장이라는 말로 표현한다.

그런데 세상에 월급을 받지 않는 사장은 없다. 따라서 '월급 사장'이라고 말하면 외국 사람들은 그게 무엇을 뜻하는지 전혀 이해하지 못한다.

'월급 사장'이라는 말은 '전문 경영인'이라는 말과 뉘앙스가 완전히 다르다. 나는 이 월급 사장이라는 단어에 경멸과 무시가 담겨 있다고 생각한다. 월급 사장이라는 단어에는, 오너 가문 출신이 아닌 일종의 하위 계급이라는 또 다른 뜻이 숨어 있다. 더 심하게 말하면 주체적인 결정 능력이 없고 실질적인 경영 권한도 없다는 뜻이다.

2003년 전경련 회장을 뽑을 때의 일이다. 여러 사정으로 4대 그룹 오너들이 모두 전경련 회장직을 고사하는 바람에 자리가 오랫동안 공석으로 남은 적이 있었다. 이때 이 조직을 맡을 사람으로 거론됐던 이가 당시 SK그룹의 전문 경영인이었던 손길승 회장이었다.

그러나 손 회장이 전경련을 맡을 당시 재계에서는 "월급 사장이 전경련을 이끌 수 있겠느냐? 맡은들 모양이 제대로 나겠느냐?"라거나 "이 씨(삼성), 정 씨(현대자동차), 구 씨(LG), 최 씨(SK)가 손 씨를 대표로 인정하겠느냐?" 등등의 말들이 나돌았다. 이미 한국 경제계에서는 이 씨, 정 씨, 최 씨, 구 씨가 아닌 사람은 단체를 맡아도 실권을 가질 수 없으며 존경을 받기도 어렵다는 고정관념이 깔려 있었던 것이다.

■ **한국 사회에서 재벌이 갖는 의미**

소유와 지배의 괴리, 즉 그룹을 소유할 근거가 부족한 상태에서 가족 중심으로 그룹을 지배하는 것은 실로 많은 문제점을 불러일으킨다. 소유의 근거가 부족하니 재벌들은 이를 위해 수많은 편법을 사용한다. 뒤에서 자세히 살펴보겠지만 계열사 사장을 임명할 때 능력보다도 충성심을 본다거나, 경영권을 자식에게 물려주기 위해 편법으로 그룹을 운영하는 일 등도 모두 이 같은 괴리감에서부터 출발한다.

한국에서 재벌은 어떤 의미를 가질까? 뜬금없는 질문이지만 가족이 지배하는('소유한'이 아니다) 한국 재벌의 근본적인 문제점을 이해하려면 이 질문에 대한 답부터 반드시 찾아야 한다.

한국은 텅스텐을 팔아 겨우 달러를 마련하던 세계 최후진국에서 21세기 세계 10위권의 경제 대국 자리에 올랐다. 이 비약적인 발전을 이뤄낸 중심에는 삼성, 현대, LG, SK 등 재벌 그룹이 있었던 것을 부인할 수 없다.

그렇다면 이 경제 성장의 과실을 모두 이들 재벌이 가져가는 것이 과연 옳은 것일까?

눈을 돌려 지금 우리보다도 못살고 있는 후진국들을 살펴보자. 막상 우리가 이뤄낸 경제 성장 과정을 논리로만 풀어보면 그게 그렇게 복잡하지가 않다. 패스트 팔로어로서 목표를 정하고, 그 목표를 이뤄내기 위해 일사불란하게 움직인 것이 우리나라가 성공을 거둔 가장 큰 원인이다.

하지만 이 간단한 과정을 그대로 현재의 후진국 보고 따라해보라고 권한다면 쉽게 해낼 수 있을까? 내 대답은 부정적이다.

박정희 대통령이 "울산에 석유화학 단지를 세워라"라고 지시해서 우리가 석유화학 산업을 훌륭히 발전시킨 것이 아니다. 똑같은 과정을 지금 해외의 후진국들 보고 하라고 하면 그 나라 대통령이 아무리 "우리도 울산처럼 석유화학 단지 세우자"라고 지시해도 한국만큼 쉽게 되지 않을 것이다. 바로 여기에 우리 경제 성장의 핵심 동력이 있다. 그 핵심 가운데 하나는 바로 우리 국민의 끊임없는 희생이다.

물론 이것이 전부는 아니다. 국민의 희생 외에 삼성과 현대, LG와 SK 등 재벌을 창업한 창업주들의 현명함과 개척 정신도 분명히 큰 역할을 했다. 하지만 이 두 가지 중 어느 하나가 없었다면 성공은 없었을 것이다. 다시 말해 지금 한국의 경제를 주도하는 재벌이 이뤄낸 성과는 그 가문 창업주만의 공이 아니라 우리 국민의 헌신적인 희생이 결합되면서 현실화한 것이다.

기업이란 기본적으로 그 기업이 발을 딛고 있는 사회의 토대 속에서 성장한다. 1990년대 대우그룹 김우중 회장이, 그룹의 핵심 계열사 사장 가운데 상당수를 개발도상국의 해외 지사장으로 파견한 적이 있다.

김 회장의 논리는 간단했다. 당시 개발도상국들의 모습이 한국의 1970년대와 비슷하니 우리가 1970년대 했던 것처럼 그 나라에서 기업을 한 번 일으켜보라는 것이었다. 한국에서 자신이 맨손으로 대우를 일으켰던 것처럼 상황이 비슷한 해외에 유능한 인재들을 보내면 충분히 그런 기적을 일궈낼 수 있으리라 믿었던 것이다.

하지만 당시 대우그룹의 이런 시도는 실패로 돌아갔다. 겉모습은 비슷하게 보였어도 외국과 한국은 달랐던 것이다. 근로자들의 노동생산성이 다르고, 비전을 공유하는 공동체 의식이 다르게 마련이다. 노동자의 성실성과 희생정신 역시 다르다. 그래서 한국을 거울 삼아 한국의 방식으로 해외 시장을 개척하려는 시도는 쉽게 성공하지 못한다. 한국의 성장은 한국에서만 가능한 것이었다. 한국 국민들이었기에 그 지난한 고통을 참고 견뎌낼 수 있었던 것이다.

> 한국의 성장은 한국에서만 가능한 것이었다. 한국 국민들이었기에 그 지난한 고통을 참고 견뎌낼 수 있었던 것이다. 따라서 지금 재벌이 누리고 있는 많은 성과들은 창업주 가문뿐 아니라 그 기업이 자라난 토양을 제공한 사회 공동의 것이라고 봐야 한다.

따라서 지금 재벌이 누리고 있는 많은 성과들은 창업주 가문뿐 아니라 그 기업이 자라난 토양을 제공한 사회 공동의 것이라고 봐야 한다. 한국 경제의 성장은 창업주들의 훌륭함에 한국 국민들의 희생이 함께 결합됐기에 가능했던 것이다. 그만큼 한국의 기업들은 세계 어느 나라 못지않게 강한 사회적인 책임감을 가져야 한다.

■ 몇 가족의 유전자에 한국의 운명을?

흔히 재벌 경제 체제의 문제점을 이야기할 때 문어발식 경영이니, 중소기업과 상생의 문화를 저해한다느니, 하는 식의 비판이 많이 나온다. 하지만 내 생각은 조금 다르다. 물론 그런 문제도 있을 수 있다. 하지만 핵심 문제는 그게 아니다.

문제의 핵심은 '지금부터 한국이 헤쳐나가야 할 새로운 시대의 도

> 자기의 한마디에 벌벌 떠는 가신들을 멀리 하고 자신보다 뛰어난 전문 경영인에게 기꺼이 경영의 전권을 물려줄 수 있을까?

전을 과연 4~5 가문의 가족 유전자에 의지할 수 있느냐다. 다시 말하면 미래 한국 경제의 운명을 이들 극소수 가문 자손이 얼마나 똑똑하냐에 다 걸 수 있겠느냐는 것이다. 그 재벌 계열사 전체가 100% 그들 가문의 소유라면 할 말이 없다. 그런데 앞에서도 말했듯이 한국의 기업은 한국 경제의 핵심인 동시에 사회가 누려야 할 우리 모두의 자산이다. 고작 2%의 지분을 가진 재벌 가문이 마음대로 어찌할 수 있는 것이 아니다.

여러 차례 강조했지만 리더가 바뀌지 않으면 한국은 바뀌지 않는다. 교육을 바꾸는 것도, 상명하복의 군림 문화를 없애는 것도, 조직 문화를 창의적으로 바꾸는 것도 모두 리더가 결정하고 리더가 모범을 보여야 한다.

그리고 이 리더의 모범은 리더가 가지고 있는 많은 기득권을 내려놓는 것에서부터 시작한다. 그런데 한국의 재벌은 인격이 뛰어나고 모자라고를 떠나서, 시스템 자체가 이들이 기득권을 내려놓기 어렵게 만들어져 있다.

할아버지가 왕이었고 아빠도 왕이다. 그리고 그 아빠가 나이가 들면 후계 체제에 대한 논의가 시작되고 가신들이 이합집산을 시작한다. 그리고 모든 조직이 할아버지와 아버지와 아들에게 충성을 다한다.

이런 환경에서 자란 재벌 3세와 4세들이 과연 말로만의 혁신이 아니라 진정한 혁신을 이뤄낼 수 있을까? 자기의 한마디에 벌벌 떠는 가신들을 멀리 하고 자신보다 뛰어난 전문 경영인에게 기꺼이 경영의 전권을 물려줄 수 있을까? 자기한테 좀 대들더라도 경영을 원활히 하고 혁신을 이끌 인물을 중용할 수 있을까? 내 한마디보다 주주총회와 이사회의 의견을 경청하는 사람을 끌고 갈 수 있을까?

어려울 것이다. 그리고 실제 이런 일이 벌어지지 않았다는 사실은 역사적으로 이미 오랫동안 증명이 됐다.

이것이 가족 경영 중심 재벌 체제의 가장 큰 문제점이다. 그래서 이 재벌 체제가 근본적으로 재고되지 않는 한 창의성의 시대에 걸맞은 한국 기업의 새로운 변화는 쉽지 않을 것이라는 게 내 생각이다. 이렇기 때문에 이 문제를 대할 때 우리는 운명을 거는 자세를 가져야 한다. 도저히 바뀌지 않을 것 같게 생각되는 것을 바꾸는 것, 그것이야말로 지금 우리에게 필요한 도전 정신이기 때문이다.

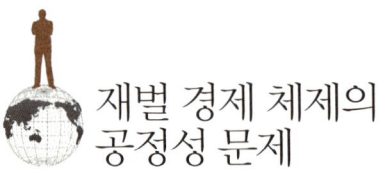

재벌 경제 체제의 공정성 문제

■ **승복의 문화가 필요하다**

나는 재벌 문제에 대해 이야기할 때 "재벌을 규제하자"라고 말하지 않는다. 예를 들어 나는 중소기업을 인위적으로 육성시키기 위해 재벌에 대한 특정한 규제를 해야 한다는 주장에 동의하지 않는 사람이다. 나는 시장 경제를 철저히 지지하는 사람이고 기업에 대한 규제는 어떤 형태로건 없는 것이 더 좋다고 생각하는 편이다.

또 재벌이 사업 영역을 확장하는 것에 대해서도 무조건 반대하지 않는다. 물론 원론적으로 이야기하면 나는 우리 재벌이 더욱 잘할 수 있는 영역에 집중하는 것이 옳다고 생각한다.

하지만 이는 그렇게 하는 것이 더 효율적이라고 믿기 때문이지 중소기업을 보호해야 한다는 당위나 '약자 편들기' 감정 때문은 아니다. 중소기업도 국가의 혜택이나 배려 때문에 성장하는 것이 아니라, 정당하게 재벌과 겨뤄 그 분야에서 경쟁력을 가지며 성장하는 게 장기적으로 국가 경제에 도움이 된다.

그런데 이런 생각에는 중요한 전제가 하나 있다. 중소기업과 대기업이 겨루는 링에는 규제가 아니라 규칙이 있어야 한다는 것이다.

규제는 링 위에 오른 파이터들이 제대로 싸울 수 없도록 막는 걸림돌이지만, 규칙은 파이터들이 공정하게 실력을 겨룰 수 있도록 북돋아주는 필수 요소다.

규칙의 핵심은 링 위의 공정성이다. 이 공정성이 밑천이 돼야 우리는 사회가 발전할 수 있는 또 다른 소중한 가치, 즉 '승복하는 문화'를 얻게 된다.

승복하는 문화는 지금 한국 사회에 아주 절실하게 필요하다. 공정한 룰 아래 경쟁을 벌인 뒤, 그 결과를 진심으로 인정하는 게 승복하는 문화다. 그리고 그 패배를 빨리 받아들이는 사람은 더 빨리 새로운 도전을 준비할 수 있다.

여러 차례 강조했지만 창의성의 시대에 가장 필요한 것은 수많은 시도와 실패를 이겨내는 것이기 때문이다. 우리 앞에 놓인 새로운 도전에는 '하나의 정답'이 명확히 주어져 있지 않다. 따라서 더 많이 시도하고 더 많이 실패하는 일은 일상 다반사가 될 것이다.

그런데 이 과정이 원활하게 돌아가기 위해서는 실패를 한 사람이 자신의 실패를 깨끗이 인정해야 한다. 공정한 경쟁의 장에서 아이디어로 경쟁했는데 성공하지 못했을 때, 즉시 깨끗이 승복하고 재기전을 준비해야 한다.

그런데 실패를 한 사람이 그 원인을 실력 부족 탓이라고 생각하지 않고 불공정한 환경 탓으로 돌리게 되면 전체적인 시스템이 꼬이기 시작한다. 마음으로 승복하지 못하는 실패자는 새로운 도전을 할 생각을

> 공정한 룰 아래 경쟁을 벌인 뒤, 그 결과를 진심으로 인정하는 게 승복하는 문화다.

못한다. 정당한 경쟁으로는 이길 수 없다는 패배 의식을 갖게 된다. 이 때문에 재기할 의욕을 가지는 것이 아니라 불만만 가득하게 된다.

이 차이는 실로 중요하다. 사람들이 자신의 실패를 승복할 수 있느냐 못하느냐의 문제는, 결국 새로운 도전이 가능한가 불가능한가와 직결되기 때문이다.

■ 재벌들의 행패

일례를 들어보자. 현대자동차그룹 계열사 가운데 현대글로비스라는 회사가 있다. 현대자동차와 기아자동차가 만든 기업으로서, 자동차를 운송하는 물류회사다. 이 회사의 시가총액은 2011년 9월 기준으로 7조 원 정도 된다.

2001년 세워진 이 회사가 이처럼 짧은 기간 안에 국내 40위권의 대기업으로 성장하게 된 이유는 현대자동차그룹이 일감을 적극적으로 몰아줬기 때문이다. 2010년 글로비스가 올린 총 매출 5조 8240억 원 가운데 90%에 가까운 5조 2110억 원의 매출이 현대기아차그룹 관계사로부터 받아낸 것이었다.

왜 이런 일이 벌어졌을까? 글로비스는 정몽구 회장 일가가 자본금의 대부분을 출자해 세운 회사다. 왕국의 왕이 기업을 세우셨기 때문에 현대자동차나 기아자동차는 왕의 회사를 절대 무시할 수가 없다.

당연히 그룹 전체가, 왕이 세운 회사를 집중적으로 지원하기 시작한다. 왕이 세운 글로비스는 이 같은 지원을 등에 업고 짧은 기간 안에 회사 규모를 크게 불린다. 글로비스를 세운 왕과 그 일가의 재산도 기하급수적으로 늘어난다.

2011년 현재 현대자동차그룹 오너 일가의 글로비스 지분은 52%를 넘는다. 현대자동차그룹의 글로비스 지원은 회사 설립 10년 만에 정몽구 회장 일가의 재산을 3조 5000억 원 이상 불려준 셈이다. 그리고 이렇게 불어난 재산은 결국 정몽구-정의선으로 이어지는 오너 일가의 경영권 상속에 사용될 것이라는 전망이 적지 않다.

지금 이 과정이 공정하게 보이는가? 절대 공정하지 않다. 문제는 이 같은 사실이 그냥 공정하지 않다는 점에서 끝나지 않는다는 것이다.

이런 편법이 버젓이 승인될수록 승복하는 정신이 설 땅을 잃는다. 도전 정신이 꽃 피울 토양이 사라진다. 이렇듯 간단하게 재벌 오너 일가가 돈을 버는데 어떤 신생 기업이 혁신적인 방식으로 물류 사업을 하려 하겠는가.

현대자동차그룹이 글로비스를 밀어줬다는 사실이 공인되는 순간, 한국 물류업계의 도전 정신은 모두 소멸됐다고 봐도 좋다. 회사의 성패가 창의성과 도전 정신에 있는 게 아니라 발주하는 회사 오너 일가의 이해관계에 달려 있기 때문이다.

비단 현대자동차그룹만의 이야기가 아니다.

수많은 재벌 기업들이 오너 일가를 위해 비상장 계열사를 세우고 그 회사에 일감을 몰아준 뒤 오너 가문의 재산을 불려줬다. 이런 분위기 속에서 사업에 실패하거나 새로운 도전을 성취하지 못한 많은 사람들은 그 결과에 쉽게 승복하지 않는다.

그리고 그 억울한 감정은 "한국에서 살아남으려면 도전 정신이 아니라 재벌 일가에 잘 보이는 요령을 키워야 한다"라는 엉뚱한 생존 본능을 자극한다.

■ 규제가 아니라 환경을 제대로 만들어야 한다

협력 업체라는 말이 있다. 대기업에 납품하는 중소기업을 부르는 말이다.

그런데 이들이 정말로 '협력' 하는 관계인지를 살펴보면 현실은 전혀 그렇지 않다. 2010년 이후 정부 정책이 바뀌면서 사정이 다소 나아지기는 했으나 그 전까지 수많은 대기업들은 협력 업체로부터 물건을 납품 받은 뒤 주로 어음으로 결제를 했다.

대기업에 비해 상대적으로 영세한 협력 업체들은 당장 현금이 필요하다. 하지만 약속어음을 끊어주는 대기업에 대들 수 있는 협력 업체는 한 곳도 없다. 이들은 사실상 협력 업체가 아니라 종속 업체이기 때문이다.

이 종속적인 관계는 1차 협력 업체가 2차 협력 업체에 상전 노릇을 하고, 2차 협력 업체가 3차 협력 업체에 다시 상전 노릇을 하는 악순환으로 이어진다.

다시 한 번 말하지만 나는 대기업을 규제하자고 주장하는 사람이 아니다. 환경을 제대로 만들자고 주장하는 사람이다.

규제와 환경은 다른 것이다. 규제는 없애되 환경은 제대로 만들어야 한다. 이 환경이 제대로 만들어져 있지 않으면 아무도 결과에 승복하지 않는다. 승복이 아니라 두려움에 떨며 복종할 따름이다.

불공평한 어음 결제의 관행은 공정하게 경쟁할 수 있는 환경으로 바로잡아줘야 한다. 대기업에 대해 "협력 업체에 결

> 규제와 환경은 다른 것이다. 규제는 없애되 환경은 제대로 만들어야 한다.

제할 때 어음으로 하지 말고 현금으로 하라"라고 말하는 것은 대기업에 대한 규제가 아니라 초등학생도 이해할 수 있는 상식이다.

A라는 대기업에 납품하는 중소기업이 있다. 이 기업이 새로운 기술을 개발해 신제품을 개발했다. 중소기업은 신제품의 가치를 시장에서 제대로 평가 받고 싶어한다. 그러나 그 신제품을 시장에 내놓고 이것을 사갈 다른 고객을 찾는 순간 이들은 A라는 대기업으로부터 "납품을 중단하라"는 통보를 받는다.

대기업 간부들은 "지금까지 누구 덕에 먹고 살았는데"라는 폭언을 서슴지 않는다. 중소기업은 울며 겨자 먹기로 신제품을 대기업 A에 헌납한다.

이런 짓을 그만 하라고 막는 것은 대기업 활동을 위축시키는 규제가 아니다. 중소기업도 자신이 개발한 기술을 시장에서 제대로 평가 받을 권리가 있다. 중소기업은 협력 업체이지 노예 기업이 아니기 때문이다.

원자재 값이 올라서 납품 원가가 80원에서 100원으로 올랐을 때, "오른 가격 20원은 중소기업 너희가 부담하라"라고 으름장을 놓는 대기업의 횡포를 막는 것은 규제가 아니다. 당장 납품을 하지 못하면 부도가 나는 중소기업은 손해를 보면서라도 물건을 팔아야 한다. 그러

나 결국 그런 것들이 누적이 돼 중소기업의 경영이 악화되고 기술 개발을 소홀히 하게 되면 손해를 보는 것은 국가 경쟁력이다.

이런 것을 막아야 한다. 정부가 해야 할 일이 바로 이런 것들이다. 링에 오르는 파이터들에게 같은 글러브를 끼게 하고 같은 룰을 적용하는 것이 정부의 할 일이다. 대기업은 글러브 안에 돌멩이 넣고 때리고, 중소기업은 솜뭉치로 된 글러브를 끼고 싸우라고 한다면 그건 제대로 된 경쟁이 아니다.

그리고 이런 문제가 누적되다 보면 새로운 문제가 생긴다. 바로 사회적 갈등이 심해진다는 것이다.

새로운 시대는 창의성과 아이디어 싸움의 시대라고 했다. 그리고 이미 말했지만 이 시대는 상명하복, 일사불란의 시대에 비해 시간도 오래 걸리고 여러 모로 불편한 점도 많다. 일견 비효율적으로 보이는 면도 분명히 있다.

따라서 이 시대를 잘 헤쳐나가기 위해서는 불필요한 갈등을 없애야 한다. 불필요한 갈등 말고도 토론하고 부딪히면서 보내야 할 시간이 너무 많다. 쓸데없는 갈등에 쏟아 부을 여력이 충분치 않은 것이다.

더 나은 결론을 위해 부딪히고 열렬히 토론하는 것은 갈등이 아니라 발전을 위한 토양이다. 그렇게 해서 나타나는 여러 실패와 도전은 코스트(cost)가 아니라 자산(asset)이다.

그런데 불공정한 시스템이 낳은 비효율적인 갈등은 미래 한국 사회의 발전을 위해 하나도 쓸모가 없는 100% 코스트다. 그래서 공정한 환경을 만드는 것이 반드시 필요한 것이다.

■ 반기업 정서의 본질

한국 기업들이 자주 투덜대는 것 가운데 하나는 한국 국민들의 반(反)기업 정서가 지나치게 강하다는 것이다. 이들은 "국민들이 사소한 일에도 기업에 불만을 가진다. 우리 잘못이 아닌데도 우리 탓을 한다"라고 불평한다.

사실 나도 이와 비슷한 정서가 한국에 있다는 것을 가끔 느낀다. 그런데 기업들, 특히 재벌들은 문제의 본질을 잘 알아야 한다. 한국 국민들이 갖고 있는 반기업 정서는 기업이 돈을 잘 벌기 때문에 갖고 있는 반감이 아니다. '사촌이 땅을 사면 배가 아프다'는 식으로 남 잘되는 것을 못 봐주는 시기심 때문은 더더욱 아니다.

내가 보기에 이런 반기업 정서의 본질은 수십 년 동안 불공정한 과정을 통해 오너 일가의 재산을 불려온 재벌에 대한 반감이다. 반기업 정서가 아니라 반(反)재벌 정서에 가깝다는 것이다.

한국에서 비즈니스를 하다 보면 "존경할 만한 기업인이 없다"라는 이야기를 종종 듣는다. 1950년대 세계 최빈국에서 2010년대 세계 10위 권의 경제 강국으로 성장했는데도 존경할 만한 기업인이 없다고 한다.

이유는 간단하다. 한국 경제를 이끈 재벌들, 가족 경영의 주인공들 중에 존경 받고 살 만한 인생을 산 사람이 많지 않았기 때문이다.

편법 상속, 절세를 가장한 탈세, 불법 정치 자금과 비자금, '왕자의 난'이니 '형제의 난'이니 하는 가족 간의 볼썽 사나운 경영권 다툼, 하청 업체에 대한 가혹한 행동들……. 이런 것들이 누적되면서 국민들 사이에서 반기업 정서가 확산된 것이다.

■ 빌 게이츠, 그리고 40년 전 한국 선각자의 행동

2008년 세계 정보기술(IT) 업계의 거목 마이크로소프트(Microsoft)의 빌 게이츠 회장이 현역에서 은퇴했다. 그의 은퇴는 한국 재벌 총수들이 잠깐씩 보여주는 눈 가리고 아웅 식의 일선 후퇴가 아니라 진짜 은퇴였다.

그는 은퇴 후 재단을 세우고 기부와 환경 운동 같은 사회 활동에 몰두하고 있다. 매주 5권의 책을 읽으며 매일 아이들을 차로 학교에 데려다 준다. 그의 아내는 은퇴 후의 게이츠에 대해 "지금처럼 왕성하게 활동하는 것을 본 적이 없다"라고 말한다.

2011년 현재 그의 나이는 56세. 황제가 은퇴하기에는 너무 이르다. 하지만 그는 미련 없이 은퇴를 선언했고 전문 경영인을 영입해 새로운 마이크로소프트의 성장을 지켜보고 있다.

나는 그의 선택이 현명했다고 본다. 그가 마이크로소프트를 이끌었던 시대에 게이츠는 회사가 반드시 필요로 하는 지도자였다. 하지만 그것도 때가 있는 법이다. 아무리 훌륭한 지도자라도 어떤 시기가 되면 새로운 시대에 걸맞지 않은 구시대 지도자가 되게 마련이다.

게이츠는 많은 사람이 알고 있는 것처럼 1995년부터 2009년까지 2008년 단 한 해만 빼놓고 세계에서 가장 돈이 많은 사람 명단에 이름을 올린 인물이다. 그리고 그는 자신과 아내의 이름을 따 2000년 세운 빌 & 멜린다 게이츠 재단(Bill & Melinda Gates Foundation)을 통해 자신의 재산을 사회를 위해 쓰는 것으로 제2의 인생을 살고 있다.

한국의 재벌들이 재단 하나 세우면서 시끌벅적하게 언론보도를 통해 알리는 것과 달리 게이츠의 기부는 조용하고 신속하게 이뤄진다. 사실 그의 기부는 하나하나 언론에서 보도하기에도 벅찰 정도로 금액도 많고 횟수도 잦다. 그리고 하도 기부를 일상적으로 하는 통에 게이츠가 자선 사업을 한다는 것은 이제 뉴스에도 끼지 못한다.

2008년까지 360억 달러, 우리 돈으로 40조 원에 가까운 돈을 기부한 게이츠가 세 명의 자식에게 남긴 재산은 1인당 1000만 달러, 모두 합해 3000만 달러였다.

미국은 한국과 문화가 달라서 그렇다는 반론은 옳지 않다. 멀리 태평양 넘어 찾을 것도 없이 우리나라에도 이 같은 사례가 있기 때문이다.

제약회사 유한양행의 창업자 유일한 박사는 평생 정직한 기업 경영과 성실한 납세, 헌신적인 사회 기부 활동으로 한국 경제계에서 몇 안 되는 존경 받는 인물로 꼽힌다. 그는 자신의 전 재산을 사회에 환원했고 자신의 피와 땀으로 일군 기업의 경영권을 자손에게 일절 넘겨주지 않았다. 그랬던 유일한 박사는 이런 말을 남겼다.

> "기업은 사회의 공유물이지 나 개인의 것이 아니다. 그런데 내가 죽은 다음 이 유한양행에 나의 혈족이 남아 있다면 그들이 주도권을 쥐고 장악할 게 아닌가. 유 씨 일가가 회사를 세습하면 '기업은 사회 공유물'이라는 대의가 멍들고 전문 경영인 인재 육성에도 역행하게 된다."

지금 우리 재벌들이 절대 이해하지 못하는 이 명제를 유일한 박사는 이미 40년 전에 알고 있었다. 기업은 개인이나 가문의 소유가 아니라 사회의 공유물이라는 그의 주장은 지금 들어도 저절로 고개가 끄덕여진다.

그리고 그는 세상을 떠나면서 유서를 통해 자신의 약속을 지켰다. 한국의 재벌들이 유 박사의 정신을 조금이라도 이해하고 있다면 과연 한국에 반기업 정서, 아니 반재벌 정서가 이렇게 깊숙이 자리잡았을까 하는 생각이 든다.

다음은 40년 전 선각자, 한국에서 몇 안되는 존경 받는 기업인 유일한 박사가 1971년 4월 8일에 남긴 유서의 내용이다.

첫째 : 손녀인 유일링(당시 7세)에게는 대학 졸업 때까지 학자금으로 1만 불을 준다.

둘째 : 딸 유재라에게는 유한공고 안에 있는 묘소와 주변 땅 5000평을 물려준다. 그 땅을 유한동산이라 하고 학생들이 마음껏 나들게 하라.

셋째 : 유일한 본인의 소유 주식 14만 941주는 전부 한국 사회 및 교육 원조 신탁금에 기증한다.

넷째 : 아내 호미리는 딸이 노후를 돌보아주기 바란다.

다섯째 : 아들 유일선은 대학까지 졸업시켰으니 앞으로 자립해서 살아가거라.

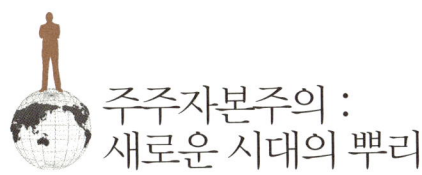

주주자본주의 : 새로운 시대의 뿌리

■ **주주자본주의의 원칙으로 가자**

한국에서 나타나는 반기업 정서는 분명 한국 경제의 걸림돌이 될 것이다.

농업을 위주로 사는 나라도 있고 펑펑 쏟아지는 석유를 바탕으로 사는 나라도 있다. 하지만 우리나라는 미래에 어떤 변화가 오더라도 농업 국가나 자원 국가가 될 가능성이 없다. 한국 경제의 주축은 누가 뭐래도 기업이고, 기업은 한국을 이끄는 대들보다. 그런데 정작 나라를 먹여 살리고 나라의 미래를 움켜쥐고 있는 기업에 대해 국민들의 반감이 너무 심하다. 이런 증상이 미래를 헤쳐나가는 데 도움이 될 리가 없다.

증상을 정확히 알아야 진단과 치료가 가능하다. 기업이 열심히 사업을 개척하고 편법 없이 기업을 꾸려나간다면 국민들이 반감을 가질 리가 없다.

한국의 반기업 정서는 반재벌 정서라고 했다. 반재벌 정서가 있다

> 이건희 삼성그룹 회장 일가가 가지고 있는 삼성그룹 지분이 1%라면 1%의 권한만 주는 것이다.

는 것 자체는 이미 국민들이 기존의 재벌 체제를 마음으로 받아들이지 않는다는 것을 뜻한다. 그들이 이뤄낸 경제 성장의 업적을 높이 평가하지 않는다는 것이다.

오히려 국민들은 그들이 편법으로 이뤄낸 가문 대대로의 부의 상속, 정치권과 유착을 통해 이뤄낸 과도한 계열사 확장에 대해 정서적으로 거부감을 가지고 있다. 이런 정서는 필연적으로 갈등을 낳고, 갈등은 과도한 코스트를 부른다.

여기에서 나오는 문제는 두 가지다. 하나는 지금 체제를 유지할 경우 앞으로 이런 문제점들이 나아질 가능성이 있느냐, 다른 하나는 이런 과정을 거쳐 국민들의 정서가 바뀔 수 있느냐다.

나는 지금 체제가 유지되는 한 문제점이 개선될 가능성은 희박하다고 생각한다. 가족 중심 세습 경영 체제가 바뀌지 않는 한, 그리고 더욱 능력 있는 전문 경영인들이 기업을 이끄는 새로운 시스템이 정착하지 않는 한 변화는 어려울 것이다. 그리고 권력에 길들여진 왕의 가족은 쉽게 그 권력을 놓지 못하는 법이다.

또 국민들의 정서도 쉽게 바뀌지 않을 것이다. 변한다 하더라도 아주 오랜 시간이 걸릴 가능성이 높다. 왜냐하면 한국 재벌들은 그동안 너무 자주 양치기 소년으로 살아왔기 때문이다.

비자금 사건 등 법적인 문제가 불거질 때마다 재벌 총수들은 "책임을 통감한다. 경영은 전문 경영인에게 맡기고 일선에서 물러나겠다" 하고 발표했다. 하지만 결국 1, 2년이 지나면 이들은 다시 돌아왔고,

여전히 권력은 그들에게 집중됐다.

따라서 국민들은 재벌 일가가 전문 경영인에게 전권을 넘긴다는 말을 믿지 않는다. 그리고 실제로 전문 경영인에게 전권을 넘긴 일은 벌어지지 않았다.

그렇다면 이 문제에 대한 해답을 어디에서부터 찾기 시작해야 할까? 내 생각은 간단하다. 우리가 지금 신봉하고 있는 자본주의의 원칙대로, 주주자본주의의 기본으로 가는 것이다.

이건희 삼성그룹 회장 일가가 가지고 있는 삼성그룹 지분이 1%라면 1%의 권한만 주는 것이다. 신격호 롯데그룹 회장 일가의 지분이 2.2%라면 역시 그만큼의 권한을 인정하는 것이다. 간단해 보이지만 이 간단한 해결책 하나로 실로 많은 것들이 해소된다.

우선 재벌체제의 가장 큰 문제점인 공정성 문제를 해결할 수 있다. 국민들에게 "아, 이 나라는 원칙을 기반으로 공정하게 움직이는구나"라는 확신을 심어준다. 이 같은 공정성에 대한 확신은 창의성의 토양이 된다. 세상이 공정하게 돌아간다고 믿을 때 사람들은 창의적으로 노력하기 시작한다.

또 이렇게 되면 불필요한 사회적 갈등이 줄어든다. 이미 언급했듯이 갈등은 코스트다. 사회적 코스트를 줄이면 그만큼 사회가 얻는 이익이 커진다.

■ **권력 분산, 창의성을 키우는 새로운 토양**

하지만 무엇보다 주주자본주의로 나아갈 때 얻을 수 있는 가장 큰 효과는 권력이 분산되고 성과의 적절한 분배를 기대할 수 있다는 점이다.

현재 재벌 구조는 지나치게 권력이 한 사람, 또는 한 가족에 집중돼 있다. 그런데 앞으로 우리가 헤쳐나가야 할 시대는 한 사람, 그것도 단지 좋은 가문에서 태어났다는 이유로 능력도 검증되지 않은 그 한 사람에게 맡길 수가 없다.

우리는 앞으로 토론을 해야 하고 실패를 용인할 줄 알아야 한다. 이런 것들은 왕이 군림하는 세상보다 많은 사람의 목소리가 반영되는 수평적 사회에서 더 발달하게 마련이다. 이것은 역사적으로도 이미 여러 차례 증명이 된 사실이다. 같은 천재라도 조선시대에 태어났다면 21세기 현대 사회에 태어난 사람만큼 창의적일 수가 없다. 이것은 무슨 대단한 새로운 이론이 아니라 누구나 알고 있는 상식이다.

재벌의 권한을 지분만큼만 제한하면 당장 단기간에 힘의 공백이 생길 수 있다. 하지만 이것은 전혀 두려워할 일이 아니다. 지금 우리가 경계해야 할 것은 '힘의 공백'이 아니라 우리 기업들의 창의성을 가로막았던 '힘의 과잉'이기 때문이다.

재벌 기업은 이 '힘의 공백'이 가져올 작은 부작용을 지나치게 과장한다. 예를 들어 재벌 총수들이 비자금 사건 등으로 구속되면 그 기업 홍보 담당자들은 "총수가 구속돼 있으니 기업 브랜드와 이미지가 나빠지고 경영에 공백이 생긴다. 국가 경제를 위해 선처를 바란다" 하면서 여기저기 뛰어다닌다.

> 기업이 기본 인프라만 제대로 갖춰놓고 있다면 오너 일가가 물러나면서 생기는 혼란은 아주 빠른 시간 안에 극복이 가능하다.

천만의 말씀이다. 현실은 정반대다. 죄를 지었으면 정당한 대가를 치러야 국가의 공정성이 살아나고 국민들이 국가 시스템에 대한 믿음을 갖는다. 그리고 그렇게 하는 것이 장기적으로 국가의 이미지를 높이고 브랜드 가치를 크게 만든다.

물론 재벌 일가가 물러나면 일시적인 힘의 공백은 당연히 있을 수 있다. 하지만 장담하는데 그 혼란은 오래 가지 않는다. 자본주의는 유연하며 시장 경제는 능동적이다. 기업이 기본 인프라만 제대로 갖춰놓고 있다면 오너 일가가 물러나면서 생기는 혼란은 아주 빠른 시간 안에 극복이 가능하다.

주주는 기업 이익의 극대화를 원하는 사람들이다. 따라서 오너 일가가 경영에서 손을 떼도 주주들은 아주 자연스럽게 그 힘의 공백을 메워줄 새로운 인재를 발굴한다. 전문 경영인을 스카우트해 그에게 경영을 맡긴 뒤 그의 능력을 이용해 회사를 능동적으로 바꾼다.

이렇게 각 계열사마다 전문 경영인이 경영을 맡으면 중요한 사안에 대해 절대 권력자인 한 사람(재벌 총수)이 결정하는 것보다 속도가 느려질 수 있다는 반론이 나올 것이다. 물론 그럴 수 있다. 하지만 여러 차례 강조했듯이 새로운 시대에 속도가 다소 느려지는 것은 감내해야 한다.

멀리 돌아갈 것 없이 우리나라 과거의 예를 살펴보자.

김우중 회장이 대우그룹에서 물러나면서 대우그룹 계열사들이 모두 망했나? 오히려 이들은 각 계열사별로 전문 경영인을 세워 스스로 효율적인 구조 개선을 이뤄냈다. 대우그룹과 김우중이라는 굴레에서 벗어나면서 오히려 과거에 비해 재무 건전성과 실적 등 모든 면에서 성장을 나타낸 것이다.

"그 과정에서 결국 망한 계열사도 나오지 않았느냐"라는 반론은 사양한다. 해체된 재벌의 일부 계열사들이 끝내 소생하지 못한 이유는 김우중 회장이 없어서가 아니라 애초 될 일이 아닌 곳에서 사업을 벌였기 때문이다.

그리고 그것은 자본주의 전체 시스템에서 지극히 자연스러운 것이다. 안될 곳에서 사업을 하는 기업은 자연스럽게 퇴출되는 것이 국가 경제에 도움이 된다.

"재벌 총수들도 당연히 계열사의 이익 증대를 위해 노력하는 것 아니냐" 하는 반론도 온당치 않다. 물론 오너 일가에게도 계열사 실적은 중요하다. 하지만 그들에게 정작 가장 중요한 것은 실적이 아니라 재벌 가문에 대한 충성심이다.

왜냐하면 이미 살펴봤듯이 총수 일가는 그룹 전체를 지배할 충분한 지분을 갖고 있지 못하기 때문이다. 부족한 지분으로 그룹을 지배하려면 각 계열사 사장들이 자신에게 충성을 해야 한다. 따라서 아무리 유능한 전문 경영인이라도 충성심이 없으면 그들에게 경영인이라는 중요한 자리를 내어주지 않는다.

따라서 재벌 가문의 권한을 주주자본주의 원칙에 따라 제한하는 것은 어떤 이유로건 기업 및 국가 경제의 발전에 도움이 된다는 것이 내 생각이다. 1%의 지분이 있으면 1%만큼만 권한을 줘야 한다. 이렇게 하면 각 기업별로 자신들에게 맞는 최적의 전문 경영인을 찾을 수 있다.

■ 이익의 분배, 리더를 키우는 새로운 전략

도전과 창의적인 사고, 그를 통한 아이디어 경쟁력으로 퍼스트 무버(first mover)가 되기 위해서는 리더가 바뀌어야 한다고 했다. 이는 리더의 생각이 바뀌어야 한다는 뜻이기도 하도, 또 리더의 인적 구성이 바뀌어야 한다는 뜻이기도 하다.

지금 한국 경제의 또 다른 문제점은 유능한 전문 경영인 풀(pool)이 국가 경제 규모에 비해 너무 작다는 것이다. 그런데 사실 이는 어찌 보면 지극히 당연한 결과인지도 모른다. 재벌 시스템 자체가 유능한 전문 경영인을 키우는 데 결정적인 약점을 갖고 있기 때문이다.

한국 재벌 기업의 역사를 살펴보면 기업의 이익이 지나치게 이들 가문을 풍요하게 하는 데 사용됐다는 것을 알 수 있다. 이는 분배 구조가 잘못됐다는 뜻이다. 기업의 이익을 여러 사람에게 제대로 공유하지 않으니 인재들이 자라나지 않는다.

나중에 따로 자세히 다루겠지만 사실 이익을 제대로 나누는 것은 자본주의 경제 시스템에서 아주 중요하다. 이익의 적절한 분배는 단순히 돈을 많이 준다는 차원의 문제가 아니다. 이 시스템이 제대로 갖춰지지 않으면 도전 의식과 의욕이 사라진다. 아무리 열심히 일해도 돌아오는 것이 없다면 열심히 도전하려는 사람이 나올 수가 없다.

유능한 전문 경영인은 하늘에서 뚝 떨어지지 않는다. 사회가 경영 능력을 갖춘 인재들을 양산하는 시스템을 갖춰야 한다. 그리고 이를 위한 최선의 방법은 전문 경영인 또는 그 일에 도전하는 수많은 인재들에게 적정한 보상 체계를 갖추는 것이다.

그동안 기업 이익이 과도하게 재벌 일가에 집중됐던 구조는 아주 시급하게 해결돼야 한다. 열심히 일하는 것, 좋은 경영 성과를 남기는 것에 대한 보상보다 보스에게 충성하는 것, 오너에게 잘 보이는 것에 대한 보상이 더 컸던 것이 재벌 기업이다.

가족 중심의 재벌 체제가 주주자본주의로 대체되면 이런 악순환을 단번에 선순환으로 바꿀 수 있다. 주주들은 기업 실적에 따라 경영인을 평가하게 되고 당연히 그에 대해 적정한 보상을 하게 된다. 좋은 경영인을 두고 경쟁이 벌어지면서 더 창의적인 도전을 하려는 예비 경영인들이 의욕을 가진다.

앞으로 한국 경제는 실로 많은 문제에 직면할 가능성이 높다. 문제가 복잡해질수록 다양한 영역에서 인재들이 나와야 한다. 그리고 경영인들도 실력으로 경쟁해야 하고 경쟁을 통해 더 훌륭한 경영인들이 많이 양산돼야 한다. '충성심 → 자리 보존 → 더 많은 충성심 경쟁' 이라는 악순환이 '실력과 도전 → 충분한 보상 → 더 많은 유능한 경영자 양산' 이라는 선순환 구조로 바뀌어야 하는 것이다.

■ 유능한 경영자가 한국의 미래다

한국 경제에는 해결해야 할 수많은 과제들이 산적해 있다. 그 가운데 내가 가장 중요하게 생각하는 것이 유능한 경영자들을 많이 키워내는 것이다.

한국이 바뀌었으면 하고 소망하는 많은 것들은, 리더가 먼저 바뀌어야 해결될 수 있다. 리더가 겸손해야 하고, 리더가 비전이 있어야 한다. 리더가 인재를 중용해야 하고, 리더가 자기의 기득권을 내려놓을 수 있어야 한다. 그래야 문제가 해결된다.

> 한국의 재벌 기업은 재벌 가문만이 소유하고 있는 개인 기업이 아니다.

재벌을 이끄는 많은 가족들을 비판한다고 해서 무조건 재벌 가족 보고 물러나라고 주장하는 것이 아니다. 핵심은 그들이 물러나느냐, 물러나지 않느냐가 아니라 지금 그 재벌의 구조가 유능한 인재들을 경영자로 쓸 수 있느냐 없느냐다.

재벌 가문이 부족한 지분으로 그룹 전체를 이끌겠다는 욕심을 유지하는 한, 이미 살펴봤듯이 진정으로 유능한 인재를 중용하는 구조는 만들어지기 어렵다.

재벌의 2, 3세들이 똑똑하다면 그들이 경영권을 이어받는 것을 무작정 반대하는 것도 아니다. 주주자본주의를 비판하는 많은 사람들의 주장 가운데 하나가 "한 가문이 대를 이어 경영할 경우 전문 경영인이 3년 단위로 교체되는 것보다 장기적인 시각으로 기업을 이끌 수 있다"라는 것이다. 일리가 아주 없는 말은 아니다.

문제는 그렇게 장기적인 시각으로 가문이 대를 이어 경영하고 싶다면 재벌 가문의 능력을 주주와 한국 사회에 증명해보여야 한다는 것이다.

그게 아니라면 기업과 한국 사회의 미래를 위해 그들 스스로가 결단을 내려야 한다. 다시 한 번 강조하지만 한국의 재벌 기업은 재벌 가문만이 소유하고 있는 개인 기업이 아니다.

■ 진정으로 후대에 물려줘야 할 것은

다시 마이크로소프트의 빌 게이츠 이야기로 돌아온다. 게이츠는 2008년 은퇴를 하는 자리에서 한국 기업들에 본보기가 될 만한 두 가지 말을 남겼다. 하나는 그 스스로가 절대로 제왕으로 군림하지 않으려 했다는 것이다.

"나는 사람들이 마이크로소프트를 깎아내리는 것을 좋아합니다. 실제로 우리는 많은 실수를 했어요. 그리고 내 예측도 여러 차례 빗나갔지요. 하지만 중요한 것은, 우리는 그 실수로부터 배웠고 그것을 통해 더 많은 업적을 쌓았다는 것입니다."

그는 실수를 인정하는 사람이었다. 만인이 듣는 자리에서 "내 예측은 항상 맞았다"라고 자랑하지 않았다. 대신 그는 자신과 마이크로소프트의 강점을 '실수로부터 배우는 것'이라고 선언했다. 그리고 그는 '실수하지 않는 황제 게이츠'보다 실수로부터 배우는 게이츠와 마이크로소프트를 더 자랑스럽게 생각했다.

그가 남긴 두 번째 중요한 시사점은 그가 물러나는 이유를 설명한 대목이다.

"여러 차례 큰 변화가 일어났는데도 그걸 캐치하지 못하는 일이 생깁니다. 이런 건 결국 훌륭한 인재들을 투입하지 않았기 때문에 생긴 일이죠. 경영을 하면서 가장 위험한 것이 바로 이런 점입니다. 나는 이제 물러날 때가 됐어요. 마이크로소프트에는 뭔가 새로운 일이 필요합니다. 내가 물러난다면 바로 이것이야말로 다른 유능한 인재들이 두각을 나타낼 수 있는 새로운 기회가 될 겁니다."

그가 얼마나 마이크로소프트를 생각하고, 얼마나 회사의 미래를 걱정하는지 잘 알 수 있는 대목이다. 우리 생각에 그는 여전히 혁신적인 인물이지만 그는 스스로 마이크로소프트를 이끌 새롭고 혁신적인 인물을 위해 길을 터놓고 있다.

과연 게이츠가 한국인이었다면, 그가 한국에서 마이크로소프트를 일궈냈다면 그래도 그가 똑같이 3000만 달러만을 자식에게 남긴 채 미래의 인재에게 길을 터주고 물러날 수 있었을까?

지분 2%의 오너가 결정하고 수십 개의 계열사가 그의 한마디에 목숨을 걸면서 따르는 시대는 지났다. 앞으로의 한국 경제는 기업의 운명을 4, 5개 가문의 유전자에 맡길 만큼 단순하지 않다.

이 장벽을 넘어서기 위해서 우리는 쓸데 없는 고정관념과 두려움을 떨쳐버려야 한다. 총수 가문이 망하면 경영이 위태로워질 것이라는 고정관념, 창업자 일가가 손을 떼면 기업의 효율성이 떨어질 것이라는 두려움들 말이다.

우리는 너무 오랫동안 이런 체제 속에서 살아왔기 때문에 재벌 일가가 없는 삼성, LG, 현대자동차, SK를 상상하지 못한다. 전문 경영인이 자발적으로 이끄는 재벌 기업의 모습을 그려볼 수조차 없다. 오랫동안 길들여진 탓에 상상력마저 제한돼버렸다.

> "물려줘야 할 것은 권력이 아니라 창업주가 개척 당시에 가졌던 도전 정신과 혁신적 사고다."

하지만 이 고정관념과 두려움을 버리면 미래는 한층 분명해진다. '오너 일가'라는 굴레를 벗어나면 경쟁은 더욱 공정해지고 기업에 대한 사회적 인식은 긍정적으로 바뀔 것이다. 주주자본주의라는 원칙을 통해 갖고 있는 권리만큼 권한을 행사하고 책임을 지면 사회적 갈등이 줄어들 것이다.

오너 일가라고 무조건 경영에 참여하지 말라는 말이 아니다. 경영에 참여하고 싶다면 그 능력을 인정받으면 된다. 아버지의 후광이 아니라 자신의 힘으로 주주들에게 인정을 받으라는 것이다.

이를 위해서는 오너들의 생각이 바뀌어야 한다. 한국의 오너들은 어떻게 해서든 자신의 경영권을 자식에게 무사히 물려줘야 한다는 몹쓸 생각을 가지고 있는 듯하다. 유난히 가족 사랑이 강한 한국의 전통 때문인지 모르겠다.

이런 가족 중심 사고 때문에 아비로부터 왕권을 물려받은 자식은 아비의 그늘을 쉽게 벗어나지 못한다. 결국 아들은 힘든 상황이 오면 위대했던 아버지의 업적에 기대게 된다. 북한 권력 후계자인 김정은이 할아버지 김일성의 얼굴과 닮아 보이기 위해 성형을 6차례나 받았다는 뉴스는 웃어 넘길 일이 아니다. 이렇게 한다면 그 나라가 미래를 향해 나아갈 수 있겠는가.

기업은 오너 일가만의 것이 아니다. 그 기업은 한국 국민들이 수십 년 동안 헌신해 지켜온 우리 경제 전체의 진화의 산물이며 미래 한국 성장의 주춧돌이 될 소중한 자산이다.

'이 기업은 우리 가문의 것'이라고 믿고 경영권을 3, 4, 5대까지 물려주고 싶어 하는 많은 재벌 오너들에게 나는 "물려줘야 할 것은 권력이 아니라 창업주가 개척 당시에 가졌던 도전 정신과 혁신적 사고다"라고 말해주고 싶다.

마이크로소프트를 생각하면 항상 빌 게이츠가 떠오른다. 아마도 마이크로소프트가 존속하는 한 게이츠의 천재성과 그의 헌신을 영원히 잊기 어려울 것이다. 그리고 그 이유는 그가 회사를 통해 엄청난 권력을 누렸기 때문이 아니라, 회사를 사회의 자산으로 생각하고 자신의 도전 정신을 그 회사에 남기고 떠났기 때문이다.

Chapter 06

'인연'을 버리고 '이성'을 세우자

개인은 조직의 부품이 아니다. 개인을 조직의 부품으로 보는 것은 전체주의적 발상이고 구시대의 유물이다. 따라서 아랫사람에게 일방적인 희생을 강요해서는 안된다. 그들이 더 넓은 생각에서 자유롭게 헤엄치도록 북돋아야 한다. 우리는 이제 새로운 시대를 헤쳐나가기 위해 인연의 끈을 끊고 이성의 기둥을 세우는 일을 시작해야 한다.

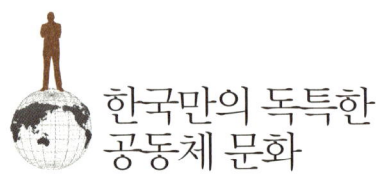
한국만의 독특한 공동체 문화

■ 히딩크가 남기고 간 그림자

1950년대 이후 한국 경제 역사를 살펴보면 경제 상황에 지대한 영향을 미친 중요한 사건 몇 가지가 있었다. 1962년 시작된 경제개발 5개년 계획이나 1997년 말 닥친 외환위기, 2000년 시작된 벤처기업 창업 붐 등이 그런 역사적 포인트였다.

그런데 2002년 전국을 열광하게 했던 한일 공동 월드컵도 한국 경제사에 큰 영향을 미친 대단히 중요한 사건 가운데 하나로 나는 평가한다.

거스 히딩크 감독이 이끌었던 한국 대표팀이 불가능하게 보였던 월드컵 4강을 이뤘을 때, 한국 경제계에서는 그의 새로운 리더십을 조명하기 시작했다.

우선 히딩크는 기존 한국 축구사에서 어떤 지도자들도 보여주지 못했던 정확한 진단을 기반으로 팀을 이끌었다. 이전까지 한국 축구는 정신력과 체력이 강한 반면 기술이 떨어진다는 고정관념에 사로잡혀 있었다. 히딩크를 국가대표 감독으로 선임한 이유도 선진 축구의 '기술'을 전수해달라는 한국 축구계의 바람 때문이었다.

그런데 엉뚱하게 히딩크는 한국 축구의 가장 큰 문제점으로 기술이 아니라 체력과 정신력을 꼽았다. 많은 사람들이 한국 축구의 강점이라고 생각했던 부분을 약점이라고 진단하는 파격을 선보인 것이다.

히딩크의 대표팀이 선진 국가들의 축구 대표팀과 평가전을 거치면서 5대 0 스코어로 연거푸 패배했을 때, 그에 대한 비난의 강도는 극에 달했다. 한국 축구 역사상 국제 대회에서 가장 좋은 성적을 올렸던 박종환 감독(1983년 세계 청소년 축구대회 4강) 등 국내 지도자들은 히딩크의 지도 스타일을 전혀 이해하지 못했다.

국내 축구인들은 "지금 체력 훈련을 하고 있으면 어떡하냐. 빨리 베스트 11을 꾸려서 전술 훈련을 해야 한다"라고 목소리를 높였다. 최소한 다섯 가지, 또는 여섯 가지 전술을 만든 뒤 이를 계속해서 훈련해 몸에 익도록 해야 한다는 것이 국내 축구인들의 주장이었다. 실제 박종환 감독이 1983년 이끌었던 청소년 축구 대표팀은 이같이 미리 정해진 5, 6가지 전술을 엄청난 훈련량으로 몸에 익혀 완벽하게 약속된 플레이로 세계 축구계에 돌풍을 일으켰다.

그러나 히딩크는 이런 고정된 전술을 중요하게 생각하지 않았다. 그는 "축구에서 가장 중요한 것은 창의성이다"라고 주장했다. 그리고 선수들에게 약속된 플레이보다 그라운드에서 스스로 생각하고 공간을 찾는 '창조적인 플레이'를 주문했다.

이는 한국 사회에 일대 혁명과도 같은 충격을 줬다. 5, 6가지 전술을 숙지해 약속한 대로 열심히 플레이하는 스타일은 한국 사회에서 신봉해왔던 '정해진 정답을 숙지해 열심히 실행하는 전통'과 맥이 닿아 있다.

그러나 히딩크 축구는 달랐다. 그는 그라운드에서는 정해진 답이 없다고 믿었다. 따라서 그는 선수들에게 스스로 창의적으로 생각할 것을 주문했고, 여러 가지 가능성 있는 길 가운데 선수들이 스스로 최선의 것을 택할 수 있도록 훈련을 시켰다.

또 그는 시합을 할 때 그라운드 안에서는 선후배 관계를 따지지 말라고 주문했다. 그에게 중요했던 것은 리더가 정해주는 대로 따르는 위계질서가 아니라 윗사람이건 아랫사람이건 구분 없이 스스로 도전하고 개척하는 정신이었다.

그러나 히딩크가 한국 경제계에 시사한 가장 위대한 업적은 뭐니뭐니 해도 "오로지 실력만으로 선수를 선발한다"라고 공언한 점이었다. 히딩크는 그 선수가 어느 고등학교를 졸업했건, 대학이 연세대학교 출신이건 고려대학교 출신이건 상관하지 않고 오로지 축구를 잘하는 능력만으로 대표 선수를 뽑았다.

사실 개인적으로 볼 때 이 같은 그의 지도 방식은 전혀 놀랄 만한 일이 아니다. 아마 지금 외국 사람들에게 히딩크의 업적을 설명하면서 "히딩크의 위대한 점은 오로지 실력만으로 선수들을 평가해 국가대표팀을 구성했다는 점"이라고 말한다면 그 말이 무슨 뜻인지 이해 못할 외국인이 상당히 많을 것이다.

왜냐하면 '실력 위주로 대표팀을 뽑는다'라는 히딩크의 원칙은 당시 한국에서야 엄청난 충격이었을지 몰라도 서구 국가에서는 너무나 당연한(그래서 언급할 필요조차 없는) 선수 선발의 기본 원칙이기 때문이다.

실제로 나는 월드컵 이후 많은 한국의 최고 경영자들이 히딩크의 영향을 받아 해외 강연이나 연설 자리에서 "우리는 오로지 능력 위주로 사람을 쓰겠다"라고 공언하는 것을 여러 차례 봤다. 그런데 이 설명을 들은 대다수 외국인들의 반응은 "아니, 경영자가 아래 사람을 실력으로 평가해야지 다르게 평가하는 방법이 있기나 한가?"라는 것이었다. 너무 당연한 이야기를 우리나라 사람들만 새로운 발견을 한 듯 진지하게 말하고 있는 것이다.

제1장에서도 언급했지만 내가 한국을 설명할 때 빼놓지 않는 대목이 바로 '공동체 문화' 다. 공동체 문화를 한마디로 설명하기란 쉽지 않지만 대략 묘사하자면 "우리는 하나다"라는 정서적 일체감 같은 것이라고 할 수 있다.

서울대학교 출신, 연세대학교 출신, 고려대학교 출신, 경상도 출신, 전라도 출신, 충청도 출신……. 한국에서 이렇게 출신을 가리는 일은 너무도 일반적이다. 그리고 그들은 "우리는 하나다"라는 굳은 신념으로 견고한 공동체 문화를 형성한다. 여러 나라를 돌아다녀봤지만 우리나라처럼 애국심과 애향심을 강조하고, 한국처럼 동창회가 발달한 나라를 발견하기는 쉽지 않다. 전 세계에서 수십 년 전에 전역한 해병들이 여전히 기수를 유지하면서 서로를 고참, 부하로 대접하는 나라는 아마 한국뿐일 것이다.

우리나라에서는 생전 처음 보는 사이라도 같은 고등학교를 나온 동창이면 만난 지 딱 3분 만에 형-동생 관계가 정립된다. 그리고 그 공동체는 서로를 밀어주고 끌어주면서 강력한 결속력을 가지고 규모를 확대한다.

■ 공동체, 성공을 위한 중요한 요소

한국에서도 큰 인기를 끌었던 스티븐 코비의 《성공하는 사람들의 7가지 습관》에 보면 상대와 대화할 때 서로 어떤 배경의 공통점이 있는지 찾아보라는 대목이 나온다. 상대를 더 잘 이해하기 위해, 그리고 대화와 토론을 더 부드럽게 하기 위해 혹시 자신들도 모르는 어떤 공통점이 있는지 먼저 찾아보라는 것이다. 혹시 같은 고등학교를 나왔거나 고향이 같다면 서로를 더 잘 이해할 수 있고 공동체 의식을 느낄 수 있다는 주장이다.

얼핏 들어보면 한국에서도 통할 법한 말이다. 아니, 어쩌면 이런 주장은 한국적 정서에 더 잘 어울리는 조언인지도 모른다.

그런데 바로 여기에 동서양의 차이, 특히 한국 사람들과 서양 사람들이 공동체를 바라보는 시각에 대한 차이를 확인할 수 있다.

간단히 생각해보자. 우리나라 사람들은 일단 모임이 형성되면 어떤 형태로건 공통점을 찾는 데 아주 능하다. 사업상 처음 만나는 사이라 하더라도 대화를 나누다가 공통점이 발견되는 게 아니라 아예 대화 전에 서로 프로필을 쫙 훑어가면서 공통점을 미리 찾아둔다.

이런 태도는 인간관계의 기본 가운데 기본이다. 굳이 스티븐 코비가 《성공하는 사람들의 7가지 습관》이라고 가르쳐주지 않아도 한국은 기본적으로 이 습관을 너무너무 잘 체득하고 있다.

반대로 서양에서는 이런 습관을 제대로 가진 사람이 없다. 공동체를 통한 인연을 전혀 중요하게 생각하지 않기 때문이다. 하도 이런 습관이 없다 보니 코비 같은 사람이 굳이 책에 이 사실을 적어서 가르쳐주려 한다.

반면 한국에서는 사실 내가 보기에 이런 것들은 가르쳐줄 필요가 없다. 아니, 오히려 그 노하우는 우리가 다른 나라에 가르쳐줘야 한다. 코비 정도 되는 사람이 이 문화를 제대로 이해하려면 오히려 한국에 와서 여러 가지를 배워야 한다.

> 우리나라처럼 애국심과 애향심을 강조하고, 한국처럼 동창회가 발달한 나라를 발견하기는 쉽지 않다.

적어도 공동체 문화, 서로의 공통점을 찾아내고 그것에 의미를 부여하는 문화만큼은 우리가 세계에서 가장 뛰어나다고 해도 과언이 아니다.

■ 공동체 문화가 낳은 끈과 연줄

문제는 이 같은 공동체 문화가 정도를 넘어설 경우 필연적으로 끈과 연줄이라는 새로운 비효율을 낳는다는 점이다.

물론 이런 '끈과 연줄'의 문화가 한국에만 있는 것은 아니다. 비슷한 예로 중국에도 '콴시(關係) 문화'라는 것이 있다. 콴시는 한국말로 하면 '관계'라는 뜻이다. 중국은 평소 닦아놓은 관계가 있어야 뭔가가 돌아가는 나라다. 그래서 "중국에서는 콴시가 없으면 나무 젓가락도 만들 수 없고, 콴시만 있으면 핵폭탄도 만들 수 있다"라는 말까지 나온다.

하지만 중국의 콴시와 한국의 공동체 문화 사이에는 상당한 차이가 있다. 중국의 콴시는 돈과 경제적 이익으로 생겨난 특수 관계다. 반면 한국의 공동체 문화는 단순히 돈이나 경제적 이익으로 맺어진 것이 아니다. 고등학교 후배이거나 나와 같은 대학교를 졸업한 사람, 또는 고향이 같은 사람들끼리라면 돈이나 경제적 이익과 무관하게 거의 무조건적으로 결속력이 생긴다. 그래서 한국의 공동체 문화는 중국의 관시에 비해 더 인간적이면서 훨씬 더 강력하다.

이미 앞에서 밝혔지만 공동체 문화에는 장점이 많다. 하지만 이 문화가 '끈과 연줄'로 확대되는 순간 공동체 문화는 비합리적이고 비효율적인 것으로 변질된다.

나는 한국에 살면서 내 이익을 위해 끈과 연줄을 사용해본 적이 거의 없다. 줄곧 외국인 학교를 다닌 탓에 나를 밀어줄 고등학교 동창이나 돌봐줘야 할 중학교 후배는 없다. 게다가 고향이 서울 연희동인 탓에 지역 연고도 형성돼 있지 않다.

하지만 굳이 사용하자면 못할 것도 없다. 집안이 4대째 한국에서 살고 있는 덕에 이래저래 알고 지내는 사람들도 많고 관계를 이용하자고 마음을 먹으면 내가 도와줘야 할 사람, 나를 도와줄 사람도 없지는 않다.

하지만 나는 이런 관계를 거의 이용하지 않는다. 대단한 도덕성이 있어서가 아니라, 그런 것들이 습관에 맞지 않기 때문이다. 일을 진행할 때에도 그 일을 어떻게 하면 제대로 처리할까에 집중할 때 가장 높은 효율을 낼 수 있다. 이렇게 하면 누구하고 관계가 어떻게 되고, 누구는 이렇게 해야 배려해줄 수 있고……. 이런 것들을 생각하다 보면 정작 중요한 비즈니스는 망칠 가능성이 높아진다.

다만 딱 한 가지, 부끄러운 일이지만 내가 한국에서 이 끈과 연줄을 사용하는 분야가 있다. 바로 가족이 아파서 병원을 이용할 때다.

한국의 병원은 아무 끈과 연줄이 없으면 너무 불편하고 사람을 초조하게 만드는 장소다. 도덕적으로 볼 때 이곳에서도 절대 끈과 연줄을 사용해서는 안되지만 가족의 고통을 보면서 이 불편함과 초조함을 빨리 없애야겠다는 조바심에 나도 모르게 내 이름을 밝히고 아는 사람을 찾게 된다.

우리의 조상이 연세대학교를 세우는 데 참여했고 나의 가장 친한 벗 인요한 박사(그의 영어 이름은 존 린튼이다. 나와 마찬가지로 하얀 피부를 가진 백인이지만 그는 스스로를 '순천 촌놈'이라고 부른다. 인 박사는 나처럼 선교사 집안에서 태어났으며 한국에서 자랐고 한국에서 지금까지 의사 생활을 하고 있다)가 연세대학교 의과대학 세브란스병원 의사라는 사실이 내가 사용하는 유일한 끈과 연줄이다.

■ 공동체 문화가 낳은 파벌

말이 나왔으니 친구 인요한 박사가 겪은 일 하나를 소개하고자 한다. 인 박사가 8년 전쯤 부산에 있는 한 병원을 방문한 적이 있었다. 어떤 일을 처리하러 내려간 것인데, 그 일이 잘 되지 않았던 모양이다.

일 자체는 간단한 것이었는데 절차가 복잡해 해결이 늦어지자 인 박사가 많이 답답해 했다. 그때 이 병원의 한 간호사가 적극적으로 문제를 도와줬다. 복잡한 절차를 거쳐야 하는 일이었는데 이 간호사는 스스로 병원장을 찾아가 문제를 설명한 뒤 해결해야 할 일을 깔끔히 처리하도록 도와줬다고 한다.

인 박사는 그 간호사의 행동을 상당히 높게 평가했다. 문제 해결을 위해 일개 간호사가 병원장을 직접 찾아가는 모습도 인상적이었고 일처리 과정도 나무랄 데가 없었다. 또 간호사로서 경력도 뛰어났고 영어 구사 능력도 출중했다고 한다.

간호사의 능력을 높게 평가한 인 박사는 그녀에게 연세대학교 세브란스병원에서 일해볼 생각이 없는지를 물었다. 스카우트 제의를 한 것이다.

긍정적인 답변을 들은 뒤 인 박사는 세브란스병원에 그 간호사를 스카우트하겠다는 의사를 전했다. 마침 병원에서도 간호사를 모집하고 있었다.

그런데 문제가 엉뚱한 곳에서 터졌다. 평생 누구를 스카우트하거나 추천해본 일이 없는 인 박사가 사람을 천거하자 병원에서 이상한 말이 돌기 시작한 것이다. "인 박사가 학벌도 안 되는 간호사를 스카우트하는 것은 자기 사람을 심으려 하는 것"이라느니 "개인적인 연줄 때문에 사람을 데려온 것"이라느니 별별 이야기가 다 나돌았다.

다 지난 이야기여서 요즘은 인 박사도 웃으면서 당시를 회고하지만 그때 인 박사가 겪었을 마음 고생은 안 봐도 훤히 상상이 간다.

'자기 사람을 심는다'라는 말은 곧 누군가가 조직에서 자기 파벌을 만들려고 한다는 뜻이다. 실제 한국의 공동체 문화는 이 같은 '파벌'이라는 독특한 형태로 많이 나타난다.

회사만 해도 "최 이사는 '○○○의 사람'이다"라느니 "강 부장은 '△△△의 직계'다"라느니 하는 말들이 스스럼없이 돌아다닌다. 이 때문에 진심으로 인재를 천거해도 "저 인간이 자기 세력을 넓히려 하는구나"라는 오해를 받는 경우가 많다.

2010년 신한금융지주의 새로운 수장으로 임명된 한동우 회장은 금융지주 출범 10주년 기념식 자리에서 "파벌을 배제하고 오로지 역량과 성과로 평가 받는 공정한 성과주의 문화를 만들겠다"라고 약속했다고 한다. 도대체 그동안 얼마나 사내에 파벌이 많고 얼마나 인사를 공정하게 하지 않았으면 히딩크 감독이 2002년 이미 한국에 다 전파한 문화를, 그것도 서양에서는 너무도 당연한 이야기라 입밖으로 꺼낼 필요조차 없는 이야기를 이제야 하고 있단 말인가. 그것도 총자산 300조 원이 넘는 한국의 메가뱅크 수장이 10주년 기념식 같은 중요한 자리에서 "파벌을 없애고 공정한 인사를 하겠다"라고 '선언'을 한다는 것인가.

내가 보기에 이건 '잘하겠다' 하는 다짐이라기보다 정말 부끄러운 자기 고백 같은 것이어야 한다. 진짜 창피한 줄을 알아야 한다.

신한금융지주 안에는 10년이 넘도록 나고야 파벌이니, 오사카 파벌이니 하는 이야기가 숱하게 나돌았다고 한다. 라응찬 전 회장, 신상훈 전 사장, 이백순 전 행장으로 이어지는 '빅 3' 파벌의 이전투구는 새삼 설명할 것조차 없는 유명한 이야기다. 심지어 2010년 빅 3의 다툼이 불거지면서 피차 상대방을 고소 고발하는 등 그 추태를 보이고도 사태를 수습할 새로운 수장을 뽑는 과정에서조차 '빅 3'가 파벌 다툼을 벌였다는 언론 보도가 나온다. 죽어도 자기 세력의 권력을 놓지 못하는 파벌의 본성에 기가 막힐 뿐이다.

비단 기업에서만 일어나는 일이 아니다. 이는 한국 정치의 역사를 살펴봐도 마찬가지다. 1990년대까지 한국 정치의 주요 세력이었던 동

> 실제 한국의 공동체 문화는 이 같은 '파벌'이라는 독특한 형태로 많이 나타난다.

교동계와 상도동계는 바로 이런 파벌 문화의 극단적인 모습이었다.

정치란 이념을 기반으로 하는 것이다. 그래서 정치인들이 이합집산을 할 때 가장 중요한 기준은 바로 이념과 정책이어야 하는 것이 상식이다. 그런데 도대체 마포구와 동작구에 있는 이 두 동네에 어떤 이데올로기적 의미가 있어서 한국 정치 30년을 대표하는 파벌의 이름이 됐는지 이해가 가지 않는다.

이는 이념이 아니라 '보스가 누구냐'에 따라 정치 지형이 결정됐기 때문이다. 한국의 정치 역사를 살펴보면 당의 이름이 몇 차례 바뀌어도 결국 그 당의 본질은 '총재가 누구냐?' 하는 것이었다.

어른이 하면 자식들이 배운다. 가장 영향력 있는 정치인들이 이런 파벌에 기반해 정치를 하니 그들에게 정치를 배운 이들도 똑같은 짓을 한다.

박태준 전 민자당 최고위원을 지지했다는 '화목회'가 파벌 구성원들이 주로 화곡동과 목동에 살아서 붙여진 이름이라거나, 이종찬 의원의 경기고등학교 후배들이 모여 결성했다는 파벌 '맹아계'의 기원이 이 의원 집 주변에 맹아학교가 있어서 생긴 이름이라는 설명을 들으면 웃음도 나오지 않는다.

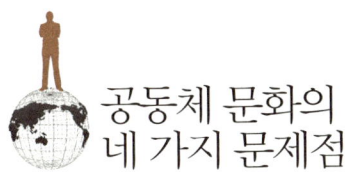
공동체 문화의
네 가지 문제점

■ **파벌은 재생산된다**

문제는 이 같은 공동체 문화를 기반으로 한 여러 현상이 미래 한국의 발전을 막는 상당한 걸림돌 역할을 한다는 점이다. 제1장에서도 밝혔지만 공동체 문화는 분명 한국이 비약적인 성장을 하는 데 상당한 기여를 했다.

하지만 장점이 있다고 해서 그것의 단점마저 덮으려 해서는 안 된다. 장점은 장점이고 단점은 단점이다. 장점을 살리되 단점은 철저히 분석해 개선해야 한다.

그런데 우리나라 사람들은 이 공동체 문화에 대해서 유난히 애착이 강하다. 아무리 그것의 불합리한 점을 이야기해도 쉽게 고쳐지지 않는다. 오랫동안 그렇게 살아왔고, 또 잘해왔다. 따라서 어지간한 단점은 충분히 덮고 지나갈 수 있을 것으로 생각한다.

그러나 절대 그렇지 않다. 우리가 반드시 이해하고 넘어가야 할 점이 하나 있다. 공동체 문화가 보여준 여러 장점은 패스트 팔로어 시대에 적합한 요소들이 많다. 우리가 퍼스트 무버가 돼야 한다는 목표를 가지고 있다면 공동체 문화는 장점보다도 단점으로 부각될 가능성이 더 높다.

과거에 잘해왔다고 미래가 담보되는 것은 아니다. 여러 차례 강조했지만 우리가 헤쳐나가야 할 미래는 지금까지 지내왔던 과거와 차원이 다른 영역이기 때문이다.

또 한 가지 강조하고 싶은 점은, 파벌이란 것은 재생산된다는 점이다. 파벌의 생명력이 우리가 생각했던 것보다 훨씬 강하다는 뜻이다. 지금까지 공동체 문화를 중시하면서도 잘 살아왔기 때문에 우리는 이 같은 파벌의 끈질기고 반복적인 폐해를 쉽게 잊어버린다.

생각해보자. 파벌의 문제가 한 파벌이 권력을 잡는 것으로 마무리될까? 그렇지 않다.

누군가가 주류에 올라서면 그 주류는 다시 그 안에서 주류와 비주류로 분할되기 때문이다. 권력이라는 것의 크기가 일정한 한, 그 권력을 향한 파벌의 다툼은 숙명처럼 이어질 수밖에 없다.

서인과 동인으로 시작된 조선시대의 파벌은 서인이 정권을 잡으면서 마무리되지 않았다. 서인은 다시 노론과 소론으로 갈린다. 노론이 집권하고 나서도 다툼은 끝나지 않는다. 노론은 다시 그 안에서 벽파와 시파로 나뉜다.

능력 위주의 인사가 아니라 파벌 위주로 인사를 하면 이런 현상은 끝나지 않는다. 쟁취해야 할 권력은 일정하고 그것을 다투는 사람들은 많기 때문이다. 그래서 한 파벌이 주류가 되면 그 주류 안에 있는 많은 사람들끼리 다시 권력을 놓고 다툰다.

한국을 대표하는 유명한 파벌 가운데 KS라인이라는 것이 있다. 이른바 경기고등학교–서울대학교 라인이라는 것이다. 그렇다면 KS라인은 온전히 일체감을 가지고 유지되고 있을까? 반드시 그렇지만도 않은 것 같다.

2010년 유명환 전 외교통상부 장관이 딸을 5급 공무원으로 특채했다는 의혹으로 물러난 뒤 다음 외교부 수장으로 내정됐던 인물이 김성환 장관이었다.

그런데 김 장관이 내정자로 지목되자 자유선진당의 박선영 의원은 국정감사장에서 "부서 내 최대 파벌 중 하나인 경기고–북미과 출신인 김 내정자가 풍비박산이 난 외교부를 잘 이끌 수 있을지 의문이다"라고 말했다고 한다.

바로 이런 식이다. 경기고 파벌이라는 것은 단순히 경기고 출신이라는 큰 파벌을 유지하는 데 그치지 않고 그 안에서 새로운 이해관계에 따라 '경기고–북미과' 라인이라는 새로운 파벌을 재생산한다. 자신들의 이익을 위해서라면 그 안에서 얼마든지 이합집산을 통해 결속력을 강화하면서 생존을 모색하는 것이 파벌의 본성이다.

■ 작은 공동체가 큰 공동체를 망친다

내가 공동체 문화에 대해 우려하는 점은 크게 네 가지다. 그 가운데 가장 먼저 지목하고 싶은 것이 바로 앞에서 언급했던 파벌 문제다.

우리가 흔히 공동체라고 말할 때에는 큰 개념으로 보면 국가 공동체라는 것도 있지만 작게 보면 내가 속한 집단, 즉 파벌 공동체도 많다.

> 파벌과 작은 공동체를 강조할수록 조직의 효율은 급속도로 떨어지게 마련이다.

문제는 이들 작은 공동체가 너무 견고해서 때때로 공동체끼리 파벌 싸움을 벌이면서 상당한 비효율을 양산한다는 점이다. 작은 공동체 사이의 단단한 결속이 큰 공동체(국가)에 이익이 되면 좋으련만 현실은 그렇지 않다. 작은 공동체의 결속은 결국 큰 공동체의 미래를 갉아먹는다.

간단히 생각해보자. 수십 년 동안 이어져온 공고한 지역 갈등이 한국의 미래에 도움이 되겠는가, 해가 되겠는가? 새로운 회사원을 뽑을 때 그 자리에 적합한 유능한 사람을 뽑는 게 아니라 고려대학교 인맥이나 연세대학교 인맥을 뽑는 것이 효율적인가, 비효율적인가?

또다시 외교통상부 이야기를 해서 미안하지만 2010년 유명환 장관이 물러난 이후 외교통상부 안에서는 경기고등학교 출신의 '경기랜드'와 서울고등학교 출신의 '서울랜드'라는 두 파벌이 다시 충돌했다고 한다. 창피한 줄 알아야 한다.

한 나라의 외교 정책을 총괄하는 부서는 나라의 얼굴이다. 파벌이 있다는 것도 부끄러운 일인데, 그 파벌의 범위도 지역 단위가 아니라 아예 출신 고등학교 단위다. 경기지역 출신과 서울지역 출신이 싸워도 우스울 판에 똑같은 서울 출신끼리 서울고냐 경기고냐를 두고 파벌이 나뉘었다는 것을 어떻게 이해해야 하겠는가?

파벌과 작은 공동체를 강조할수록 조직의 효율은 급속도로 떨어지게 마련이다. 히딩크 감독이 주도했던 작은 변화, 즉 오로지 실력 위주로 국가대표를 선발하는 것이 2002년 월드컵에서 얼마나 큰 변화를 가져왔는지 살펴보면 쉽게 이해할 수 있다.

이런 파벌주의는 단순히 인재를 뽑고 적재적소에 배치하는 것만을 방해하는 데 그치지 않는다. 일단 그 자리에 뽑힌 사람은 자신을 선택해준 파벌에 충성을 다할 수밖에 없다. 조직의 이익을 우선하지 않고 자신을 이끌어준 보스의 이익을 먼저 생각한다.

앞에서 밀어주고 뒤에서 끌어줘 이 사람이 다시 높은 자리에 올라가면 배운 것이 도둑질이라고 결국 똑같은 행동을 하게 된다. 파벌은 스스로 확대되며 '내 공동체'를 지키려는 의식은 대물림된다. 이들이 파벌의 이익을 챙기는 동안 조직은 죽어갈 수밖에 없다.

역사적으로 보면 인재를 선별할 때 더 많은 사람에게 기회를 균등하게 제공할수록 사회는 진보했다. 양반과 귀족 사이에서만 벼슬아치가 나왔던 시절보다 모든 사람이 동등하게 경쟁할 수 있는 자본주의 시대가 더 효율적이었다.

■ 희생의 강요는 창의성을 막는다

두 번째 문제는 공동체 의식이 불필요한 전체주의를 낳을 가능성이 높다는 점이다. 특히 지나치게 공동체 의식이 강조될 경우 각 개인은 전체를 위한 부품으로 전락할 가능성이 높아진다.

생각해보자. 파벌이 유지되는 데 가장 핵심 요소가 무엇일까? 바로 조직원이 가지고 있는 파벌에 대한 충성심이다.

파벌은 이 충성심을 기반으로 성장한다. 그리고 충성심을 강요할수록 조직은 '혼연일체'의 모습을 보이게 된다. 전체를 위해 개인의 생각이 사장되는 것이다. 이런 분위기에서 각 개인의 창의성은 발현될 수가 없다.

"전체를 위해 개인을 희생하라"는 말은 일견 그럴 듯해 보이기도 한다. 하지만 이는 전형적인 패스트 팔로어 시대의 문화다. 과거처럼 조직의 수장이 뭔가를 결정하고 아랫사람이 따르기만 하던 시절에는, 전체를 위해 개인이 일방적으로 희생하는 것이 어느 정도 효율적일 수 있다. 하지만 개인이 창의적이고 도전적이어야 하는 시대에는 이런 희생을 강요하는 순간 조직원들의 활기가 사라진다.

개인은 조직의 부품이 아니다. 개인을 조직의 부품으로 보는 것은 전체주의적 발상이고 구시대의 유물이다. 따라서 아랫사람에게 일방적인 희생을 강요해서는 안된다. 그들이 더 넓은 생각에서 자유롭게 헤엄치도록 북돋아야 한다. 창의성은 그럴 때 생기는 것이다.

이런 말을 하면 "각자 개개인이 너무 자신의 이익만을 추구해 전체적인 조직의 균형이 허물어지면 어떡하냐?" 하고 반문하는 사람이 있다.

당연히 그래서는 안된다. 그래서 그런 문제를 조율하라고 있는 것이 리더다. 리더는 부하 직원들이 아침에 몇 시에 출근하는지, 근무시간에 딴짓을 하지나 않는지 감시하는 사람이 아니다. 각 개인이 실패를 두려워하지 않고 창의적으로 도전할 때, 조직의 부품이 아니라 개성 있는 존재로 새로운 시도를 할 때, 그것이 조직의 목표와 조화를 이루도록 조율하는 사람이 바로 리더다.

■ **뿌리를 해결하지 못하는 '인연과 끈'의 문화**

공동체 문화가 가져오는 세 번째 문제점은 바로 앞에서도 언급했던 '담당자가 누구야?' 문화다. '담당자가 누구야?' 문화는 문제의 본질이 아닌, 드러난 현상만을 해결하려는 전형적인 태도다.

왜 이런 일이 생길까? 우리나라에서는 책임자와 담판을 지으면 문제가 해결된다는 뿌리 깊은 고정관념이 있다. 문제의 핵심이 제도가 아니라 사람이라고 생각하는 경향이 강하다. 이는 오랜 공동체 생활 끝에 자연스럽게 체득한 일종의 습관이다.

정부가 불필요한 규제를 하면 그 제도를 바꾸려고 노력해야 한다. 그런데 그 규제에 피해를 보는 많은 기업들은 규제를 푸는 근본적인 해결책보다는 정부 담당자와 인연이 있는 사람을 찾아 당장 자신들이 닥친 문제만을 해결하려는 데 급급하다.

규제를 제도적으로 푸는 것은 어렵고 먼 길이다. 하지만 연줄을 통해 민원을 넣으면 근본적인 규제는 해결이 안되더라도 당장 자신의 회사에 닥친 문제는 해결된다. 그러니 문제의 본질은 옆에 밀어두고 '끈과 연줄'로 닥친 문제만을 해결하려 드는 것이다.

문제가 사람으로부터 파생된 것이라면 당연히 사람으로 문제를 풀어야 한다. 그런데 제도에 문제가 있다면 근본적으로 제도를 고쳐야 문제가 해결된다. 인연과 끈으로 문제를 해결하는 것은 근본적인 해결책이 될 수 없다.

> 좀 더 멀고 험한 길이라도 문제가 생기면 그 뿌리를 찾아야 한다. 그래야 그와 같은 문제가 반복되지 않는다.

좀 다른 이야기지만 내가 최근 인상 깊게 접한 사건이 하나 있다. 바로 2011년에 일어난 SC제일은행의 파업이었다.

회사측이 성과급제를 도입하겠다고 나서면서 시작된 이 파업은 아마도 한국 은행권 사상 가장 오랜 기간 지속된 파업이 아닐까 싶다. 그런데 이 사건에서 내가 관심을 갖고 본 것은 파업의 이유나 형태가 아니었다.

파업이 해결될 기미를 보이지 않자 노조는 같은 해 5월 SC제일은행의 최대 주주인 스탠다드차타드그룹 피터 샌즈(Peter Sands) 회장과의 면담을 신청했다. 노조가 샌즈 회장과 담판을 짓기 위해 영국 본사를 방문하여 투쟁하겠다는 것이었다.

나는 그 뉴스를 듣고 순간 "어, 그게 될까?" 고개를 갸웃거렸다. 한국적 정서에서는 문제가 생기면 제일 높은 사람을 만나 담판을 짓는 게 문제 해결의 지름길일 수 있다.

하지만 이건 그야말로 한국적 정서다. 서양에서는 이런 일이 잘 일어나지 않는다. 그들에게 중요한 것은 높은 사람을 만나느냐 낮은 사람을 만나느냐가 아니라, 그 문제를 해결할 논리가 무엇이냐는 것이기 때문이다.

게다가 SC제일은행은 엄연히 한국에 은행장을 따로 두고 있다. 책임자가 한국에 있는데 그 책임자를 제쳐두고 더 높은 사람을 만나 문제를 해결하려는 것은 서양인 사고방식에 전혀 맞지 않는다. 그것이 가능했다면 스탠다드차타드그룹은 애초부터 한국에 SC제일은행 은행장을 따로 두지도 않았을 것이다.

사람을 만나 해결될 문제가 있고 그렇지 않은 문제가 있다. 특히 문

대한민국과 함께한 언더우드 가문의 127년 역사

1895년경 증조할아버지(호러스 그랜트 언더우드 : 한국명 원두우)가 증조할머니(릴리아스 호턴 언더우드), 당시 5세쯤의 어린 할아버지(호러스 호턴 언더우드 : 한국명 원한경)와 함께 선교를 가던 중 촬영한 사진

1890년 형성된 양화진 외국인 묘지
(6·25 중 항공 촬영)

6 · 25 중 무너진 보신각과 보신각 종(1951년)

6 · 25 직후 남대문

▲ 1960년대 초 연세대학교

◀ 가족사진 : 앞줄 반바지 체크 무늬 어린아이가 피터 언더우드, 오른쪽이 둘째 형이다. 뒷줄 맨 오른쪽에서 시계 반대 방향으로 첫째 형(원한광), 아버지(원일한), 어머니, 작은아버지와 사촌형제들이다.

1960년대 연희동

1970년대 연세대학교

피터 알렉산더 언더우드(한국명 : 원한석)가 증조할아버지인 호러스 그랜트 언더우드(한국명 : 원두우)와 할아버지인 호러스 호턴 언더우드(한국명 : 원한경)의 사진 옆에서 포즈를 취했다.

제가 되는 부분이 제도나 규제에 관한 것이라면 높은 사람을 만나 해결하는 문화는 논리적으로 옳지 않다.

좀 더 멀고 험한 길이라도 문제가 생기면 그 뿌리를 찾아야 한다. 그래야 그와 같은 문제가 반복되지 않는다.

기업 경영을 하루이틀 할 것이 아니지 않나. 지금 당장 시간이 좀 걸리더라도 문제의 근원을 제대로 해결해놓고 다음 발걸음을 내딛는 것이 장기적으로 볼 때 훨씬 더 효율적이다.

■ 다양성이 사라진다

마지막으로 말하고 싶은 것은 다양성의 문제다. 공동체 정신을 강조하다 보면 자연스럽게 그 공동체의 정신이 하나로 획일화된다. 그런데 이는 창의성이 필요한 시대에 엄청나게 큰 걸림돌이다. 왜냐하면 서로가 다름을 인정하고 그 다름을 토양으로 토론과 경쟁을 통해 성장을 도모하는 것이 창의성을 키우는 지름길이기 때문이다.

한국에서 부서 회식을 하면 종종 '메뉴 통일'이라는 생소한 경험을 하게 된다. 회식을 할 때 다른 사람 다 삼겹살 시키는데 "전 다른 거 먹겠습니다"라고 말하기가 참 힘겹다.

고깃집에서는 꼭 고기를 다 먹고 밥을 시켜 먹는다. 물론 이 순서가 불변의 원칙은 아니지만 여러 사람들이 모인 자리에서 이 순서를 어기면 대단히 튀어 보이는 게 현실이다.

"술은 뭐로 할까? 폭탄주로 해?"라는 부장님 말씀에 "저는 와인 먹겠습니다" 하면 바로 "창사 이래 최대 또라이가 등장했다"라는 소리를 듣는다.

일단 폭탄주가 돌기 시작하면 첫 잔은 예외 없이 다 비워야 한다. "직장 생활 하려면 그 정도는 마셔야지"라는 말은 한국에서 아주 흔하게 듣는다. 하지만 세계 어느 나라에서도 이 정서를 쉽게 이해하지 못한다. 직장 생활과 폭탄주가 무슨 상관이 있을까? 회식 때 예외 없이 모든 사람에게 폭탄주를 돌리는 문화도 그들에게는 생소할 뿐이다.

전통적으로 한국과 서양 사람들의 식사하는 모습을 살펴보면 이 차이는 더 분명해진다. 한국의 식사는 '한 상 문화'다. 상 하나에 여러 반찬들을 쫙 깔아놓고 모든 사람들이 함께 젓가락질을 해가며 먹는다. 여기에서 중요한 것은 '함께 같은 것을 먹는다'라는 사실이다.

서양의 음식 문화는 전혀 다르다. 애피타이저(appetizer)는 무엇으로 먹을지, 메인 요리는 뭘로 할지, 디저트는 어떻게 먹을지 각 개인별로 선택권이 주어진다. 심지어 스테이크를 어떻게 익힐지, 아침 식사에 나오는 계란은 반숙을 할지 완숙을 할지도 물어본다. 여기에서 중요한 것은 '먹고 싶은 것은 개인이 선택할 수 있다'라는 것이다.

통일된 정신, 하나의 모습. 우리나라 사람들이 간직하는 이 가치는 바로 공동체 정신으로부터 출발한 것이다. 그리고 오랫동안 이 문화에 익숙해지다 보면 "우리는 하나다"라는 모토는 절대 거스를 수 없는 중요한 명제가 된다.

과연 이 문화가 우리의 발전에 도움이 될까? 우리가 여전히 패스트 팔로어로 만족하고 산다면 그럴 수도 있다. 하지만 우리가 퍼스트 무버가 돼야 한다면 이 질문에 대한 내 대답은 'No'다. 조직은 다양해야 한다. 여러 의견이 자유롭게 표출될 수 있어야 한다. 그것이 좀 산만

해 보인다면 리더가 잘 조율하면 된다. 10분 만에 끝나는 통일된 회의보다 좀 오려 걸려도 격론을 벌이는 회의가 미래 발전에 훨씬 도움이 된다. 예상되는 문제를 덮어놓고 회의를 끝내면 그 문제는 언젠가 반드시 '진짜 문제'를 일으키게 마련이다.

  조직을 멀리하고 나만을 생각하는 이기주의를 받아들이라는 것이 아니다. 우리 공동체 문화는 분명 이런 이기주의를 극복하고 전체를 위해 일사불란하게 움직이는 장점이 있었다. 하지만 이것은 1980년대까지 일이다. 언제까지 전체를 위해 개인의 의견을 숨죽이라고 강요하는 방식으로 기업을 이끌 것인가.

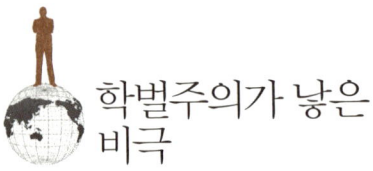

학벌주의가 낳은 비극

■ 학벌주의의 비효율성

학벌주의는 여러 면에서 공동체 의식의 부정적인 면을 보여주는 한국 사회의 어두운 단면이다. 또 이 문제는 쉽사리 꺼내기도 어렵고, 결론을 맺기도 쉽지 않다. 그만큼 서울대학교, 연세대학교, 고려대학교(이른바 SKY)로 대표되는 한국의 학벌주의는 뿌리가 깊다.

하지만 조금만 상식적으로 생각해보면 학벌주의가 낳는 비효율은 너무도 쉽게 찾을 수 있다. 학벌주의는 고등학교 때까지 성적만으로 그 사람이 인재인지 아닌지를 결정짓는 슬픈 굴레다. 그러나 이런 평가의 틀이 제대로 들어 맞을 리가 없다. 18세의 암기 실력으로 어떻게 그 사람 평생의 능력을 평가할 수 있다는 것인가.

위대한 화가만 해도 젊은 시절부터 재능을 꽃피운 파블로 피카소(Pablo Ruiz Picasso) 같은 천재도, 말년에 진가를 발휘한 폴 세잔(Paul Cezanne) 같은 노력파도 있다. 피카소의 작품은 젊었을 때 그린 것이 가장 비싸지만, 세잔의 작품은 노년에 완성한 작품이 가장 비싸다. 그리고 노벨상 수상자를 통계적으로 살펴보면 피카소 같은 천재파보다 세잔 같은 노력파의 숫자가 더 많다.

따라서 누구에게나 인생에서 재도전의 기회는 주어져야 한다. 사람은 저마다 특징이 다양하고, 재능이 꽃피는 시기도 다를 수 있기 때문이다.

한국에서는 SKY 출신이 똘똘 뭉쳐 사회의 주류를 차지하고 그 자리를 고수해버린다. 이런 상황에서 뒤늦게 재능을 발견하고 그 재능을 꽃피우기 위해 노력한 수많은 사람들에게는 기회의 문이 닫힌다. 18세에 사람의 인생 전체를 구분하는 학벌주의는 어떻게 봐도 효율적이라고 이해하기 어렵다.

■ SKY 졸업장은 인재들의 도전 정신을 막는다

학벌주의에는 또 다른 문제가 있다.

학벌이 한국 사회에서 과도하게 인정을 받는 이유는 이미 사회의 중요한 자리를 이들 명문대학 출신이 차지하고 있기 때문이다. 그런데 세상의 중심이 이렇게 SKY 출신으로 한 번 고착돼버리면 정작 SKY 출신들조차 스스로가 발전할 수 있는 기회를 잃는다.

일단 서울대학교, 연세대학교, 고려대학교만 나오면 장밋빛 인생이 보장된다고 치자. 그렇다면 이들 대학 출신이 과연 사회에 진출한 이후 도전적이고 창의적으로 일을 할까, 안정적이고 몸을 사리면서 일을 할까?

이들의 선택은 당연히 후자다. 이대로도 충분히 행복한데 도전을

> 한국에서는 SKY 출신이 똘똘 뭉쳐 사회의 주류를 차지하고 그 자리를 고수해버린다.

할 이유가 없기 때문이다. 신림동 고시촌을 가보라. 나는 한국 사회의 가장 어두운 한 단면이 이 신림동 고시촌에 나타나 있다고 생각한다.

법관이나 검사가 사회에 필요 없는 직업이라는 뜻이 아니다. 한 나라의 모든 인재들이 오로지 법관이 되겠다고 인생을 걸 만큼 그 직업이 중요한지를 묻는 것이다.

수많은 SKY 출신 인재들이 이 고시에 인생을 건다. 이유는 간단하다. 법관이 되는 것이 가장 안정적으로 살 수 있는 길이라고 믿기 때문이다.

고등학생들이 SKY에 가고자 하는 이유도 마찬가지다. 이들은 더 나은 교육 환경에서 자신의 꿈을 펼치기 위해 대학을 선택하는 게 아니다. 풍요한 인생의 보증 수표인 '명문대학 졸업장'을 따기 위해 공부를 하는 것이다.

그래서 한국의 최고 인재들이 모였다는 SKY 대학생들을 보면, 젊은 인재다운 패기와 도전보다 거만한 상류층 의식과 안정만을 추구하는 보수성이 훨씬 더 많이 느껴진다.

이래서는 미래를 개척할 수 없다. 그 수많은 젊은 인재들이 대학 졸업장 따겠다고 10대 나이에 밤을 지새고, 대학에 진학하면 고시에 합격하겠다고 고시촌에 모여든다. 비극도 이런 비극이 없다.

한국 사회가 지금의 모습에 만족하고 더 발전하지 않아도 좋다면 이런 구조를 유지해도 괜찮다. 하지만 우리의 목표가 지금의 모습에 안주하는 것이 아니라면 바뀌어야 한다.

내가 이 책에서 일관되게 유지하는 태도 가운데 하나는 리더가 먼저 바뀌어야 한다는 것이다. 그런데 지금 한국 사회에서 리더의 지위에 오른 사람들은 대부분 SKY 출신이다. 모두가 그렇다고 단정지을 수는 없지만 이들 가운데 상당수가 안정적인 삶을 지향하는 보수적 경향이 강하다. SKY 졸업장이 이들을 안정 지향적으로 만들어버렸기 때문이다.

제4장에서 예를 들어 설명한 스티브 잡스의 이야기를 기억할지 모르겠다. 애플 혁명을 이끈 스티브 잡스가 미국의 명문 스탠퍼드 대학교 졸업식에서 했다는 연설을 음미해보자.

> "인생은 단 한 번뿐이다. 남의 인생을 살지 마라. 네 목마름을 추구하라. 그것이 바보 같아도 좋다."

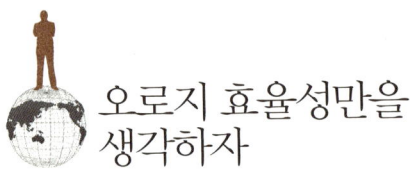
오로지 효율성만을 생각하자

■ 평가 제도의 변화가 필요하다

공동체 문화를 비효율적인 것이라고 단정적으로 매도할 생각은 없다. 하지만 현실적으로 볼 때 공동체 문화는 여러 면에서 한계를 드러내고 있는 것이 사실이다.

그렇다면 이를 어떻게 넘어설 수 있을까? 나는 그 해결책을 인사 평가 제도에서 찾는다.

내가 말하는 인사 평가 제도는 기업에서 인사 고과를 책정할 때는 물론, 좁게는 회사가 신입사원을 뽑을 때부터, 넓게는 대통령이 내각을 구성할 때까지 사람을 선별하고 평가하는 모든 과정을 포함하는 개념이다.

공동체 문화의 비효율성을 없애고 이를 효율적인 것으로 바꾸려면 무엇보다 사람과 성과에 대한 평가가 제대로 이뤄져야 한다. 제대로 된 보상을 받을 수 있어야 '인연의 끈'이 설 땅이 사라진다.

이런 변화는 시작이 어렵지 한 번만 제대로 시행되면 정착시키기는 어렵지 않다. 인사권자의 강력한 의지만 뒷받침된다면 조직 문화는 빠른 시간 안에 선순환 구조로 바뀔 수 있다.

히딩크가 한국 대표팀을 바꾸는 데 10년이 걸린 게 아니다. 그저 실력 위주로 대표팀을 뽑은 지 단 2년 만에 한국 축구대표팀은 세계 4강에 오를 정도로 환골탈태의 모습을 보였다.

그리고 히딩크의 뒤를 이은 국가 대표팀 감독 후임자 가운데 그 누구도 이 원칙을 거스르지 못했다. 공정하게 인사를 하는 것이 조직을 얼마나 강하게 만드는지를 온 국민이 똑똑히 지켜봤기 때문이다.

사실 2000년대 이후 많은 기업들이 주먹구구식 평가 제도에서 벗어나 새로운 인사 평가 기준을 앞다퉈 도입하고 있다. 그만큼 최고 경영자들도 인사 제도가 경영의 핵심이라는 사실을 잘 알고 있다.

문제는 제도만 바꾼다고 바로 효과가 나타나는 게 아니라는 점이다. 제도가 어떻든 간에 변화를 위해서는 조직 리더부터 말단까지 정말로 그 조직을 바꿀 결심이 서야 한다. 서로가 서로를 감시하면서 공정성과 효율성을 위반하는 사례에 대해 처절하게 반성하고 개선해야 한다.

■ 고소영의 비극, 리더들은 모범을 보여야 한다

신문을 읽다 보면 '고소영 내각'이니 '형님 예산'이니 '코드 인사'니 하는 말들을 너무 쉽게 접할 수 있다. 바로 이런 것이 문제의 핵심이다. 사회 지도층이 모범을 보이지 않으니 사회 전체가 연줄과 끈에 의존하는 것이다.

실제 한국의 내각이 고소영 내각인지 아닌지는 중요치 않다. 대통령 형이 국회의원으로 있는 지역구에 배정된 예산이 진짜로 그 '형님의 파워' 덕인지, 아니면 꼭 필요한 돈이어서 배정됐는지 나는 잘 모르겠다.

하지만 문제는 그게 아니다. 이미 국민들이 그런 현상을 보고 '사회지도층부터 끈과 인연으로 자신들의 이익을 챙기는구나'라고 생각한다는 점이 중요하다. 과연 한국의 리더들은 국민들의 그런 시각에서 자유로울 만큼 진실로 연줄과 끈을 배격하고 공정하게 인사를 했을까? 1970년대부터 시작된 이른바 '빽과 사바사바'의 문화가 지금은 완전히 근절됐다고 말할 수 있을까?

한국에서 최근 10년 동안 유행했던 말 가운데 '회전문 인사'라는 것이 있다. 앞 돌 빼고 뒷돌로 채우는 식의 인사, 이 사람 임기 마치면 다른 자리에 채우고, 다른 자리에 있던 '그때 그 사람'을 다시 이 자리에 채우는 식의 인사를 말한다.

그런데 미국에도 실제 이와 비슷한 개념이 있었다. 미국에서도 이런 현상을 '회전문 현상(revolving door)'이라고 부른다.

미국에서 이런 인사 방식이 문제가 된 것은 과거 한 대통령이 대통령직에서 물러나면서 문제의 심각성을 경고하면서부터다. 그 대통령은 퇴임 연설을 통해 "군 장군이 은퇴하면 국방부 관리가 되고, 국방부에서 물러나면 방위 산업체 간부가 된다. 이렇게 회전문처럼 뱅글뱅글 돌아가면서 자기 이익을 챙겨 국가의 국방 정책이 올바로 성장하는 것을 방해한다"라고 말했다.

이후 미국 정부는 이런 회전문 인사를 막기 위해 강력한 윤리법을 새로 만들었다. 그 법의 이름은 '연방공무원로비법'이다.

이 일이 있었던 것이 언제일까? 바로 지금으로부터 50년도 전인 1961년이다. 미국은 무려 50년 전에 이미 이 같은 회전문 인사의 폐해를 막겠다며 관련 법까지 만들었다. 한국은 2011년 현재 아직도 회전문 내각이니 전관 예우니 하는 구태가 사회 문제가 되고 있다.

> 1970년대부터 시작된 이른바 '빽과 사바사바'의 문화가 지금은 완전히 근절됐다고 말할 수 있을까?

한 가지 더 주목하고 싶은 것은 퇴임 연설을 통해 이런 회전문 인사를 막은 당사자가 바로 미국의 제34대 대통령인 드와이트 아이젠하워(Dwight David Eisenhower)였다는 점이다. 아이젠하워 대통령은 1944년 6월 6일, 제2차 세계대전의 운명을 가른 연합군의 노르망디 상륙작전을 이끈 장본인이었다. 위대한 군인 출신의 이 대통령은 누구보다도 군사 산업과 관련한 회전문 인사의 문제점을 정확히 파악하고 있었다.

하지만 거꾸로 생각해보면 군인 출신이라는 그의 신분은 방위산업계의 회전문 인사에 최대 수혜자가 될 수도 있었다는 것을 뜻한다. 대통령까지 지낸 이가 퇴임 후 방위산업체에 취직할 리는 없지만 회전문 인사가 유지된다면, 적어도 그가 평소에 알고 지내던 많은 군인 출신들에게 최소한 경제적인 도움을 줄 수 있는 위치였다.

하지만 그는 굳이 꺼내지 않아도 될 예민한 문제를 대통령 임기의 마지막 날에 지적하고 물러났다. 자신이나 주변 사람의 이해 관계를 버리는 대신 국가의 효율성을 선택한 것이다.

변화의 가장 큰 적은 패배의식이다. "아무리 노력해도 파벌에 속하지 않으면 가망이 없어"라는 패배의식을 벗어 던지는 최선의 지름길은 인재를 선택하는 권한을 지닌 리더가 변하는 것이다. 파벌 문제는 절대로 아래에서부터 개혁이 되지 않는다. 국민들의 여론이 아무리 높아도 기득권층이 모범을 보이지 않으면 그 권력은 끊임없이 재생산된다. 미국의 회전문 현상을 무너뜨린 장본인이 바로 대통령 아이젠하워였다는 점은 시사하는 바가 적지 않다.

한국 금융계를 주름잡고 있는 관료 출신 파벌을 일컬어 모피아(MOFIA)라고 부른다고 한다. 정부의 경제 주무 부처였던 재무부의 영어 약자 MOF(Ministry of Finance)에 서양 갱스터 조직인 마피아(MAFIA)를 합해서 생긴 말이란다.

이 모피아들은 공직 생활을 마치면 일반 금융 기관에서 높은 자리를 차지하고 앉아 막대한 연봉을 받는다. 재경부 출신이라고 일반 기업에서 높은 자리에 올라가서는 안된다는 법은 당연히 없다. 능력만 있으면 얼마든지 좋은 자리에서 사회와 기업에 기여할 수 있다.

그런데 세상은 왜 이들을 갱스터 권력인 마피아에 빗대 모피아라고 비아냥거릴까? 그들이 진정으로 능력이 있어 발탁된 것이 아니라 공무원의 연줄을 통해 그 자리에 올랐기 때문에, 또 하는 일도 주로 정부 관료들을 대상으로 '옛정'을 들먹이며 로비를 벌이기 때문에 생긴 말이 아닐까?

2009년 한국 정부의 경제부처 수장으로 선임된 윤증현 전 기획재정부 장관은 그 해에 열린 국회 청문회에서 전관 예우 문제로 거론된 적이 있다. 그가 과거 대형 로펌인 김앤장에서 1년 동안 고문으로 일하면서 6억 원을 받은 것이 문제가 됐다고 한다. 그때 윤 장관 내정자는 이렇게 항변했다.

"우리는 (공직을) 그만두면 모래 바닥에 코 박고 죽어야 합니까? 우리가 공직자 시절 월급을 많이 받았습니까? 김앤장도 못 가게 하면 공직자는 어쩌란 말입니까?"

이것이 지금 한국 리더들의 수준이다.

항변을 하려면 자신이 1년 동안 어떤 능력을 로펌에서 발휘해 6억 원어치 이상의 기여를 했는지 증명해야 한다. "내 능력은 6억 원이 아니라 10억 원이다!"라고 당당히 말하고 그것을 국회의원과 국민 앞에서 증명할 수 있어야 한다. 능력만 충분하다면 로펌에서 6억 원을 받은 게 문제겠는가, 10억 원을 받은 게 문제겠는가?

그런데 윤 장관 후보는 "나는 공무원 때 돈 별로 못 벌었으니 퇴임 후에 관행으로 6억 원 정도 받는 건 문제가 아니다" 하는 식으로 항변하고 나왔다. 모피아에서 '따거(큰형님)'라는 별칭으로 통한다는 그의 자세가 이런 정도인데, 그 큰형님 밑에서 연줄 붙잡고 금융회사 한 자리를 차지하려고 목 빼서 기다리는 모피아들의 태도가 어떨지는 충분히 상상이 가고도 남는다. 군인 출신 대통령으로서 퇴역 군인들의 회전문 인사를 막은 아이젠하워와 비교가 돼도 너무 심하게 비교된다.

우리는 이제 새로운 시대를 헤쳐나가

> 제발 리더들이 바뀌어야 한다. 아직도 늦지 않았다.

'인연'을 버리고 '이성'을 세우자

기 위해 인연의 끈을 끊고 이성의 기둥을 세우는 일을 시작해야 한다. 아니, 지금 시작하는 게 아니라 이미 시작했어야 했다. 어쩌면 우리는 이 일에 관해서만은 이미 한참 뒤져 있는지도 모른다.

이 일을 위해서는 제발 리더들이 바뀌어야 한다. 아직도 늦지 않았다. 한국은 장점이 많은 나라. 리더들이 국가를 위해 희생하는 자세를 가지고 이런 것들을 고쳐나가면 얼마든지 뒤진 부분들을 메워나갈 수 있다.

한국 사회의 미래를 위해, 리더들이 먼저 진심으로 치열하게 반성하기를 간곡히 소망한다.

Chapter 07

개방은
경쟁력이다

■ ■ ■

우리가 진정으로 미래를 생각한다면 도심 한복판에 다양한 피부색을 가진 사람들이 모이고, 대학 강단에서 수백 명의 외국인 교수들이 강의를 하며, 전경련 모임에 수십 명의 외국인 최고 경영자가 참석하는 모습에 거부감을 가질 이유가 하나도 없다.

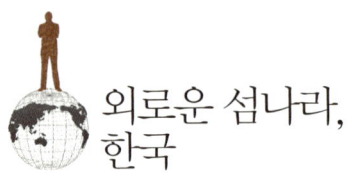

외로운 섬나라, 한국

■ 반도에서 섬으로

우리나라는 3면이 바다로 둘러싸인 반도 국가다. 그리고 유일하게 터져 있는 북쪽 육지로는 역사적으로 줄곧 아시아의 맹주 노릇을 해온 중국이 자리를 잡고 있다.

나는 한국의 특징 가운데 하나로 개방보다는 수호(守護)를 중시하는 성향이 있다는 점을 꼽는다. 개방은 마음을 열고 외국으로 진출하는 정신이다. 반면, 수호는 밖으로 나아가기보다 외부의 침입을 막는 것을 더 중시하는 자세다.

내가 인류학자나 역사학자가 아니어서 정확한 이유야 알 수 없지만, 아마 이 같은 현상은 3면이 바다로 둘러싸여 있는 한국의 지리적 특성이 영향을 미친 것이 아닌가 싶다. 동쪽과 서쪽, 남쪽은 바다여서 진출하려고 해도 진출할 곳이 없다. 유일하게 진출할 수 있는 북쪽에는 아시아의 맹주가 버티고 서 있었다.

이 때문에 고구려 시대와 발해 시대 등 일부의 역사를 제외하고 나면 한국에게 북쪽 대륙은 진출의 대상이 아니라 침입을 막아야 하는 수비의 대상이었다.

조선 시대에 국교로 받아들인 유교도 한국의 수비적인 정서를 강화하는 데 한몫 했을 것으로 생각한다. 밖으로는 중국을 대국으로 떠받들고 안으로는 체제의 안정성을 철저히 옹호하는 이 유교의 정신은, 어떻게 보아도 진보적이고 외향적이라기보다 보수적이고 내향적이었다. 19세기까지 한국은 서구 사회에 '은둔의 나라(Hermit Kingdom)'로 불릴 정도였다.

한국 전쟁 이후에는 그나마 뚫려 있던 북쪽마저 완전히 막혀버렸다. 한국에게 북한은 이어져 있는 영토가 아니라 단절된 바다였다. 폭 4km 남짓한 휴전선 비무장지대는 태평양이나 대서양보다 더 건너기 어려운 곳이 돼버렸다.

한국은 이때부터 섬나라가 됐다. 1950년대부터 1970년대까지 한국은 영토적으로 단절됐고 경제적으로 낙후했다. 군사 독재 정권은 자기들의 입맛에 맞는 정보만 유출함으로써 국민들을 외국으로부터 더 고립시켰다. 해외 여행이 제한돼 있는 상황에서 국민들은 정확한 외국의 사정조차 알 수 없었다.

나는 지금까지도 한국에 살면서 생소한 이방인 취급을 많이 받는다. 식당에서 한국말을 유창하게 구사하면 사람들이 깜짝깜짝 놀란다. 김치를 앞에 갖다 놓으면서 "김치도 먹을 줄 아세요?" 하며 눈이 휘둥그래 변하는 식당 아주머니들도 많이 봤다. 육개장을 주문했더니 식당 주인이 "외국인이 육개장을 어떻게 드세요?" 하며 아예 주문을 받지 않았던 황당한 일도 있었다.

> 한국인은, 외국인이 먼저 다가오면 친절하게 응대하지만 먼저 다가가 적극적으로 자신을 드러내지 않는다.

시골에 가면 나한테 "미국은 민방위 날이 언제냐?"라고 묻는 어르신도 계셨다. "미국에는 민방위 날이 없습니다"라고 말씀을 드렸더니 "민방위 날이 없는 나라가 어디 있느냐?" 하며 호통을 치던 그 어르신의 얼굴이 아직도 생생하다.

1988년 올림픽이 열리기 전까지 한국은 3면이 바다라는 지리적 여건과 남북 분단이라는 역사적 비극, 그리고 해외의 현실을 국민들에게 제대로 전하고 싶어 하지 않았던 독재 정권의 영향으로 외부 세상과 단절된 섬나라로 살았던 것이다.

■ 다가가지 않고 다가오기를 바라는 나라

외부와 단절된 세계에서 사는 사람은 공동체에 대한 자존감이 강하고 결속력과 조직 충성도가 높다. 그래서 공동체 내부에서는 서로를 위하는 따뜻한 마음이 충만하다.

하지만 반대로 그 대상을 외부로 확대하면 태도는 정반대로 변한다. 고립된 공동체는 외부의 손길을 '우리 공동체를 손상시키려는 부정적인 것'으로 인식하려는 경향이 강하다. 이 때문에 고립된 공동체의 구성원을 보면 외부 사회나 문화에 대해 부정적인 인식을 가지는 경우가 많다.

우리나라도 그렇다. 한국 사람들이 외국인을 대하는 모습을 보면 이런 현상이 역력하게 드러난다. 한국인은, 외국인이 먼저 다가오면 친절하게 응대하지만 먼저 다가가 적극적으로 자신을 드러내지 않는다.

내가 한국에 살면서 가장 많이 들었던 질문은 "언더우드 당신은 스스로를 한국 사람이라고 생각합니까? 아니면 미국 사람이라고 생각합니까?"라는 것이다.

사실 젊은 시절까지 나는 이 문제에 대해 그다지 깊이 생각하지 않았다. "고향이 어디죠?"라고 물어보면 그저 평범하게 "연희동입니다"라고 대답했다. 그리고 "어느 나라 사람입니까?"라고 물으면 "반은 한국인이고 반은 미국인이죠, 뭐"라며 아무 생각 없이 대답하기도 했다.

그런데 내가 사는 이 땅에 애정을 가지고 깊이 관찰하면서 어느 순간 우리나라 사람들은 내가 스스로를 적극적으로 한국인이라고 생각하고 그것을 열렬히 표현하기를 원한다는 사실을 알았다. 이는 곧 내가 한국인이라는 표현을 적극적으로 하기 전까지 나를 같은 한국인으로 쉽게 대해주지 않았다는 것을 뜻한다.

사람들은 내 한국인 이름이 무엇인지에 대해 관심이 많다. 내가 김치를 먹을 줄 아는지 궁금해 한다. 내가 '피터 언더우드'라고 스스로를 소개할 때보다 '원한석'이라는 한국 이름으로 소개할 때 더 동질감을 느낀다.

한국처럼 외국인에게 한국 이름을 붙여 부르기를 좋아하는 나라는 많지 않다. 나야 실제 한국 이름이 원한석이지만 한국에서 활약하는 외국인 스포츠 선수들을 보면 한국 팬들이 그 선수에 대한 사랑의 표현으로 한국 이름을 붙여 부르는 경우가 많다.

한국 프로야구에서 20승을 올리며 최고 투수로 활약했던 다니엘 리오스에 대해 팬들이 붙여줬던 한국 이름은 '이오수'였다. 팬들은 그를 아끼고 사랑했지만 그의 이름이 '다니엘 리오스'인 한 동질감을 잘 느끼지 못했다. 그리고 그가 한국인 '이오수'가 되기를 간곡히 원했던 것이다.

한국 사람들은 이처럼 외국인에 대해 큰 장벽을 두고 살아간다. 외국인이 스스로 정열적으로 한국에 대한 애정을 표현해야 겨우 그들을 대화의 일원으로 끼워준다. 그러나 그때조차 '너는 나와 다른 사람'이라는 거리감을 완전히 없애지 않는다. 다른 피부 색깔, 다른 모양의 얼굴, 다른 발음의 외국 이름을 가지고 있는 한 진정한 한국의 일원으로 받아들여지기 어렵다.

한국에서 오래 생활한 내가 아는 한 지인은 "왠지 한국 사람들은 외국인이 빨리 떠났으면 하는 생각을 가지고 있는 것 같다"라며 나에게 고민을 털어놓은 적이 있을 정도다.

외국을 부담스럽게 생각하는 정서는 한국 사람을 다른 문화에 대해 소극적인 모습으로 만든다. 그래서 한국인은 외국을 향해 다가가려 하기보다 그들이 우리에게 다가오기를 바란다.

■ '진짜 섬나라' 일본의 비극

내가 한국전쟁 이후 한국을 '반도에서 섬으로 변한 나라'라고 묘사했지만, 사실 정통 섬나라의 본성을 가진 대표적인 나라는 바로 이웃 일본이다.

일본은 한국 못지않게 폐쇄적이며 자신들만의 문화를 지키려는 정신이 강하다. 아니, 오히려 한국보다 그런 현상이 더 심할지도 모른다. 한국은 그나마 3면만 바다지만 일본은 말 그대로 전형적인 섬나라 였기 때문이다.

　일본은 정부와 기업의 유착, 철저한 연공 서열제도, 도쿄대학교를 중심으로 한 학벌주의, 투철한 장인 정신과 치밀함, 누군가 튀는 것을 절대 용납하지 않는 평등주의 등 독특한 문화를 가지고 있는 나라다. 그들은 자신만의 문화를 바탕으로 1900년대 초반까지 미국에 필적할 만한 경제 대국으로 성장했다.

　그러던 일본에 1990년대 중반부터 경기 침체가 닥쳤다. 일본 경제 성장의 동력이었던 평등주의와 연공 서열제도 등 일본만의 독특한 문화가 한계를 맞은 것이다.

　이때 일본 내부에서 진지하게 일본의 근본적인 변화를 요청하는 목소리가 나오기 시작했다. 일본의 문화를 고수하는 것보다 열린 마음으로 효율적인 해외의 문물을 받아들여야 한다는 것이 당시 문제를 제기했던 사람들의 요지였다.

　그러나 섬나라 일본은 끝내 이런 변화를 거부했다. 당시 일본에서는 "우리 고유의 문화를 바꾸느니 차라리 망하는 게 낫다", "변화를 택하느니 차라리 죽겠다"라는 완고한 의견이 주류를 이뤘다. 자신들의 문화에 대한 자부심을 도저히 버릴 수 없었던 것이다. 어쩌면 이것은 섬나라 사람들이 가지고 있는 근본적인 한계였을지도 모른다.

　그 결과는 어떤가? 물론 지금도 일본은 세계적으로 잘사는 나라 가운데 하나다. 하지만 지금의 일본을 미국과 어깨를 나란히 하는 강대국으로 여기는 사람들은 아무도 없다. 오히려 일본은 잘살기는 하지만 한계가 너무나 분명한 나라로 생각될 때가 많다. 실제 여기저기에

개방은 경쟁력이다　**213**

서 경제가 삐걱거리는 소리가 들린다. 나 또한 일본이 근본적으로 변화의 물결을 받아들이지 않는 한 혁신적인 발전을 이뤄내기 어려울 것이라고 생각한다.

일본 경제는 1990년대 '잃어버린 10년'이라는 긴 암흑기를 거치고 나서도 끝내 경기 회복을 이뤄내지 못했다. 특히 최근에는 중산층이 몰락하면서 일본 특유의 활력을 잃어버렸다는 평가가 많다. 유럽에서는 이런 일본의 장기 경제 침체를 아예 '잃어버린 20년'이라고 부르면서 이들의 경기 회복 가능성을 낮게 점치고 있기도 하다.

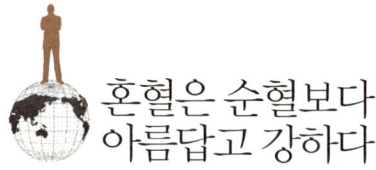
혼혈은 순혈보다 아름답고 강하다

■ **우리 기술, 우리 제품의 함정**

변화를 거부해서 나타나는 결과는 이처럼 암담하다.

일본의 경우 문제가 발견됐고 그 문제에 대한 해결책도 여러 갈래로 제시됐지만 섬나라의 완고함이 그것을 스스로 거부해버렸다. 2000년대 들어 일본은 뒤늦게 여러 개혁 정책을 시행했지만 문제는 개혁이 아니라, 국가와 국민들의 근본 마인드였다. 외부의 것을 받아들이기 위해서는 자신의 것을 내려놓아야 하는데 일본은 그런 자세를 가지기에 너무 완고한 나라였다.

한국은 어떤가? 나는 한국도 비슷한 위험에 노출될 가능성이 높다고 생각한다. 아니, 어쩌면 이미 이런 위험에 노출이 됐는지도 모를 일이다.

한국 사람들이 오랫동안 자부심을 가지고 있는 것 가운데 하나가 '우리 기술', 또는 '우리 제품'이라는 용어다. 자동차 부품을 우리 기술로 만들고 TV를 우리 손으로 생산한 뒤 이를 우리 제품이라고 부른다. 그리고 우리는 스스로 이렇게 '우리 것'을 만들어낸 것에 대해 뿌듯해 한다.

하지만 이는 1990년대까지만 통용될 수 있었던 생각이다. 냉정하게 이야기해서 21세기를 맞은 지금 '우리 기술을 바탕으로 만든 TV' 운운하는 것이 한국 경제에 무슨 의미가 있는가.

자동차 부품 국산화는 그 자체로 의미가 없는 것은 아니지만, 그렇다고 그것이 세상을 뒤바꿀 만한 새로운 기술도 아니다. 자동차 부품은 우리가 아니더라도 이미 외국에서 다 구축해놓은 기술이다. 물론 이것을 우리가 자체 기술로 개발하면 로열티를 덜 물어 돈을 버는 데 도움이 되기는 한다.

하지만 이는 근시안적인 사고 방식일 뿐이다. 좀 더 눈을 돌려 멀리 내다보자.

TV 부품 100가지를 국산화하는 것과 남들이 아무도 개척하지 않았던 태블릿 PC를 새로 만들어내는 것 중 하나를 선택하라면 무엇을 선택해야 할까? 당연히 후자를 선택해야 한다. 남들이 만들어놓은 것을 모방하는 게 아니라 누구도 개척하지 않은 것을 만들어내는 것이 훨씬 더 많은 부가가치를 창출하기 때문이다. '우리 기술'이나 '우리 것'이라는 말은 이런 창조적인 영역을 개척했을 때나 쓸 수 있는 말이다.

우리 기술과 우리 제품에 대해 세계에서 집착이 가장 심한 나라가 바로 북한이다. 북한은 1950년대부터 자주화를 명목으로 기술 국산화, 기계 제작 국산화에 열을 올렸다.

북한이 김일성을 우상 숭배하면서 가끔 소개하는 일화가 하나 있다. 그것은 바로 북한이 1958년 처음으로 자체 생산하는 데 성공했다는 트랙터 '천리마 호'에 관한 이야기다.

북한이 선전하는 이 일화에 따르면 당시 김일성은 농업 생산력을 높이는 핵심 농기구인 트랙터를 자국의 힘만으로 생산하기 위해 기술자들을 모아 총력을 기울였다고 한다. 그리고 그해 11월 한 공장에서 트랙터 시제품이 완성됐다.

김일성이 지켜보는 가운데 트랙터 시운전이 시작됐다. 그런데 엉뚱하게도 이 트랙터는 앞으로 가지 못하고 후진만 계속했다. 이 모습을 보고 많은 사람들이 당황하면서 김일성의 눈치를 봤다. 그러나 김일성은 "우리 기술로 만든 첫 트랙터다. 뒤로라도 가기만 하면 됐다"라며 감격의 눈물을 글썽였다고 한다.

북한 사람들이야 이 이야기를 듣고 김일성의 자주화 의지에 감격할지 모르겠다. 하지만 이 일화가 사실인지 아닌지 여부를 차지하고서라도 이야기의 내용 자체가 코미디에 가깝다.

트랙터를 만드는 기술이, 북한이 세계 최초로 개발한 것인가? 웬만한 중진국이면 다 만드는 게 트랙터다. 그 트랙터를 만들었다고(그나마 당시 북한은 소련제 트랙터 부품을 들여와 조립에 성공한 수준으로 알려져 있다) 자주 경제의 초석이 될 리가 없다.

트랙터를 만드는 기술은 문호를 개방해 외국에서 배워오면 그만인 것이다. 그리고 배워온 기술을 조금만 더 발전시키면 자체적으로 얼마든지 더 나은 기계로 개량해낼 수 있다. 개방만 하면 금방 배울 것을 자주화라는 명목으로 혼자서 끙끙 앓다가 고작 뒤로 가는 트랙터를 생산해놓고 "자주화의 성과다"라면서 눈물을 흘리는 것은 정상이 아니다.

■ 'KTX-산천'이 보여준 '우리 것 집착'의 비극

"그건 북한 이야기지"라고 방심할 수 있는 일이 아니다.

2007년 한국에 KTX-II, 그러니까 지금 'KTX-산천'으로 이름 붙여진 고속열차가 나왔을 때 얼마나 많은 사람들이 자부심을 가졌는지 돌아보자. 한국이 세계에서 네 번째로 고속열차를 개발한 철도 선진국이라는 사실, 그것도 기술 국산화율이 87%였다는 사실에 우리 국민 대부분이 무한한 뿌듯함을 느꼈다.

그 결과는 어떤가? 고장이 얼마나 많이 났는지 기억조차 나지 않는다. 아예 2014년 호남선에 투입될 KTX로는 산천이 배제될 가능성이 높다는 이야기까지 나온다.

그런데 사실 이런 문제점은 KTX-II를 우리 기술로 만들겠다고 나섰을 때부터 예견됐던 것이었다. KTX-I을 제작했던 프랑스 알스톰사도 안정성이 생명인 KTX를 그 짧은 시간에 한국이 완벽히 만들어내기 어려울 것이라고 경고했었다.

그러나 우리는 KTX 자체 제작을 강행했다. 그리고 지금 말도 안되는 대가를 치르고 있다. 이건 정말이지 전형적인 1970년대 개발 시대의 마인드다. "안되면 되게 하라"는 돌격주의 마인드에 '우리 것, 우리 제품'에 대한 무한한 자부심이 더해져 이런 결과를 낳게 된 것이다.

툭 터놓고 이야기해보자. 한국은 KTX-산천을 개발하면서 세계 네 번째 고속열차 개발 국가에 이름을 올렸다. 그런데 그게 다섯 번째면 안될 이유가 있나? 아니, 열 번째면 안될 이유가 있나?

어차피 첫 번째가 아니다. 그 제품에 대한 새로운 시장 개척은 이미 누군가가 혁신적인 기술 개발을 통해 이뤄낸 것이다. 상황이 이렇다면 네 번째건, 다섯 번째건 그건 중요한 게 아니다. 이왕 하려면 제대로 하는 게 중요한 거다.

그러기 위해서는 충분히 배워야 한다. 한국이 고속열차 개발 국가에 10위쯤 이름을 올리더라도 이미 남들이 만들어놓은 기술이라면 그것을 잘 배우는 것이 중요하다. 그것이 개방의 정신이고, 자유시장 경제의 강점이다. 우리가 북한과 다른 점이 바로 이런 것 아닌가? 고장 투성이의 KTX를 보면서 "트랙터를 우리 기술로 만들었으니 뒤로 가더라도 가기만 하면 됐다"라는 김일성의 자기 만족을 배울 수는 없는 노릇이다.

고속열차를 개발한 현대로템은 세계 네 번째 고속열차 개발 국가에 이름을 올렸다면서 세계 각 나라 고속열차 수주 시장에 뛰어들었다. 나는 한국 사람으로서 이 일이 정말 잘되기를 기원한다. 하지만 이미 한국에서조차 고장이 너무 잦아 망신을 당하는 판에 해외 시장 개척이 원활히 이뤄질지 걱정이 많이 앞선다.

한 방송 뉴스에서 'KTX 관계자'라는 사람이 "2014년 호남선에 투입될 KTX로 산천보다 해외 제품을 선택할 가능성이 높다"라고 말하면서 설명해준 이유가 의미 심장하다.

"가격보다는 시스템 안정성이 더 위주가 돼야 한다. KTX-산천은 가격 경쟁력은 있지만 기술적으로 불안정하다. 이번에는 안정적인 기술력을 갖춘 해외 업체와 계약을 맺고 그동안 배우지 못했던 고속철도에 관한 기술을 제대로 이전받는 것이 좋다."

> 한국은 지금까지 자부심을 가지고 있었던 우리 기술과 우리 제품의 함정에서 벗어나야 한다.

소 잃고 외양간 고치는 격이지만 늦게라도 깨달았다면 다행이다. 선진 기술을 배우는 것은 부끄러운 것이 아니다. 안 가르쳐준다고 하는 게 문제지 배울 수 있으면 배워야 한다. 우리는 돈이 부족해서 그 기술을 못 배울 정도로 가난한 나라도 아니고, 기술을 배운 뒤 그것을 응용시킬 줄 모르는 기술 후진국도 아니다.

그렇게 남의 기술을 배우기만 해서야 언제 나라가 발전하냐고 물을 수 있다. 바로 그 질문에 대한 답이 핵심이다.

21세기는 이런 모방 기술로 승부를 가리는 시대가 아니다. 누군가가 만들어놓은 기술을 누가 잘 따라하느냐로 성패가 갈리지 않는다.

게다가 한국은 모방한 기술을 놓고 한국 것이냐 외국 것이냐로 다툼을 할 수준을 이미 한참 넘어섰다. KTX 개발 순위가 4위냐 5위냐로 다툼하는 것은 1980년대에나 집착할 만한 이야기다.

지금 대한민국은 미국과 일본, 유럽 등 선진국들과 함께 누가 세상을 뒤바꿀 새로운 넘버 1 제품을 개발하느냐를 놓고 겨뤄야 할 나라다. 그래서 지금 우리에게 필요한 것은 잘 따라하는 패스트 팔로어 정신이 아니라, 먼저 치고 나가는 퍼스트 무버 정신이라고 말하는 것이다.

■ 혼혈은 아름답다

한국은 지금까지 자부심을 가지고 있었던 우리 기술과 우리 제품의 함정에서 벗어나야 한다. TV를 만드는 것이 우리 기술이면 어떻고 남의 나라 기술이면 어떤가? 어느 정도 수익성의 차이는 있겠지만 이 차이야말로 쩨쩨한 수준이다. 더 멀리 내다보고 더 높이 날아야 할 한국은 그런 소소한 것에 집착할 겨를이 없다.

그래서 한국은 문호를 더 활짝 열어야 한다. 우리 것에 대한 집착을 버리고 외국 것을 더 적극적으로 받아들여야 한다. 왜냐하면 실력이라는 것은 더 많은 것들을 접하고 더 많은 외부의 요소들과 섞일 때 훨씬 빨리, 그리고 훨씬 효율적으로 발전하기 때문이다.

한국에서는 '순혈주의' 라는 말을 많이 쓴다. 순수 혈통이라는 말은 곧 우리 것에 대한 집착이다. 하지만 우리는 이것을 알아야 한다. 순혈끼리 모여서 우리는 "적통의 자손들이다"라며 스스로를 고귀한 척 하면, 자기들끼리 폼은 잡을 수 있을지 몰라도 유전자적으로는 결국 퇴화하게 마련이다.

슈퍼모델을 스카우트하는 세계적인 모델 전문가들이 모델 유망주를 찾기 위해 제일 먼저 하는 일이 무엇일까? 뉴욕이나 파리처럼 패션의 중심지를 돌아다니는 일이 아니다. 이들은 제일 먼저 각 나라의 역사에 대해 공부한다. 그리고 어느 나라, 어느 지역이 과거 식민지 지배를 많이 받았고 다른 지역과 원활하게 소통했는지를 살핀다. 그래서 혼혈이 가장 많이 살고 있을 가능성이 높은 지역을 선별한다.

이유는 간단하다. 혼혈이 순수 혈통보다 아름답기 때문이다. 실제로 2010년 〈뉴욕타임스(New York Times)〉는 세계에서 가장 돈을 많이 버는 슈퍼모델들의 인종적 특성을 분석한 뒤 이들의 공통점이 바로 혼혈이라고 보도했다.

당시 〈뉴욕타임스〉는 "혼혈 소녀들의 공통점은 키가 크고 말랐으며 피부가 매끄럽고 맑은 눈을 가졌다. 이 때문에 세계적인 모델 스카우트들은 혼혈이 많이 사는 지역에서 새 모델을 찾는다"라고 지적했다. 슬라브와 게르만, 히스패닉과 아시안이 섞이면 섞일수록 그 유전자를 지닌 사람들은 더 아름다운 모습으로 태어나는 것이다.

■ 하이브리드와 잡종의 차이

이해를 돕기 위해 여성의 아름다움을 예로 들었지만 인류의 능력 자체도 근본적으로 피가 섞일수록 뛰어난 방향으로 변해왔다. 혈통의 순수성을 고집하는 동종교배(in-and-in breeding)가 그 종족의 질을 떨어뜨린다는 것은 과학적 상식이다. 순혈일수록 폐쇄적이고 자기 만족에 빠지기 쉽다. 당연히 도전 의식도 부족하고 새로운 환경에 대한 적응력도 떨어진다.

반대로 이종 교배(hybrid)를 통해 수정이 되면 이미 수정 단계부터 배아는 강한 적응력을 가진다. 서로 다른 요소가 결합하면 태아는 갈등을 이겨내고 어우러지는 방법을 배운다. 혼혈일수록 더 영민하고 피가 섞일수록 환경에 더 잘 적응하며 더 뛰어난 유전자를 가지는 이유가 여기에 있다.

그리고 한 가지 지적하고 싶은 것이 있다. 이런 이종 교배를 영어로 하이브리드(hybrid)라고 한다. 그리고 하이브리드라는 단어는 한국에서 매우 선진적이고 진취적인 뉘앙스를 지닌다. 경제계에서도, 문화계에서도, 과학계에서도 하이브리드라고 하면 뭔가 진보적이고 발전적인 의미를 풍긴다.

그런데 이 단어를 한국어로 번역하면 어떻게 될까? 이종 교배라는 잘 안 쓰이는 그럴싸한 말도 있지만 하이브리드에 해당하는 가장 보편적인 한국어는 '잡종'이다.

한국에서 잡종이라는 단어는 어떤 분위기를 풍길까? 더럽고 무지한 것들, 뭔가 태생에 문제가 있는 것들, 열등하고 한심한 것들이라는 뜻이 더 강하다.

이 차이는 실로 많은 것을 갈라놓는다. 한국은 근본적으로 순수 혈통이 아닌 것에 대한 부정적인 인식이 있다. 본능적으로 거부감을 갖고 있다는 뜻이다.

한국 증시에는 외국인 투자자들도 투자를 한다. 그런데 가끔 뉴스를 보면 "외국인들이 올해 ○○○○원 규모의 투자 이익을 증시에서 올린 것으로 추정된다"라는 보도가 나온다. 그리고 그 뒤에 꼭 붙는 해설이 "국부가 이런 식으로 유출이 돼서는 곤란하다"라는 것이다. 이것을 국부 유출이라고 불러야 하나? 이건 정말 진지하게 고민해봐야 할 문제다.

물론 한국 증시에서 생긴 이익이 외국 법인으로 흘러 들어가니 굳이 끼워 맞추자면 국부 유출이 맞을지도 모른다. 하지만 외국인이 증시에서 돈을 벌었다면 그것은 공평한 룰에 의해 실력을 겨룬 결과다. 외국인이라고 한국 증시에서 투자할 때 어드밴티지를 주는 게 아니기 때문이다. 그리고 이 논리대로라면 반대로 외국인이 한국에서 투자 손실을 입었을 때에는 그게 우리의 국부 증진이 돼야 한다.

한국 증시가 외국인 투자자에게 개방된 이후 실제 외국인들은 한국에서 많은 투자 수익을 올렸다. 하지만 이것을 배 아파 하는 것은 근시안적인 발상이다.

조금만 기억을 되돌려 외국인 투자자들이 한국 증시에 투자하지 않았을 때를 생각해보자. 당시 한국에는 기본적으로 수익 대비 주가를 분석하는 틀도 갖춰져 있지 않았다.

외국인에게 시장이 개방되면서 한국 투자자들의 본격적인 성장이 시작됐다. 실전에서 깨지는 일이 없지는 않았지만 그러면서 선진 투자 기법을 습득할 수 있었다. 지금 한국의 금융이 세계 수준에 올랐다고는 말을 못해도 이런 과정을 거치면서 유럽과 미국, 중국, 동남아시아 시장에서 상당한 성과를 낼 정도의 역량은 갖추게 되었다.

이 정도로 한국 금융이 발전할 수 있었던 것은 바로 한국 증시를 외국인 투자자에게 개방했기 때문이다. 단기간으로는 국부가 유출됐을지 몰라도 그런 이종 교배를 통해 한국의 금융 유전자가 더 강해질 수 있었던 것이다.

만약 국부 유출을 우려해 증시의 문을 꼭꼭 닫아 걸고 지금까지 있었다면, 그래서 한국 증시에서 외국인들이 얻는 수익을 근본적으로 차단했다면 그것이 한국의 국력 증진에 도움이 됐을 것 같은가? 천만의 말씀이다.

■ '한식 세계화'가 보여준 코미디

2009년부터 정부가 야심 차게 추진했던 사업 중에 '한식 세계화'라는 것이 있다. 영부인이 직접 손을 걷어붙이고 나섰다는 이야기가 들리고 정부 예산 50억 원이 배정됐다는 말도 들렸다. 정부가 직접 나서 해외 주요 도시에 한식당을 차리고 운영을 하겠다고 한다. 한식 세계화를 위해 김치 맛을 표준화하는 작업도 시도했다.

이 소식을 듣고 난 뒤 처음 든 생각은 '우리 정부가 정말 그렇게 할 일이 없나' 하는 것이었다. 세계 어느 나라 정부가 식당 운영에 나서는가? 그리고 정부가 식당을 운영하면 한식이 표준화되고 세계화된다는 이 오만한 발상의 출처가 어딘지 진심으로 궁금하다.

> 세계 어느 나라 정부가 식당 운영에 나서는가? 정부가 식당을 운영하면 한식이 표준화되고 세계화된다는 이 오만한 발상의 출처가 어딘지 진심으로 궁금하다.

첫째, 한식 세계화를 위해 한식당을 세계 주요 도시에 차렸다고 치자. 그 도시에서 한식당을 운영하던 기존의 교민들은 졸지에 '공기업 한식당'과 경쟁해야 한다. 그래서 결국 정부의 '공기업 한식당'이 잘 되면 교민들의 한식당은 문을 닫아야 한다. 정부는 이걸 세계화라고 부르고 싶은지 모르겠다.

둘째, 음식의 맛이란 공급자가 선택하는 게 아니다. 소비자가 선택하는 것이다. 한식의 세계화를 위해 새로 세워졌다는 '한식재단'에서는 김치 맛을 표준화하겠다고 한다. 서양인의 입맛에 맞는 김치 레시피를 표준화하겠다는 것이다.

서양인이 한 명인가, 두 명인가? 도대체 무슨 기준으로 지구의 절반에 해당하는 '서양인의 입맛'에 맞는 레시피를 개발한단 말인지 나는 도저히 이해가 가지 않는다. 음식은 다양성을 기반으로 하고 식당은 소비자의 선택을 통해 살아남는다. 로스앤젤레스 시민들의 입맛에 맞는 김치가 있는 것이고, 부에노스아이레스 시민들 입맛에 맞는 김치가 있는 거다.

이미 우리는 이런 것들을 선별해내는 '시장 경제'라는 완벽한 시스템을 가지고 있다. 식당의 경쟁력은 시장에서 실제 경쟁을 통해 소비자들의 선택을 받는다. 만약 선택 받은 것이 한국 고유의 김치가 아니라 서양 요리 방식과 혼합된 '퓨전 김치'였다면 그건 슬퍼할 일이 아니다. 시장이 그렇게 선택한 것이고 현지인들의 입맛이 그것을 원하는 것이다.

거기다 대고 "표준화된 김치로 승부한다"라고 말하는 것이 얼마나 관료주의적이고 공급자 위주의 발상인가? 이는 그런 아이디어를 낸 정부 관료들의 기본 생각 자체가 시장 경제에서 한참 벗어나 있다는 심각한 반증이다.

심지어 한식재단은 G20 정상회의 때 영부인이 직접 만든 요리책을 각국 정상에게 나눠준다는 계획도 세웠다고 한다. 이 계획이 진짜 실행에 옮겨졌는지는 모르겠으나, 그런 방식으로 한식의 세계화를 이뤄내겠다는 발상이 끔찍할 뿐이다. 영부인이 한국에서 제일 높은 여성인지는 모르겠지만, 영부인의 요리 방법이 한국을 대표하는 레시피는 당연히 아니다. 대한민국 영부인을 요리 잘하는 순위로 뽑은 게 아니라면 말이다. 그런데 영부인의 요리책을 내는 데 국민의 세금 1억 원이 쓰였다고 한다. 정말 이러지들 말아야 한다.

■ 우리가 해온 것이 국제화였을까

우리가 말로만 국제화, 세계화를 외치지만 마음 속 깊은 곳에서는 이종 교배를 근본적으로 거부하고 우리 것을 일방적으로 고수하는 오만한 생각이 있지나 않은지 성찰해야 한다.

연세대학교 교수를 지냈던 형(원한광)이 2005년 한국을 떠나면서 마지막 강의에서 이런 말을 한 적이 있다.

> "미국 대도시의 유명 대학부터 시골의 단과대학까지 한국인 학생과 교수가 없는 곳이 없다. 그러나 한국의 대학에 외국인 학생과 교수가 얼마나 되는지 한 번 살펴보라. 연세대학교 본교 전임교수 700여 명 가운데 87%가 외국에서 박사학위를 받았지만 전임교수 중 외국인은 단 한 사람뿐이다."

형은 그러면서 "한국의 국제화는 주고 받는 국제화가 아니라 밖으로 나가는 일방적인 국제화였다"라고 지적했다.

나도 형의 의견에 100% 동의한다. 대학은 물론이거니와 우리 기업들도 마찬가지다. 한국 기업들이 외국에 세운 법인이 몇 개이고 수출액이 얼마인데, 한국 기업 가운데 외국인 최고 경영자를 두고 있는 곳이 몇이나 되나.

세계화를 해야 한다고 하니 구색 맞추기 식으로 외국인 사장 한두 명 선임하는 경우는 있었다. 그러나 진심으로 세계 각 나라를 돌아다니면서 능력 있는 경영자를 찾아 스카우트하려고 노력한 기업은 내 기억에 별로 없었다.

2007년부터 미국의 시티그룹을 이끌고 있는 최고 경영자 비크람 판디트(Vikram Pandit)는 인도 사람이다. 시티그룹은 그를 2015년까지 붙잡아두기 위해 수천만 달러에 이르는 성과급 지급을 약속했다.

또 구글의 최고사업담당 니케시 아로라(Nikesh Arora)와 워런 버핏이 이끄는 세계적인 투자회사 버크셔해서웨이에서 버핏의 유력 후계자로 꼽히는 아지트 자인(Ajit Jain)도 인도인이다. 미국 실리콘밸리 기업 최고 경영자의 절반이 인도 사람이라는 소리도 나온다.

미국 기업들이 세계화하는 모습을 흉내내기 위해 이들을 뽑은 게 아니다. 미국도 약점이 많은 나라지만 근본적으로 이 나라는 이종 교배에 대한 거부감이 없다. 능력만 있으면 그 사람이 인도인이건 케냐인이건 상관하지 않는다. 이것이 바로 미국이 가지고 있는 대단한 강점이다.

한국의 국제화는 그야말로 밖으로 나가는 일방적 국제화였다. 한국 출신 인재들이 외국 유수의 대학에서 인정 받아 교수가 되고, 외국 기업의 주요 직위에 오르면 우리 국민들은 마치 그것이 자신의 일인 양 기뻐하며 뿌듯해 한다. 한국 인종의 우수성을 세계 만방에 알렸다고 자랑스러워 한다.

하지만 이건 결코 자랑스러워만 할 일이 아니다. 우리 인재들은 외국 기업과 외국 학계를 위해 이바지하는데, 한국은 외국 인재들에게 문을 꼭 닫아 걸어버린다. 외국 인재들의 빼어난 능력을 한국 국력 신장을 위해 쓸 수 있도록 간청하고 붙들어도 모자랄 판인데 "외국인이 한국인의 자리를 빼앗아 간다"며 곱지 않은 시선을 보낸다. 이것이 진정 한국의 미래를 위해 옳은 길일까?

> 한국 사람의 피부색이 검은색이나 흰색이면 안되는가!? 한국 사람의 눈이 푸른 빛이면 안되는가!?

■ 한국인의 피부 색깔은 살색이 아니다

'살색'이라는 색이 어떤 색깔일까? 이 색깔은 세계 어느 나라에도 없다. 한국에서 살색은 전통적인 한국인의 피부 색깔을 말한다. 크레파스나 물감에도 버젓이 살구 빛 색깔을 살색이라고 부르고 있다.

그러나 살색은 한국인처럼 살구 빛 색깔일 수도 있고 검은색일 수도 있으며 하얀색일 수도 있다. 만약 한국에서 공부하는 흑인이나 백인에게 살구색을 설명하면서 "이건 살색이야"라고 말한다면 그들이 그 말을 어떻게 이해할 수 있을까?

이종 교배에 대한 거부감과 단일민족이라는 자긍심은 이렇게 왜곡된 방식으로 나타난다. 우리 민족의 피부색을 '살색'이라고 부르는 것은 자신감이 아니라 무지에서 비롯된 자만심이다.

한국 사람의 피부색이 검은색이나 흰색이면 안되는가? 한국 사람의 눈이 푸른 빛이면 안되는가? 하얀 피부와 푸른 눈을 가진 나 같은 사람이 한국을 조국이라고 생각하고 작은 능력이나마 한국을 위해 쓰고 싶어 한다면 그들을 진심으로 한국인으로 받아들여주면 안되는가?

수십 년 동안 한국 교과서에 실린 단일민족이라는 용어가 2007년부터 삭제되기 시작했다고 한다. 늦었지만 바람직한 일이다. 또 학계에서는 한국 민족이 결코 단일민족이 아니라는 구체적인 논증도 활발하게 벌어지고 있다고 한다.

단일민족과 혈통을 강조하는 가장 극단적인 형태가 나치즘이라는 사실은 잘 알려져 있다. 민족의 우월성을 강조하는 이들은 다른 민족을 멸시하며 깔본다. 그것이 심해지면 극단적인 폭력 현상이 나타난다.

우리하고는 전혀 관계 없는 이야기일까? 몇 년 전 한국 초등학교 4학년 도덕 교과서에 실려 있던 한 구절이다.

> "한반도는 주변 국가들이 끈질기게 침략을 시도했으나 모두 실패했다. 한반도에 한민족이 아닌 일본, 또는 다른 민족이 있었다면 벌써 망했을 것이다."

이 교과서를 보고 자란 아이들이 무엇을 배울까? 민족의 우월성을 강조하면서 다른 민족의 열등감을 노골화하는 것은 비단 나치만의 이야기가 아니다. 한국 진출을 꿈꾸는 베트남 노동자들이 사용하는 '생활 한국어' 교재에는 '때리지 마세요', '욕하지 마세요', '도와주세요'가 주요 예문이라고 한다. 우리가 다른 민족을 멸시하지 않고 그들에게 폭력을 휘두르지 않는다고 과연 장담할 수 있는 상황일까?

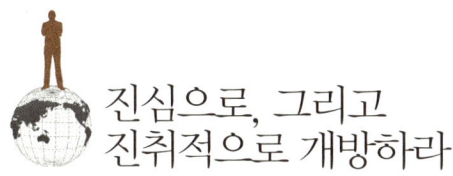
진심으로, 그리고
진취적으로 개방하라

■ **개방은 경쟁력, 받아들이지 말고 쟁취하라**

늦었지만 최근 한국에서 다문화 수용에 대한 논의가 활발하게 벌어지는 것은 진정으로 다행한 일이다.
　하지만 여기에서도 꼭 한 가지 짚고 넘어가야 할 것이 있다. 그것은 바로 다문화를 대하는 근본적인 우리의 자세다. 예를 들어 보자.

　"시대가 바뀌고 세계화·국제화가 빠른 속도로 이뤄지다 보니 다문화를 받아들이는 것은 선택이 아니라 필수가 됐다. 이제 한국은 세계 10위 권의 강대국이다. 여러 문화에 보다 개방적인 자세를 가지고 이를 받아들여야 한다."

　이런 논지는 올바른 자세일까? 내 대답은 "No"다.
　지금 한국에서 벌어지고 있는 다문화 수용에 대한 자세는 모두가 이런 식이다. "이제는 받아들이자", "이제는 인정해야 한다." 이렇게 말한다.

문제의 근원은 이게 아니다. "시대가 변했으니 어쩔 수 없이 받아들이자"라는 자세에는 한계가 있다. 이런 표현은 근본적으로 순수 혈통에 대한 미련을 여전히 못 버리고 있는 우리 모습의 반증일 뿐이다.

마음을 여는 자세는 '받아들이는 것' 과는 다르다. 받아들이는 것은 수동적인 자세다. 나는 이런 수동적인 자세를 넘어 더 진취적이고 적극적으로 외국 문화를 쟁취해야 한다고 주장한다. 밀려들어오는 외국인과 외국 문화를 수용하는 것이 아니라, 유능한 사람이고 한국 국익에 도움이 되는 문화라면 안 오겠다고 버텨도 끌고 와야 한다.

우리 대학이 외국인에게 더 활짝 문호를 개방해야 한다. 외국인 교수가 20%, 30%, 아니 절반을 넘어도 좋다. "그렇게 하면 우리나라 학자들이 설 땅을 잃는다"라는 말도 안되는 주장은 쓰레기통에 던져 버려야 한다. 당장은 그런 현상이 벌어질지 몰라도 외국의 유능한 인재들이 한국에 들어와 이종 교배를 하면, 한국의 학자들은 더 크고 더 멀리 성장할 토양을 마련한다. 그게 한국의 학계를 발전시키는 길이다.

우리 기업이 외국인 최고 경영자를 더 많이 데려와야 한다. "오로지 사장 한 번 해보겠다고 수십 년을 바친 임원들 보기 미안해서라도 외국인은 못 데려오겠다"라는 말도 안되는 주장도 내다 버려야 한다.

능력이 있다면 지구 반대편까지 날아가서라도 그들을 모셔와야 한다. 그들이 한국 기업을 위해 자신의 능력을 쏟아 부으면 한국 국적을 가진 임원들의 능력은 장기적으로 훨씬 더 성장할 것이다.

이도 저도 다 싫고 순수 혈통을 지키면서 살고 싶다면 1990년대 일본처럼 '변화를 택하느니 망하겠다'라는 생각으로 살아야 한다. 아니, 일본까지 갈 필요도 없다. 기껏 뒤로 가는 트랙터를 만들어놓고 '자주적인 기술 개발의 위대한 성과'라고 칭송하는 북한처럼 사는 것을 각오해야 한다.

우리가 진정으로 미래를 생각한다면 도심 한복판에 다양한 피부색을 가진 사람들이 모이고, 대학 강단에 수백 명의 외국인 교수들이 강의를 하며, 전경련 모임에 수십 명의 외국인 최고 경영자가 참석하는 모습에 거부감을 가질 이유가 하나도 없다.

■ 진심으로 마음을 열어야 한다

2011년 현재 (주)두산을 이끌고 있는 최고 경영자는 제임스 비모스키(James Bimowski, 57세)라는 미국인이다. 나는 2011년에 이 사람을 만난 적이 있다. 그 짧은 만남만으로 이 사람의 경영 능력을 평가할 수는 없다. 하지만 나는 두산그룹이 이처럼 푸른 눈의 외국인을 그룹 중요 계열사의 수장으로 앉힌 것에 대해 대단히 긍정적으로 생각한다.

두산그룹의 모태는 1896년 서울 종로에 세워진 '박승직 상점'이라는 면직물 점포였다고 한다. 그리고 지금까지 장장 4대에 걸쳐 기업이 이어져 왔다. 물론 두산그룹의 역사를 살펴보면 불미스러운 일도 많았고 부족한 점도 없지 않았다. 하지만 지금의 오너가 이런 개방적인 사고 방식을 가지고 유능한 인재를 찾아 쓴다면 미래의 전망이 어둡지 않다는 게 내 생각이다.

비모스키 부회장은 2006년 두산에 영입됐다. 국내 대기업 최고 경영자가 된 최초의 외국인이다. 그의 신문 인터뷰를 보니 인재를 무엇보다 중시하는 경영자라고 한다. 또 그는 "전통적인 제조업과 수출 중심의 산업구조로는 경쟁력을 유지할 수 없다"면서 "하이브리드나 아이패드처럼 근본적으로 새로운 것을 개발하는 데 집중해야 한다"라고 말한다.

실제로 그가 어떻게 업무를 하는지는 모르겠다. 하지만 그의 인터뷰 내용만 놓고 본다면 1970, 1980년대 개발 경제를 치열하게 거쳐온 두산그룹으로서는 미래를 개척할 적임자를 찾았다는 생각이 든다. 잘 되기를 기원한다.

2011년 한국경제매거진이 한국 100대 기업의 최고 경영자를 분석한 적이 있다. 그 기사에 따르면 현재 한국의 100대 기업 가운데 외국인 최고 경영자를 두고 있는 기업은 단 세 곳에 불과하다. 그나마 그 중 두 명은 래리 클레인(Larry Klane) 외환은행장과 아흐메드 알수베이(Ahmed A. Al-Subaey) 에쓰오일 사장이다. 두 기업 모두 외국인이 최대 주주로 있는 회사들이다. 나머지 한 곳, 그러니까 유일하게 한국 대기업이 주도적으로 외국 경영자를 찾아 경영을 맡긴 곳이 바로 비모스키 부회장이 이끌고 있는 ㈜두산이다. 100대 기업 중 단 한 곳만이 이런 열린 생각을 갖고 있는 셈이다.

> 잘사는 나라의 문화를 배우는 것도 이종 교배지만 못사는 나라의 문화를 배우는 것도 이종 교배다.

한국 기업의 수출 비중이 얼마인데, 한국이 해외에서 벌어들이는 돈이 얼마인데 아직도 이렇게 많은 오너들이 닫힌 마음으로 경영들을 하는지 모르겠다.

그런 면에서 나는 생각의 토대인 문화

자체가 바뀌어야 한다고 생각한다. 외국인에 대한 시각이 바뀌기 위해서는 우리 스스로가 반성하고 생각을 고쳐나가야 한다.

다양한 형태의 해외 교류도 적극적으로 장려해야 한다. 해외 봉사 활동도 많이 나가야 한다. 우리보다 못사는 나라를 돕는 것에 조금도 인색해서는 안된다.

잘사는 나라의 문화를 배우는 것도 이종 교배지만 못사는 나라의 문화를 배우는 것도 이종 교배다. 그것은 가난한 이들을 도우러 가는 인도적인 자세이자, 동시에 한국의 유전자를 더 강하게 만드는 이종 교배의 소중한 기회이기도 하다.

다만, 이런 일을 할 때에도 "우리가 도와준다"라는 거만한 자세로 대해서는 안된다. 교류는 우리나라를 강하게 만든다. 따라서 단순히 베푼다는 생각을 넘어 우리를 위해 더 적극적이고 진취적인 자세로 해야 한다. 그래서 이런 활동을 할 때에는 필연적으로 겸손하고 진심 어린 마음을 가져야 한다.

아프리카 수단에 봉사 활동을 나간 한 한국인 선교사가 그곳에서 청년들을 가르치기 위해 대학을 세웠다고 한다. 그런데 그 대학 이름이 '김목사 대학'이었단다. 제발 이러지들 말아야 한다. 이건 외국의 문화를 진취적으로 얻으려는 이의 자세가 아니다.

개방은 곧 발전이다. 지금 우리에게 필요한 것은 진심으로 다른 사회에 대해 마음을 열고 그들을 우리 것으로 받아들이는 것이다.

다시 한 번 강조하지만 우리 앞에 놓인 미래는 순수 혈통만으로 헤쳐나가기에 너무 버겁다.

Chapter
08

Fire!
Aim!
Ready?

한국의 빨리빨리 문화를 외국 비즈니스맨들에게 설명할 때 우스갯소리로 "한국은 발사-조준-준비(fire-aim-ready)의 나라다"라고 설명한다. 준비건 조준이건 필요 없이 일단 쏘고 나서 뒷일을 생각한다는 뜻이다. 무모한 도전은 성공하면 짜릿하지만 실패할 때 치러야 할 대가도 크다. 그리고 한국은 이제 그 무모한 도전을 멈추고 좀 더 신중히 나아갈 길을 생각해야 할 때가 됐다.

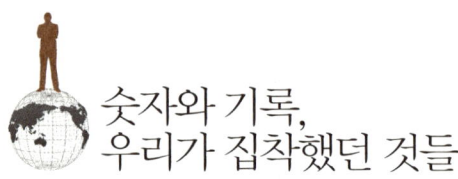

숫자와 기록,
우리가 집착했던 것들

■ '빨리빨리!' 한국인을 상징하는 단 하나의 단어

> 질문 : 가장 이상적이고 멋진 남자의 모습은?
> 답 : 영국인처럼 요리를 잘하고, 미국인처럼 외국어를 잘하고, 프랑스인처럼 외국인을 존중하고, 스페인 사람처럼 일을 잘하고, 러시아인처럼 술을 덜 마시고, 일본인처럼 개성이 넘치는 남자!

러시아 유머집에 실렸다는 이야기다. 쉽게 말하면 저런 이상적인 남자는 이 세상에서 절대 태어날 수 없다는 뜻이다.

우스갯소리지만 저 농담은 각 나라 국민들의 특성을 그야말로 압축적으로 잘 나타내고 있다. 세계에서 가장 음식을 못한다는 영국인, 영어가 공용어로 사용되는 탓에 외국어 배우기를 가장 꺼리는 미국인, 외국인에게 까칠하기로 유명한 프랑스인, 개성 빵점의 일본인, 술 하면 러시아인…….

그런데 저 농담에 한국인을 집어넣으면 어떻게 표현할까? 사견이지만 한국인이 포함된다면 그 구절은 아마 '한국인처럼 여유로운 남자', 또는 '한국인처럼 느긋한 남자'가 되지 않을까 싶다.

알고 지내는 한 교포 지인이 서울 성북구 성북동에 살고 있다. 그 지인이 한국에 처음 와서 막 생활을 시작했을 때 액화석유가스(LPG)가 다 떨어진 적이 있었다. 가스 가게에 전화해서 주문한 뒤 언제 가져다 줄 수 있느냐고 물었더니 "한 시간 안에 배달해 드립니다"라고 대답을 하더란다.

성북동 주택가는 아파트가 아니고 고지대에 자리잡고 있다. 이 높은 주택가까지 한 시간 만에 가스를 배달해준다는 사실이 너무 놀라워서 전화에 대고 자기도 모르게 "한 시간이요?"라고 목소리를 높였다. 그랬더니 그 가스 가게 사장님도 놀라면서 "아뇨 아뇨, 10분 안에 갖다 드릴게요"라며 태도가 돌변했다고 한다.

한국인의 스피드 감각은 이처럼 세계 어느 나라 사람도 쉽게 맞출 수 없을 정도로 빠르다. 한 시간도 너무 빨라서 놀라는 재미교포의 오해에 가스집 사장님은 그 한 시간을 단박에 10분으로 줄여버린다. 이 게 바로 한국인이다.

그래서 아예 외국인들은 한국의 이 독특한 문화를 '빨리빨리 문화'라고 이름 지어 부른다. 2009년 문화체육부가 '외국인이 한국인에 대해 가지는 이미지'에 대한 조사를 했다. 그 결과 한국에 대한 긍정적인 이미지로 가장 많았던 응답은 "한국 사람은 부지런하다"였고 부정적인 이미지의 답으로 가장 많았던 것은 바로 "빨리빨리"였다.

'빨리빨리'는 러시아인의 술, 일본인의 몰개성처럼 한국을 상징하는 단 하나의 국제적인 상징이 된 것이다.

■ **한국처럼 동시동작에 강한 사람들이 없다**

나도 가끔 느끼는 거지만 우리나라 사람들은 정말 동시동작에 강하다. 뭔가를 하면서 다른 보조적인 일을 하는 능력이 세계 최정상급이 아닌가 싶다. 한 손에 쇼핑백을 들고 한 손으로 유모차에 탄 아이에게 젖병을 물리면서 목에 휴대전화를 끼고 뭔가를 열심히 통화하는 엄마의 모습을 보노라면 이거야말로 기적이 아닌가 싶을 때가 있다.

그런데 그렇게 한꺼번에 여러 가지 일을 하면서 정확도가 딱히 떨어지는 것도 아니다. 전화 통화는 통화대로 잘하면서 아이는 젖병을 잘 빨아 먹는다. 그 와중에 쇼핑백 바닥에 내려놓고 정확히 자기가 사고자 했던 물건을 고르는 효율성도 발휘한다.

동시동작이란 빨리빨리 문화의 가장 극단적인 모습이다. 한 가지 일을 빨리 끝내야 한다는 강박관념은 아예 그 일이 끝나기도 전에 다른 일을 시작하게 만든다. 두 가지도 부족해서 세 가지, 네 가지 일을 동시에 손에 쥔다.

몇 년 전 한국에 거주하는 외국인을 대상으로 '한국인 빨리빨리 베스트 10'을 뽑은 적이 있다. 이 결과를 살펴보면 우리는 일상적으로 하는 일이 외국인의 눈에 얼마나 경이롭게 보이는지를 알 수 있다.

① 커피 자판기에서 커피가 나오고 있는데 손을 집어넣어 컵 잡고 기다리기
② 버스 정류장에서 버스가 출발하면 뒤따라 뛰어가면서 추격전 벌이기

③ 화장실 들어가기 전부터 지퍼 미리 내리기
④ 삼겹살이 다 익기도 전에 먹기
⑤ 엘리베이터에서 2초를 못 참고 '닫힘' 버튼 누르기
⑥ 3분 기다려야 하는 컵라면 3분도 되기 전에 뚜껑 열기
⑦ 영화관에서 엔딩 자막이 끝나기도 전에 일어나 나가기
⑧ 화장실에서 볼일 보면서 양치질 하기
⑨ 웹 페이지가 3초 안에 안 열리면 닫아버리기
⑩ 편의점에서 음료수를 구입한 뒤 먼저 마시고 계산하기

■ '기록 단축'과 '남과 비교하기'

한국에서 숫자로 표현되는 결과물은 남다른 의미를 지닌다. 숫자는 곧 효율이고, 수치의 증가는 생산성 증대나 국력 신장과 동의어로 받아들여진다. 그래서 기록이 단축되거나 신기록을 수립하는 것에 우리나라 사람들은 지나치게 열광한다.

아주 간단한 예로 한국에서 개최되는 모든 회의에는 대부분 '제 몇 차 ○○회의'라는 이름이 붙는다. 그런데 외국에서 개최되는 회의나 박람회를 보면 이름 앞에 '몇 회'가 붙는 것이 아니라 개최 연도가 붙는 것을 알 수 있다. 예를 들어 1939년 개최된 뉴욕 박람회의 이름은 '제2회 뉴욕세계박람회'가 아니고 '1939 뉴욕세계박람회'였다.

'제○회'를 대회 명칭으로 사용하는 것은 그 대회의 역사를 수치로 보여주는 것이다. 한국의 대회는 그 대회가 얼마나 오래 됐는지 기록을 자꾸 수치화해서 알리고 싶어 한다. 반면 서양에서 열리는 대부분

대회는 이런 역사의 과시에는 별로 관심이 없다. 그저 다른 대회와 구분하기 위해 그 대회가 몇 년에 열렸는지에 대한 정보를 줄 뿐이다.

일반 기업의 홈페이지에 걸린 해당 기업의 소개를 봐도 재미있는 현상을 발견할 수 있다. 한국 기업 홈페이지에서 기업 역사를 소개하는 곳에는 거의 예외 없이 연도별로 '수출 100만불탑 수상', '산업부 장관상', '국무총리 표창' 등 수상 경력을 줄줄이 적어놓았다. 저걸 도대체 누가 볼까 싶은데도 너무너무 열심히 그 역사를 기록해 보여준다. 얼마나 많은 상을 받았느냐는 수치가 그 회사의 생산성 증대와 동일시되기 때문이다.

숫자와 기록, 그리고 그것을 다른 나라 것과 비교하는 대표적인 역사적 사례가 1985년 세워진 63빌딩이다. 대한생명이 여의도에 63빌딩을 세웠을 때, 사람들은 그 건물의 아름다움보다도 63빌딩이 당시 아시아 최고층 빌딩이었다는 사실에 열광했다.

63빌딩이 세워지기 전까지 아시아 최고층 빌딩은 일본의 선샤인 빌딩이었다. 63빌딩은 설계 당시부터 이 선샤인 빌딩을 넘어서는 것을 목표로 했다. 아시아 최고라는 기록은 절대 양보할 수 없는 한국의 명제였기 때문이다.

실제 63빌딩의 지상 층수는 63층이 아니라 60층이다. 63층이라고 부르는 것은 지하 3층까지 포함했기 때문이다. 선샤인 빌딩의 지상 층수도 60층이었다.

빌딩의 층수를 말할 때 지하까지 포함하는 경우는 거의 없다. 그런데도 이 빌딩의 이름이 '63빌딩'이며 아직도 63층짜리 빌딩으로 알려지는 것은 다분히 선샤인 빌딩을 의식했기 때문이다. 그리고 63빌딩의 높이는 선샤인 빌딩에 비해 단 25미터 높았다.

사실 이 차이는 현실적으로 보면 아무것도 아니다. 하지만 아시아 최고라는 타이틀, 게다가 일본의 빌딩보다 더 높다는 타이틀은 쉽게 포기할 수 있는 것이 아니었다.

> 한국의 대회는 그 대회가 얼마나 오래 됐는지 기록을 자꾸 수치화해서 알리고 싶어 한다.

2018년 동계올림픽을 평창이 유치하면서 나오기 시작한 '세계 여섯 번째로 스포츠 그랜드슬램을 이룬 국가'라는 개념도 마찬가지다. 스포츠 그랜드슬램이란 올림픽, 월드컵, 세계육상대회, 동계올림픽을 모두 개최한 나라라는 뜻이다. 그리고 이 위대한 일을 해낸 것은 한국이 세계에서 여섯 번째라는 것이었다.

그런데 이게 무슨 의미가 있는지 모르겠다. 세계 어느 나라 사람을 붙잡고 "혹시 스포츠 그랜드슬램이라는 말을 아세요?" 하고 물어봐도 아는 사람을 발견하기 어렵다. 심지어 우리가 세계에서 여섯 번째로 그랜드슬램을 달성했다는 것이 세계에서 여섯 번째로 잘사는 나라라는 뜻도, 세계에서 스포츠를 여섯 번째로 잘한다는 뜻도 아니다. 아무리 봐도 별 의미가 없는 개념을 우리 스스로 만들어 좋아하는 것이다.

이런 의지 자체는 나쁜 것이 아니다. 물론 우리 스스로 "스포츠 그랜드슬램을 이뤘다!" 하고 자화자찬하는 것이 낯 간지럽긴 하다. 하지만 더 빨리, 더 높게, 더 많이 하려는 의지 자체는 칭찬하면 칭찬했지 나무랄 이유는 없다.

문제는 이런 숫자와 기록에 대한 열광이 상식을 넘어서는 집착이 되면 곤란한 일이 벌어진다는 것이다. 그리고 앞으로도 이 장에서 자주 언급하겠지만 이 '곤란한 일'은 여러 면에서 한국의 미래를 개척하는 데 상당한 걸림돌이 될 수 있다.

앞 장에서 언급했던 KTX-산천이 바로 이런 곤란한 경우에 해당한다. 고속열차 제작 역사가 40년이 넘는 일본의 고속철도는 2008년에야 시속 300km를 넘겼다. 그런데 우리는 개발에 나선 지 단 몇 년 만에 최고시속 350km를 달리는 열차를 개발하고 바로 상용화했다.

당시에는 우리의 놀라운 기술력에 수많은 언론이 감탄사를 연발했다. 프랑스 테제베(TGV)에 못지않다는 자부심 섞인 소리도 들렸다. 하지만 정작 실제 운행을 해보고 나니 "아니올시다"였다. 열차의 최고 속도가 시속 300km인지, 350km인지보다 더 중요한 것을 놓치고 있었기 때문이다. 정작 우리가 바로미터로 삼았던 TGV는 1989년 이미 최고시속 482.4km로 달리는 열차를 개발했지만 여전히 300km 이하로 운행하고 있다고 한다.

■ 패스트 팔로어의 숙명

이 차이는 어디에서 시작되는 것일까? 사실 간단해 보이지만 이 질문에 대한 대답에는 많은 것들이 담겨 있다. 대한민국이 오랫동안 '더 빨리, 더 많이, 더 높이'라는 기록에 집착해온 이유는, 우리가 패스트 팔로어였기 때문이라고 생각한다.

패스트 팔로어는 개척자가 아니다. 남들이 미리 해놓은 것을 따라하되, 더 잘해야 하는 숙명을 가지고 있다. 이미 누가 가지고 있는 기술을 따라 뒤늦게 그 분야에 뛰어들었다면 승부는 가격에서 봐야 한다. 가격을 낮추는 방법은 저가의 노동력으로 더 많은 것을 생산해내는 일이다. 따라서 '더 빨리, 더 많이, 더 높이'는 어쩌면 패스트 팔로어로서 절대 버릴 수 없는 숙명과도 같은 것이었다.

> 대한민국이 오랫동안 '더 빨리, 더 많이, 더 높이'라는 기록에 집착해온 이유는, 우리가 패스트 팔로어였기 때문이라고 생각한다.

거기다가 한국은 일본이라는 묘한 페이스 메이커(pace maker)를 가지고 있었다. 일본을 따라잡아야 한다는 온 국민적 정서는 뒤늦게 시작했지만 결코 뒤질 수 없다는 의지로 이어졌다. 그리고 국가의 과제에 누구보다도 헌신적이고 희생적이었던 한국 국민들의 부지런함도 이런 속도주의의 성과를 높이는 중요한 원인이 됐다.

한국을 대표하는 단어가 '빨리빨리'라고 했는데, 사실 돌이켜보면 이는 5000년 한국 역사를 관통하는 문화가 절대 아니었다. 조선시대까지만 해도 한국 정서의 주류는 '빨리빨리'가 아니라 '느림'이었다. 비가 와도 절대 뛰지 않는다는 양반네들의 의식은 말할 것도 없고, 한국 사람은 성급함보다 느긋함을 즐기는 여유로운 민족에 가까웠다.

그랬던 것이 1960년대 이후 완전히 바뀌었다. 빠른 속도로 이뤄지는 근대화에 맞춰 한국의 문화도 빨리빨리를 지상과제로 삼기 시작했다. 화장실에 들어가기도 전에 지퍼부터 내리는 성급함은 한국의 근대화와 함께 시작된 것이다.

또 한 가지, 숫자로 나타나는 기록이 한국 사람의 동기를 높였다는 점도 간과할 수 없다. 예를 들어 '이번 달 목표 작업량 3000개'라고 사장님이 선언하면 한국 사람들은 그것이 불가능해 보여도 결국 해내고야 말았다. "다음달에는 기록 한 번 깨봅시다"라고 소리치는 공장장의 독려가 나오면 많은 노동자들은 밤잠을 잊고 그 기록을 새롭게 써나갔다.

이 과정에서 무리한 노동 착취가 있었고 수많은 노동자들의 희생이 있었다. 하지만 어찌됐건 한국의 노동자들은 이 엄청난 희생을 묵묵히 감내해냈다.

이런 문화가 한국의 발전에 얼마나 많은 기여를 했는지는 더 말할 필요조차 없다. 그런데 여기에서 한 가지 더 짚고 넘어가야 할 일이 있다. 이렇게 숫자로 표현되는 기록, 그러니까 얼마나 빠른 시간 안에 많이 생산하느냐 식의 사고 방식은 이미 언급했듯이 경공업과 중공업 시대의 문화다. 컨베이어 벨트를 얼마나 빨리 돌릴 수 있느냐에 승부를 거는 전형적인 패스트 팔로어 시대의 문화라는 것이다.

■ 퍼스트 무버의 숙명

반면 퍼스트 무버의 숙명은 패스트 팔로어의 그것과 전혀 다르다. 퍼스트 무버의 핵심은 창조적인 아이디어, 그리고 그것을 통해 세상을 뒤바꿀 수 있는 혁신적인 제품이다.

그런데 이런 제품은 시간을 정해놓고 아무리 독려한다고 해서 나오는 것이 아니다. "아이패드 같은 혁신적 제품 아이디어를 올해 안에 누가누가 많이 내냐"라는 식으로 경쟁을 붙여서 나오는 것이 아니다. 올해 안에 아이디어 회의만 500회 하는 신기록을 세운다고 되는 일도 아니다.

퍼스트 무버의 숙명은 보이는 숫자에 집착하는 것이 아니라 오히려 이 숫자의 유혹을 떨쳐내는 데 있다.

동아시아 전쟁 역사에서 가장 혁신적인 변화가 생겼던 때는 일본 센코쿠 시대, 즉 전국시대(戰國時代)였다. 당시 일본 통일의 기틀을 다졌던 인물은 한국에도 많이 알려져 있는 오다 노부나가(織田信長)였다. 그런데 오다 노부나가는 1543년에 포르투갈 상인들이 전해준 조총의 중요성을 누구보다 먼저 알아봤다. 그리고 그는 중세 전쟁에서 처음으로 정보전과 기동전의 개념을 도입한 인물로 평가 받는다.

오다 노부나가가 중세 전쟁의 양상을 혁신적으로 바꿔놓은 방식은 바로 정보를 중요하게 생각하는 것이었다. 그가 지휘하기 전까지 동아시아 전쟁에서 가장 중시하던 것은 얼마나 많은 적을 죽였느냐는 것이었다.

이는 그야말로 숫자의 문제였다. 많이 죽인 사람이 더 큰 공을 세운 것으로 인정 받았기 때문에 무장들은 무조건 많은 적의 목을 베는 것에 성과의 모든 초점을 맞췄다. 실제로 이 당시만 해도 장수나 병사들은 죽은 적의 귀를 베어 그 숫자로 논공행상을 받았다. 그러나 사람의 귀가 하나가 아니라 둘이기 때문에 실제 목을 벤 적군의 숫자와 병사들이 들고 온 적군의 귀 숫자가 일치할 리가 없었다. 그러자 이후에는 성과의 지표가 귀 대신 코로 바뀌었고 애꿎은 시체의 코는 남아날 일이 없었다. 그리고 이는 그 시대 전투의 숙명과도 같은 것이었다.

하지만 노부나가는 이런 전투의 패러다임 자체를 바꿨다. 그는 아군이 들고 온 시체의 귀나 코의 숫자 따위는 중요하게 생각하지 않았

> 퍼스트 무버의 숙명은 보이는 숫자에 집착하는 것이 아니라 오히려 이 숫자의 유혹을 떨쳐내는 데 있다.

다. 오히려 적군의 위치, 적군의 전술에 대해 정확한 정보를 들고 오는 이들에게 더 큰 상을 내렸다.

노부나가가 실시한 논공행상 방식은 숫자와 전혀 무관한 것이었다. 정보의 정확성은 수치로 계산되지 않기 때문이다.

하지만 이렇게 함으로써 그는 자신의 부대를 한층 더 효율적으로 배치하면서 더 많은 승리를 얻을 수 있었다. 노부나가가 실시한 수많은 치고 빠지기식 기동전도 이렇듯 풍부한 정보를 바탕으로 이뤄진 것이었다.

노부나가의 전투 방식은 당시로서는 보기 드문 퍼스트 무버의 움직임이었다. 무작정 베고 찌르던 중세의 싸움을 정보와 기동력을 바탕으로 한 원거리 총격전으로 바꿔놓았다.

혁신은 항상 이런 모습을 보인다. 숫자로 계산될 수 있는 것은 혁신적인 변화를 이뤄내기 어려울 때가 많다. 숫자는 보이는 것이고, 보이는 것은 누구나 쉽게 상상할 수 있다.

하지만 보이지 않는 무엇은 누구도 쉽게 먼저 알아채지 못한다. 그 보이지 않는 무엇을 중시하고 그 속에서 새로운 아이디어를 찾아내는 것이 혁신이다. 이 때문에 퍼스트 무버의 숙명은 숫자로 대변되는 기록의 굴레에서 벗어나야 하는 것이다.

속도가 해결할 수 없는
새로운 문제들

■ 되돌아가기에 우린 너무 멀리 와 있다

한국은 지금 속도만으로는 해결할 수 없는 수많은 문제에 직면해 있다. 우리가 세계 20대 강국이니 10대 강국이니 하는 것은 바로 우리의 위치가 "한 시간에 몇 개 만드느냐?"로 승부를 보는 위치가 아니라는 것을 뜻한다.

과거 패스트 팔로어 시대에는 일단 빨리 해놓고 보는 것이 맞았다. 혹시 그 길이 정답이 아니더라도 기동력을 발휘해 다시 시도하면 실패를 딛고 올라 설 수가 있었다.

하지만 지금 한국 경제의 규모를 감안하면 우리는 이런 실패를 속도로 극복하기에는 너무 많이, 너무 앞선 자리에 와 있다. 일단 빨리 해놓고 보는 것이 결코 효율적이지 않은 시대에 살고 있다는 것이다.

이유는 간단하다. 경제가 선진화할수록, 그리고 경제의 규모가 커질수록 그 나라는 숙명적으로 안고 가야 할 새로운 짐이 생긴다. 바로 '리스크(risk)'라는 녀석이다.

1995년에 세계 금융시장에서 막강한 영향력을 행사하던 영국의 투자회사 베어링증권이 파산했다. 그런데 베어링증권이 파산에 이른 이유는 닉 리슨(Nick Leeson)이라는 한 청년의 무모한 투자 때문이었다.

리슨은 당시 베어링증권에서 수십만 파운드의 연봉을 받던 유망 펀드매니저였다. 회사에 매년 안겨주는 수익도 엄청나 세계 증시에서는 그를 '트레이딩 플로어의 마이클 조던'이라고 칭송하기도 했다.

그러나 베어링증권이 이 앞길이 유망해 보였던 직원의 능력을 너무 과신했다는 것이 문제였다. 리슨이 매년 엄청난 수익을 회사에 안겨주니 베어링증권은 그 과실의 단맛에 지나치게 취해버렸다. 그리고 일정 액수가 넘어가는 투자를 결정할 때에는 많은 사람들이 의견을 교환하고 리스크를 점검해야 한다는 중요한 원칙을 생략하게 된다.

당시 싱가포르 지점에서 근무했던 닉 리슨은 애초부터 고위험 파생상품 거래로 이름을 날렸던 인물이다. 선물(Futures)이나 옵션(Option) 같은 고위험 파생상품 시장은 잘되면 투자 금액에 비해 높은 수익을 올릴 수 있지만 잘못되면 한 방에 모든 것을 잃을 수 있는 위험한 곳이다.

리슨은 그해에 일본 증시의 상승을 예측하면서 선물(先物) 시장에서 주가가 오르는 쪽에 거액을 걸었다. 그는 자신이 분석한 다양한 지표를 토대로 자신의 선택이 옳을 것이라고 확신했다.

그러나 이때 리슨이 절대 예상할 수 없었던 뜻밖의 일이 벌어지고 만다. 일본 고베에서 대지진이 일어나면서 도쿄 닛케이지수가 하루에 6%나 폭락한 것이었다. 지수가 6% 폭락하면 파생상품 시장에서 수익률은 40% 넘게 차이가 날 수 있다. 리슨은 이 잘못된 투자로 하루 아침에 원금의 절반에 가까운 액수를 날려버렸다.

큰 손실을 입은 리슨은 이를 만회하기 위해 더 많은 돈을 추가로 투자했다. 그러나 대지진 이후 일본 증시는 그의 뜻대로 움직이지 않았고 한 달 만에 그는 8억 5000만 파운드, 당시 우리 돈으로 1조 7000억 원의 돈을 날리고 만다.

역사와 전통을 자랑하며 영국 6위의 금융그룹에 올라 있던 베어링증권도 이 사건으로 결국 파산하기에 이르렀다. 베어링증권이 속해 있던 베어링스그룹도 이 사건 여파로 네덜란드의 ING그룹에 단돈 1파운드에 팔리고 만다. 한 명의 무모한 투자가 회사와 그룹 전체를 무너뜨린 것이다.

이 엄청난 사건의 직접적 원인은 직원 하나가 투자 리스크에 대한 인식을 제대로 하지 못했던 것이다. 하지만 더 궁극적인 책임은 한 직원에게 지나치게 많은 투자금을 운용하도록 맡긴 베어링증권에 있다. 회사가 리스크 관리에 대한 기본 인식이 부족했던 것이다.

그런데 한국 증시에서도 이처럼 리스크를 관리 못해 큰 손실을 입었던 회사들이 부지기수였다. 1990년대까지 3대 투신사로 불렸던 대한투자신탁과 한국투자신탁, 국민투자신탁은 갖은 투자 실패로 정부로부터 받은 공적자금만 해도 수조 원 대였다.

1991년 한국투자신탁과 대한투자신탁은 자기자본의 81%와 79%가 잠식된 상태였다. 1992년 3대 투신사의 빚은 각 회사당 2조 원이었고 정부는 이들을 살리기 위해 2조 9000억 원을 새로 찍어서 목숨을 이어나갔다. 1994년 정부는 이들 3대 투신회사에 다시 국고 5000억 원을 지원했지만 1996년 이들의 빚은 7조 원으로 불어났다. 1999년 정부가 다시 이들 두 회사에 투입한 공적자금은 3조 원과 2조 8000억 원에 달했다. 비슷한 시기 벌어졌던 베어링증권의 투자 손실액에 비해 한국 정부가 투신권을 살리기 위해 사용한 돈이 오히려 더 많았다.

민영화가 되기 전까지 이 회사들은 경영을 그렇게 방만하게 하고도 혁신과는 거리가 먼 삶을 살아왔다. 최고 경영자도 줄곧 재경부에서 고위 공무원을 지낸 퇴직 관료들이 차고 앉아 있었다.

하지만 베어링증권은 단 한 번의 실수로 회사가 몰락의 길을 걸은 반면, 대한투자신탁과 한국투자신탁은 숱한 위기 속에서도 정부의 지원으로 회생을 거듭했다.

이 차이를 잘 이해해야 한다. 한국에서 1990년대까지 이렇게 방만하게 경영되던 금융회사들을 살릴 수 있었던 이유는 바로 한국이 금융 후진국이었기 때문이다. 세계 시장에 개방되지 않은 금융 후진국 시장에서는 정부의 의지에 따라 공적자금도 투입하고 별의별 방식을 통해 기업을 살릴 수 있었다.

하지만 지금이라면 이런 방만한 경영의 금융회사는 살아남을 수 없다. 한국 증시는 전세계에 개방돼 있고 수많은 주요 플레이어들이 한국 시장에서 경쟁을 벌인다. 정부가 비정상적인 방법을 통해 부실 회사를 지원할 방법이 제한돼 있다.

1990년대 후반 영국 정부가 베어링증권을 살리고 싶어 하지 않았겠는가? 하지만 그들은 회사의 소생을 위해 어떤 비정상적인 방법도 동원할 수 없는 상황이었다. 이미 선진화된 세계 증시에서 주요 플레이어로 활약하고 있으면서 온 세계 금융시장의 이목이 집중됐던 이 회사에 영국 정부가 해줄 수 있는 일은 아무것도 없었다.

무슨 말을 하려고 이 이야기를 소개했는지 궁금해 하는 독자들이 있을 것이다. 내가 하고 싶은 말은 지금 한국은 '보이는 숫자'에 집착해야 할 때가 아니라 보이지 않는 무엇, 특히 예상치 못했던 리스크(risk) 관리에 더 신경을 써야 하는 위치에 올라와 있다는 것이다.

후진국 팔로어(follower)일수록 리스크 관리가 소홀해도 재기를 하기가 쉽다. 세계적으로 별로 주목도 받지 않아 어떤 식으로건 편법 수습이 가능한데다가 실패를 해도 투자한 비용 자체가 크지 않아 어떻게든 유야무야 넘어갈 수가 있다는 것이다.

그런데 팔로어의 위치에서 벗어나 세계 유수의 기업들과 오픈된 시장에서 겨루는 위치에 올라오면 리스크는 기업의 운명에 상상을 초월하는 영향력을 미친다. 이미 전 세계 여러 기업들과 겨루면서 그들이 지켜보는 상황에서는 정부가 동원할 수 있는 편법이 없다. 또 경제 규모 자체가 커져 있는 국가나 기업이 일을 일단 벌여놓으면 들어간 투자금 규모가 후진국 시절과는 차원이 다르다. "이번 판은 실패이니 다시 시작하자"라고 하기에는 손실이 너무 커져버렸다는 뜻이다.

한국은 역사적으로 기획보다 실행에 강점을 보였던 나라. 그리고 "하다가 안되면 다시 하면 된다"라는 믿음이 강했다. 이 때문에 일단 일을 벌여놓으려고 마음을 먹으면 가장 중시되는 것은 속도였다. 예상되는 리스크 따위는 일단 무시하는 경향이 강했다.

우리가 숫자화된 기록에 집착하는 이유는 바로 기획의 꼼꼼함과 신중함보다

> 1970, 1980년대 한국과 달리 2012년의 한국은 하다가 안되면 중단하고 다시 하기에는 너무 멀리, 그리고 너무 앞으로 나와 있는 것이다.

결과물의 양에 집착하는 패스트 팔로어 시대의 습성이 아직 남아 있기 때문이다.

하지만 지금 우리의 상황은 과거와 완전히 다르다. 일단 일을 벌려 놓고 나중에 무슨 사태가 벌어지는지 확인하기에는, 리스크가 주는 짐이 너무나 무겁다. 1970, 1980년대 한국과 달리 2012년의 한국은 하다가 안되면 중단하고 다시 하기에는 너무 멀리, 그리고 너무 앞으로 나와 있는 것이다.

■ 검은 백조의 등장

월스트리트의 투자전문가 나심 니콜라스 탈레브가 쓴 책 《검은 백조(The Black Swan)》에는 새로운 개념이 등장한다. 세상을 바꾸는 것은, 우리가 흔히 과거의 경험을 통해 얻을 수 있는 예측할 수 있는 (expected) 것이 아니라 전혀 예상치 못했던(unexpected) 것들에서 출발한다는 것이다.

한국 말로 백조(白鳥)는 말 그대로 하얀 새다. 따라서 '검은 백조'라는 단어 자체가 이미 형용모순이다. 있을 수 없는 일이라는 뜻이다. 실제로 오랫동안 사람들은 "백조는 하얀 색이다"라는 고정관념에 사로잡혔었다.

그런데 17세기 호주로 건너간 영국인들은 백조하고 똑같이 생겼지만 검은색 모양의 '검은 백조'를 발견했다. 사람들이 진리라고 굳게 믿었던 것이 한순간에 물거품이 돼버린 것이다.

탈레브는 "세상의 변화는 바로 이런 것에서 출발한다"라고 주장한다. 탈레브가 말하는 변화란 좋은 의미의 개선도 있지만 멸망과 붕괴 같은 최악의 경우도 포함된다.

알고 있다고 믿고, 그래서 충분히 대응할 수 있다고 확신할 때 어디에선가 상상도 못했던 검은 백조가 나타나 세상을 뒤흔들어버린다. 2008년 리먼브러더스 같은 굴지의 금융회사가 서브프라임 모기지론이라는 덫에 걸려 쓰러진 것도 과거의 통계를 맹신하고 변수를 충분히 컨트롤할 수 있다고 믿었던 인간의 오만에서부터 출발한 것이다. 앞에서 소개했지만 베어링증권 파산의 단초가 된 것은 일본의 고베 대지진이었다. 인간이 충분히 검토했다고 확신하는 순간에도 세상은 인간의 상상력을 뛰어 넘는 검은 백조를 내보내며 인간의 제한된 상상력을 비웃는 것이다.

잘되고 있는 현상들은 그동안 잘되고 있었기 때문에 의심하기가 쉽지 않다. 2000년 전 로마가 멸망하리라고 믿었던 사람이 아무도 없었던 것처럼, 인간은 잘되고 있었던 역사를 맹신하고 그것이 영원히 번성할 수 있다고 믿는다.

이미 언급한 바 있지만 한국은 기획보다 실행에 강한 나라. "일단 한 번 해보자(Just do it!)"를 모토로 내건 나이키의 사상과 가장 일치하는 나라는 나이키의 본고장 미국이 아니라 오히려 한국이다.

그러나 지금부터 우리가 헤쳐나가야 하는 세계는 예측할 수 있는 영역(expected)보다 예측이 불가능한 영역(unexpected)에 훨씬 가깝다. 또 한국은 이미 선진국 대열의 여러 나라들과 치열한 선두 다툼을 벌이는 중이기 때문에 리먼브러더스가 그랬던 것처럼 단 한 번의 큰 실수로 기업과 국가의 운명이 바뀔 수도 있는 상황이다.

그래서 우리는 지금까지의 속도주의를 잠시 내려놓고 모든 일을 할 때 좀 더 신중해져야 할 필요가 있다. "백조는 하얗다"라는 알려진 지식을 달달 암기하고 그것을 맹신하는 것보다 검은 백조가 나타날지도 모른다는 신중함이 더 필요한 때인 것이다.

■ 티 나지 않아서 슬픈 강점, 신중함

신중함은 참 받아들이기 힘든 문화 가운데 하나다. 왜냐하면 한국처럼 눈부시게 성장을 거듭한 나라의 경우 신중함이 성과로 인정받기가 쉽지 않기 때문이다.

성과를 측정할 때 '얼마나 많은 일을 했느냐'를 수치로 보는 일은 많지만 '얼마나 많은 일을 주저했느냐'를 계량하는 적은 거의 없다. 또 실제 한 발을 내디뎌야 할 때 그 기회를 놓치면 눈 앞에 보이는 수많은 이익을 놓칠 수도 있다.

하지만 한국은 이제 이러한 생각을 조금 고쳐먹어야 할 때가 왔다. 리스크가 주는 대미지의 크기를 좀 더 절실하게 인식을 할 필요가 있다. 문제를 처리하는 사람만큼이나 문제를 발견하는 사람을 더 중용해야 하는 이유가 여기에 있다.

한국에서 회의를 할 때 가장 쉽게 느낄 수 있는 문화가 "회의 좀 빨리 끝내자"라는 것이다. 나 역시 길게 질질 늘어뜨리는 회의를 좋아하지 않는다.

그런데 어떤 일을 검토하면서 회의를 할 때 가장 중요한 핵심은 회의가 길어지느냐 짧아지느냐가 아니다. 핵심은 그 회의를 통해 무엇을 얻고자 하느냐다.

A라는 임시 결론을 가지고 회의를 시작했다고 하자. 그 A라는 결론이 적절한지를 확인하기 위해 다섯 시간의 마라톤 회의를 가졌다. 그리고 일어날 수 있는 여러 일을 충분히 점검해보니 A라는 결론이 타당했다. 그래서 애초 임시 결론이었던 A를 최종 결론으로 확정했다.

이런 과정을 거쳤다면 한국에서 대번에 나올 수 있는 이야기는 "야, 그 따위 회의를 왜 하냐?"라는 것이다. 어차피 결론은 똑같은데 뭐 하러 아까운 시간 쏟아 부으면서 회의를 했냐는 것이다.

발상의 전환이 필요하다. 설혹 결론이 전혀 변하지 않았더라도 우리가 A라는 결론을 만들어내기 위해 충분한 점검을 다섯 시간 동안 했다면 그 회의의 가치는 대단히 큰 것이다. "뭔 소리야? 어차피 결론은 같잖아?"라고 반문한다면 그 사람은 여전히 검은 백조의 두려움을 모르는 것이다.

결론도 같고 시간도 허비한 것처럼 보이지만 이런 신중함은 지금부터 필수적으로 받아들여야 하는 것이다. 해놓고 실패하는 것보다 하기 전에 꼼꼼히 대처하는 것이 지금 우리가 처한 상황에서 훨씬 효율적이다.

2008년 이명박 정부가 들어선 이후 가장 이슈가 됐던 것 중에 하나가 4대강 사업이었다. 찬반 양론이 팽팽히 맞서면서 거의 국론이 양분되는 지경까지 이르렀다.

그런데 4대강 사업의 타당성 여부를 떠나 나는 그 논의 과정에 대한 의구심 한 가지를 지울 수 없다. 한쪽으로 의견이 완전히 기울어진 것이 아니라는 것은, 4대강 사업은 좋은 것일 수도 있고 나쁜 것일 수도 있다는 뜻이다. 그렇다면 왜 굳이 그 4대강 사업을 한꺼번에 4개 강에서 동시에 해야 하는지 그 논리가 잘 와 닿지 않는다.

찬성론자의 말처럼 4대강 사업을 하면 경제적으로 큰 이익을 얻을 수도 있을 것이고, 반대론자의 말처럼 그 사업을 하면 환경 파괴로 더 많은 비용을 지불해야 할 수도 있을 것이다. 성공했을 때 얻을 수 있는 이익을 포기하기도 아깝고 실패했을 때 감당해야 할 손실도 두렵다.

그러면 4개 강 중에 하나만 먼저 시행해보면 안되는가? 해보고 그 결과를 지켜본 이후 성과가 훌륭하다면 확대하고, 성과가 없다면 그만두면 되는 일이다.

한국 정치인들은 뭔가 일을 벌일 때 너무 그 일을 '자기의 공적'으로 남기려는 성향이 강하다. 한강 르네상스니 4대강 사업이니 하는 것처럼 지도자들은 자기 이름을 걸고 하는 사업 한 가지를 꼭 남기고 싶어 한다. 그런데 대통령의 임기는 길어야 5년이고 시장의 임기는 재선을 하지 않는 한 4년이다.

이 4, 5년의 시간 안에 과연 국토를 재구성하는 대사업을 마무리하는 게 옳은 일일까? 그래서 잘되면 그 사업이 그 사람의 이름이 걸린 업적으로 남겠지만 잘못되면 그 뒷감당은 누가 해야 하나.

국민에게 중요한 것은 나라의 이익이지 정치인의 명예가 아니다. 그리고 선출직 정치인은 원칙적으로 국민의 이익에 봉사하는 사람이다. 그렇다면 아무리 자기가 생각하기에 좋은 아이디어라도 검은 백조의 등장 가능성이 있다는 점을 인정하고 좀 더 리스크를 줄이는 방식으로 신중하게 일을 진행해야 한다.

모르는 길이 앞에 놓여 있는데 "Just do it."을 외치는 것은 용감한 것이 아니라 무식한 것이다. "Just do it!"을 외치기 전에 "Just think about it!"을 하는 과정이 필요하다. 다시 한 번 강조하지만 지금 한국은 검은 백조의 등장으로 이제껏 쌓아둔 것을 다 망가뜨리기에는 이뤄놓은 것이 너무 많다.

속도에 대한 새로운 개념

■ '빨리빨리'의 반대말은 '천천히'가 아니다

나의 이런 주장에 오해가 있을 수 있어 이 점 한 가지를 분명히 하고 싶다.

한국을 방문하는 외국인들이 한국의 '빨리빨리' 문화에 대해 부정적인 생각만을 갖고 있는 것은 아니다. 오히려 그런 신속함과 저돌적인 모습을 보고 배워야 할 문화라고 생각하는 이들도 적지 않다.

우리가 혼란스러워 하는 것은 바로 이 지점이다. 어떨 때 보면 외국인들은 한국의 빨리빨리 문화를 한심하게 생각하는 것처럼 묘사되지만, 또 어떨 때에 이들은 한국의 빨리빨리 문화를 칭송하기도 한다. 그래서 이 문화가 좋은 것인지 나쁜 것인지 우리 스스로도 헷갈린다.

그런데 이는 '빨리빨리'의 개념을 우리가 혼용해서 쓰고 있기 때문이다. 이 혼란스러운 개념을 좀 더 명확히 정리하려면, 우리가 지금 다루고 있는 '빨리빨리'의 반대말이 무엇인지 정의하는 것이 바람직하다.

지금 내가 개선하자고 주장하는 '빨리빨리'의 반대말은 '천천히', 또는 '느리게'가 아니다. 빨리빨리 돌아가는 문화에 반대해 모든 일을 천천히 하는 '슬로 무브먼트(slow movement)' 같은 일을 하자는 것은 더더욱 아니다.

어떤 일을 하자고 결정이 났다면 당연히 천천히 하는 것보다 빨리 하는 것이 좋다. 이것은 패스트 팔로어 시대이건 퍼스트 무버 시대이건 상관없이 적용되는 이야기다. 자본주의 사회에서 시간은 무엇보다도 소중한 자산 가운데 하나이기 때문이다.

내가 지적하는 '빨리빨리'의 반대말은 '천천히'가 아니라 '신중히'다. 빨리빨리 하는 것 대신에 신중히 처리하는 것이 더 필요하다는 의미다. 좀 더 정확히 말하면 빨리빨리 하는 것보다 대충대충 하는 것을 경계하자는 것이다.

어떤 일을 하건 신중하게, 예상치 못한 일들에 대해 충분히 검토한 뒤 그 일을 진행해야 한다. 그런 점들에 대한 검토가 충분히 있었다면 최대한 비효율을 제거하고 전력을 다해 하는 것이 당연히 필요하다. 아무 대책 없이 천천히만 가는 것은 빨리빨리 문화를 대체할 혜안이 아니다.

■ 신중할수록 더 빠르다

그래서 우리에게 필요한 것은 나침반 같은 것이다. 어느 순간까지 힘차게 전력질주했다가 "이 길이 아니란다" 하고 돌아서는 일을 방지하기 위해서는 나침반이 필요하다.

한국은 세계 정상급 단거리 달리기 선수다. 속도에 관해서는 세계 초일류 국가에 속한다. 짧은 목표 지점을 설정해주고 단거리 달리기를 하면 한국만큼 빨리 달리는 나라는 세계 어디에서도 찾기 어렵다.

이건 단점이 아니라 장점이다. 그것도 무지하게 큰 장점이며 아주 소중한 경쟁력 가운데 하나다. 그리고 이 장점은 절대로 지켜야 하는 것이다. 다만, 그 엄청난 단거리 속도에 더해야 할 것은 출발하기 전에 더욱 신중하게 우리가 가야 할 길에 대해 점검하는 것이다.

이해를 돕기 위해 그림을 하나 제시한다.

지금 이 그림이 단거리 달리기 선수로서 보여줬던 한국의 기존 모습이다. B라는 단거리 목표 지점만 정해지면 A에서 B까지 가장 빨리 달릴 수 있는 선수가 바로 한국이었다. 그런데 우리가 앞으로 달려야 할 트랙이 위의 그림처럼 단순하지 않기 때문에 문제가 생긴다. 예를 들어 달려야 할 트랙이 아래처럼 돼 있다면 이야기가 달라진다.

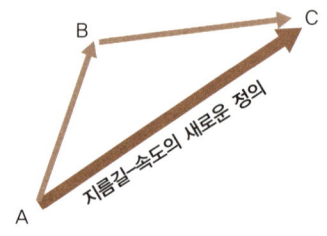

이런 모양의 트랙에서 A→B 구간을 가장 빨리 달리는 것은 보기에는 멋있을지 몰라도 실제 경쟁에서는 큰 의미를 지니기 어렵다. 왜냐하면 우리가 궁극적으로 가야 할 목표 지점이 B가 아니라 C이기 때문이다. 아무리 A~B구간과 B~C구간을 연이어 빨리 달려도 A에서 바로 C로 향하는 지름길을 찾은 선수가 경쟁에서 훨씬 유리하게 마련이다.

우리가 지금부터 해야 할 일은 A에서 무조건 "Just do it!"을 외치며 스타트를 끊는 것이 아니다. A에서 잠시 멈춰 서더라도, 출발이 다소 늦더라도 목표 지점이 어디인지를 먼저 확인해야 하는 것이다.

실제 현실은 이 그림보다 훨씬 더 복잡하다. 아마 아래 그림 정도가 현실의 모습일 것이다.

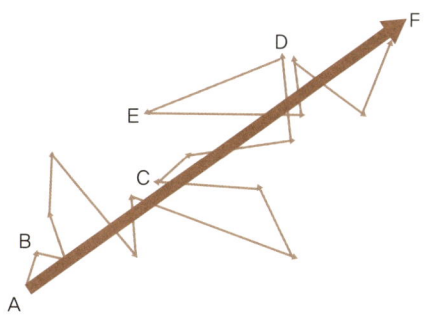

우리는 A에서 출발해 F까지 달려가야 한다. 그런데 무턱대고 출발하면 꼬불꼬불한 길을 엄청 헤매면서 가야 한다. 만약 검은 백조라도 나타난다면 우리는 D에서 E까지 오히려 큰 보폭으로 뒷걸음질을 칠 수도 있다.

A~B구간까지 빨리 달리는 것은 훌륭한 능력이다. 하지만 그 능력을 구사하기에 앞서 우리는 출발점에서 좀 더 오래 멈춰서는 신중함을 가져야 한다. 우리가 향해야 할 지점이 B인지, 아니면 F인지를 먼저 살펴야 한다. 흔히 경영을 할 때 가장 현명한 방법은 준비-조준-발사(ready-aim-fire)의 3단계를 거치는 것이라고 한다. 그러나 미국의 월마트는 이 같은 고정 관념을 깨고 준비-발사-조준(Ready-Fire-Aim)이라는 새로운 경영 방식을 도입했다. 조준을 하기 전에 시험적으로 발사를 먼저 해본 뒤 애초 목표와의 오차를 줄이면서 새롭게 조준하는 것이 더 현명하다는 것이다.

한국은 어떨까? 나는 한국의 빨리빨리 문화를 외국 비즈니스맨들에게 설명할 때 우스갯소리로 "한국은 발사-조준-준비(fire-aim-ready)의 나라다"라고 설명한다. 준비건 조준이건 필요 없이 일단 쏘고 나서 뒷일을 생각한다는 뜻이다.

무모한 도전은 성공하면 짜릿하지만 실패할 때 치러야 할 대가도 크다. 그리고 한국은 이제 그 무모한 도전을 멈추고 좀 더 신중히 나아갈 길을 생각해야 할 때가 됐다.

신중함을 통해 제대로 된 방향을 설정하고 검은 백조를 막을 충분한 고려를 덧입힌다면 한국의 속도주의는 세계에서 보기 드문 강점으로 작용할 수 있을 것이다.

책을 마치며

우리는 무엇으로 세상의 중심이 될 것인가

나는 한국이 창의력의 허브(hub of creativity), 혁신의 허브(hub of innovation), 성취의 허브(hub of fulfillment), 공정함의 허브(hub of fairness)가 되기를 원한다. 세계에서 가장 창의적인 나라, 세계에서 가장 도전 정신이 충만한 나라, 세계에서 가장 자기 혁신에 철저한 나라, 도전과 성과에 대한 공정한 성취가 가장 잘 보장되는 나라가 되기를 소망한다.

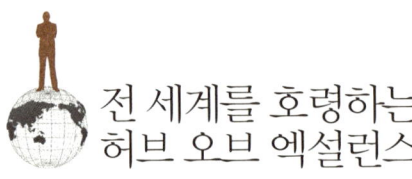

전 세계를 호령하는
허브 오브 엑셀런스

■ 허브와 '지리적 유리함'의 차이

요즘은 어떤지 모르겠지만 옛날 학교에서 수업을 받다 보면 '지정학적 이점'이니 '지리적 유리함'이니 하는 말을 선생님으로부터 참 많이 들었다고 한다. 이 말은 곧 한국이 어려움을 극복하고 잘살 수 있는 중요한 이유 중 하나가 바로 위치가 좋기 때문이라는 뜻이었다.

실제 동서 냉전 시대에 한반도는 소련과 미국, 두 거대 세력이 아시아의 패권을 다투는 접점이었다. 또 데탕트 이후 한반도는 중국과 일본을 잇는 동아시아 지역의 거점이었다.

나도 이 의견에 100% 동의한다. 한국은 뛰어난 나라이지만 궁극적으로 영토가 넓고 인구가 충분한 국가는 아니다. 그래서 내가 그리는 한국의 미래는 군사 대국도 아니고, 엄청난 소비 시장을 가진 사이즈의 나라도 아니다. 상상컨대 아마 한국의 미래는 '허브(hub)'로서 세계 질서에서 중요한 역할을 하는 것이라고 생각한다.

'허브'라는 개념의 핵심도 바로 지리적인 이점이다. 아무리 허브를 하고 싶어도 남미 끄트머리에 있는 칠레가 허브가 될 수는 없는 노릇이다. 한국은 동아시아, 더 나아가 북미 대륙과 아시아를 연결하는 허브로서의 지리적 유리함을 분명히 가지고 있다.

그런데 내가 말하는 허브와 한국 교과서에 나왔던 '지정학적 이점' 사이에는 미묘한 뉘앙스의 차이가 있다.

내가 말하는 허브는 그야말로 동아시아와 세계 질서에서 빼놓을 수 없는 중요한 역할을 하는 그런 허브를 말한다. 이 허브의 중심은 당연히 한국이다. 한국을 빼놓고는 그 지역 질서를 이야기할 수 없다는 뜻이다. 그래서 나의 허브는 진취적이고 능동적인 개념이다.

그러나 과거 교과서에서 많이 언급됐던 '지리적 이점'은 "한국은 중국과 일본 사이에 끼여 있기 때문에 그런 것들의 덕을 보면서 그럭저럭 살아갈 수 있다"라는 소극적인 개념에 가깝다. 이런 가르침에는 '중국과 일본은 우리보다 강대국'이라는 한 수 접고 들어가는 우울함이 깔려 있다. 동아시아 질서의 중심이 한국이 아니라 중국이나 일본(또는 미국이나 소련)이라는 것을 인정하는 태도다. 그래서 교과서에서 말하는 지리적 이점은 소극적이고 수동적인 개념이다.

■ 중국과 인도, 일본이 초강대국?

초강대국 미국을 중심으로 형성됐던 세계의 질서가 곧 재편될 것이라는 의견이 많다. 많은 미래 학자들은 미국과 함께 세계의 쌍두마차를 이룰 후보 지역으로 아시아를 꼽는다. 새롭게 떠오르는 중국과 인도, 그리고 전통의 경제 강국 일본이 그 후보들이다.

> 퍼스트 무버의 핵심은 창의성이고 창의성은 도전 정신에서 출발한다. 그런데 이 점에서 일본의 점수는 거의 빵점에 가깝다.

하지만 나는 이런 예측에 전혀 동의하지 않는다. 미래야 누구도 알 수 없는 것이기에 이들이 세계 질서에서 그런 중요한 역할을 할 가능성이 0%라고 말하지는 않겠다. 하지만 아무리 살펴봐도 이들 나라의 잠재력은 그렇게 크지 않다는 게 내 생각이다. 굳이 아시아를 미래의 한 축으로 본다면, 나는 이들 3국보다 한국이 훨씬 더 많은 가능성을 가지고 있다고 확신한다.

내가 보기에 일본은 미래의 초강대국 후보 중 가장 뒤떨어지는 나라다. 일본은 패스트 팔로어 시대에는 모범생 중 모범생 대접을 받았지만, 퍼스트 무버로서는 전혀 적합하지 않은 문화를 가지고 있기 때문이다.

일본이 이뤄낸 수많은 경제적 성과들은 사실 '모방과 개선'에 뛰어난 재능을 가지고 있었던 그들의 국민적 성향 덕분이었다. 한자를 모방해 자신들만의 문자로 만들고, 인도 커리를 발전시켜 카레라이스로 둔갑시키는 그들의 재주는 실로 놀라운 것이다. 하지만 분명한 것은 일본이 한자와 커리를 모방하고 개선시킨 국가이긴 해도, 한자와 커리를 처음 개발한 국가는 아니라는 점이다.

패스트 팔로어의 핵심은 성실성이다. 이 점에서 일본인들은 분명 높이 평가할 만한 구석이 있다. 근면하고 성실하며 저축 벌레였던 일본인의 국민성은 1980년대 일본을 세계 3대 강국의 반열에 올려놓은 원동력이 됐다.

하지만 새 시대는 패스트 팔로어가 아니라 퍼스트 무버의 시대다.

퍼스트 무버의 핵심은 창의성이고 창의성은 도전 정신에서 출발한다. 그런데 이 점에서 일본의 점수는 거의 빵점에 가깝다. 일본이라는 나라를 생각할 때 가장 먼저 떠오르는 단어는 '개성 없음'이다. 그들은 조직에서 튀는 것을 용인하지 않는다. 그리고 일본은 이 같은 전통 문화를 절대 버리지 못하는 나라다.

이는 나만의 견해가 아니다. 이미 일본 지식인들도 이와 비슷한 고민을 오래 전부터 하고 있었다. 하지만 문제는 이런 일본의 고질병이 나아질 기미를 전혀 보이지 않는다는 데 있다.

일본이 낳은 세계적 경제학자이며 미래학자 오마에 겐이치(大前研一) 교수가 2010년 한국의 한 언론과 가진 인터뷰 내용을 살펴보자. 그가 현재의 일본을 어떻게 생각하고 있으며, 미래의 일본에 대해 어떤 기대를 갖고 있는지를 잘 나타내준다.

"일본은 1970년대 세계 2위의 경제대국이 됐다. 그러나 당시에는 행복감을 느꼈지만 지금은 향수만 남아 있다. 어떤 통계를 보더라도 일본은 이미 절정기를 지났으며 경제지표들은 1995년 수준으로 돌아갔다. 일본 경제가 쇠락한 것에는 아주 분명한 이유가 있다. 대중 영합주의와 도전 의식의 결여가 바로 그것이다. 누구도 도전하려 하지 않는다. 도전 의식이 없는 남자들을 의미하는 '초식 남자 신드롬'이 일본의 오늘을 말해준다."

초식 남자 신드롬은 2008년 이후 일본을 강타한 새로운 화두다. 이들은 도전을 두려워하고 현실에 안주한다. 초식 동물은 근본적으로 수비적일 수밖에 없다. 그들은 빨리 달리지만, 오로지 육식 동물을 피하기 위해 빨리 달릴 뿐이다.

초식 동물과 마찬가지로 21세기 일본은 진취적이지 않다. 여전히 잘사는 나라처럼 보이지만, 그들의 경제는 오로지 육식 동물의 공격을 피하고 현실을 지키려는 수비적인 모습만 가지고 있을 뿐이다. 그래서 일본은 두려워할 대상이 아니다.

오랫동안 한국은 '일본 따라잡기'를 중요 화두로 삼아 경제를 독려해왔다. 그러나 내가 보기에 이건 이미 철 지난 목표일 뿐이다. 솔직히 말해서 일본 정도는, 한국이 굳이 엄청난 혁신을 하지 않아도 곧 따라 잡을 수 있다. 한국이 지금보다 10% 정도만 혁신하면 일본은 곧 앞지를 수 있을 것이다. '일본 따라잡기'는 목표 축에도 끼지 못하는 셈이다.

■ **사이즈가 모든 것을 해결해주지는 않는다**

그나마 일본에 비해 중국과 인도는 좀 나은 편이다. 가능성으로 따지면 중국이나 인도가 초강대국으로 성장할 확률이 일본에 비해 높다고 생각한다.

그런데 최근 급속히 성장하는 이들 두 나라의 원동력이 무엇인지를 살펴봐야 한다. 근본적으로 이들 나라는 '사이즈'에 기반한 나라다. 그렇다면 먼저 눈에 확 들어오는 장점인 사이즈를 일단 제거해보

> 더 많은 국민에게 더 많은 기회를 제공할수록 나라가 발전한다는 사실은 상식적으로 생각해봐도 너무 당연한 일이다.

자. 과연 사이즈를 제외하고 두 나라는 초강대국 후보로서 어떤 장점이 있을까?

인류의 역사를 살펴보면 진보의 토대는 인재의 등용에서부터 시작되는 경우가 많다. 그래서 더 많은 구성원들에게 더 많은 기회를 제공하는 사회가 더 튼튼한 법이다. 세종대왕이 양반과 귀족 위주의 지배구조에 사로잡혀 있었다면 관청 노비 출신인 장영실이라는 위대한 과학자는 절대 발굴하지 못했을 것이다.

더 많은 국민에게 더 많은 기회를 제공할수록 나라가 발전한다는 사실은 상식적으로 생각해봐도 너무 당연한 일이다.

국민이 1000명이고 그중 귀족이 10명이라고 치자. 이중에서 역사를 바꿀 만한 인재를 찾아야 한다. 그런 인재를 발견할 확률이 귀족 10명 중에서 찾을 때 더 높겠는가, 전체 국민 1000명 중에서 찾을 때 더 높겠는가? 당연히 후자가 더 높다. 그래서 일부 귀족에 휘둘리는 나라보다 수많은 대중들을 기반으로 움직인 나라가 역사적으로 더 강했던 것이다.

중국과 인도는 이 원칙에서 한참 벗어나 있다. 우선 중국은 민주주의를 전혀 이루지 못한 나라다. 국가의 사이즈가 워낙 큰 덕에 지금은 티가 나지 않는다. 비록 그 나라에서는 '일부 기득권층'만이 인재로 등용된다고 해도, 그 일부의 숫자 자체가 웬만한 나라 전체 국민에 맞먹으니 문제가 잘 안 보일 뿐이다.

하지만 궁극적으로 보면 중국은 이런 한계를 쉽게 극복하지 못할 가능성이 높다. 무엇보다 중국은 퍼스트 무버 시대에 가장 중요한 요소 가운데 하나인 다양성을 전혀 존중하지 않는다. 정부에 대한 작은 비판도 용납하지 않는 나라, 나와 다른 의견을 받아들일 포용력이 없는 나라는 발전에 한계가 있을 수밖에 없다.

중국은 또 정부가 모든 것을 주도하는 나라다. 요즘에는 중국에도 민영 기업이 많아졌지만 전체적으로 중국 경제의 키는 정부가 쥐고 있다. 반민반관(半民半官)이라는 독특한 경제 시스템은 일사불란하게 움직일 수 있다는 면에서 분명 강점이 있다. 하지만 더 많은 토론과 더 많은 비판을 통해 성장하는 '창의성의 시대'에 정부의 지나친 파워는 비효율을 낳을 수밖에 없다.

또 한 가지, 중국에는 겸손함이 없다. 수천 년 동안 '세계의 중심'이라는 오만함을 가지고 살았으니 그럴 법도 하다는 생각이 든다. 하지만 발전은 반성에서 출발하는 법이다. 그리고 반성은 겸손한 자기 성찰을 기반으로 자라난다.

2008년 베이징 올림픽 성화 봉송이 한창일 때, 중국으로부터 독립을 꿈꾸는 티베트 사람들이 이 성화 봉송에 반대하는 시위를 세계 각 나라에서 벌였다. 그러자 중국인들은 티베트 사람들의 시위를 무자비한 폭력으로 진압했다.

심지어 한국에 유학 온 중국의 젊은이들은 대담하게도 한국 도심 대로에서 티베트인들을 폭행했다. 도대체 남의 나라 도심 한복판에서 과격하게 폭력을 휘두르는 그 배짱과 오만함이 어디에서 나오는지 나는 도저히 이해가 가지 않는다. 적어도 유학을 온 젊은이들이라면, 최소한 기본 소양은 갖춘 지식인들이 아닌가?

인도는 그런 면에서 중국보다는 나은 면이 있다. 인도는 어찌됐건 엄연히 자본주의 시장 경제를 받아들인 민주주의 국가이기 때문이다.

그러나 인도는 '하나의 나라'라는 일체감을 갖기가 쉽지 않다는 약점이 있다. 거대해 보이지만 그 거대함을 하나로 묶는 국가적 자부심이 부족하다. 1951년 조사에 따르면 인도에서는 무려 900개가 넘는 언어가 사용됐다고 한다. 지금도 마찬가지다. 인도 헌법이 공인한 주요 언어만 해도 힌디어, 비하르어, 벵골어, 아삼어, 오리아어, 펀자브어 등 모두 17가지에 이른다.

심지어 인도는 각 주별로 문화와 인종이 거의 완전히 다르다. 인도의 주는 한국의 '도' 개념이 아니다. 완전히 다른 민족, 다른 문화를 토대로 한 별개의 국가에 가깝다.

다양성이 있다는 것은 그 국가의 대단한 강점 가운데 하나다. 그러나 그 다양성도 국가라는 하나의 매개 고리가 있을 때 결집력을 발휘한다. 인도는 한국과 정반대로 이런 매개 고리가 너무 약한 나라다. 다양성을 장점으로 승화시켜 '인도'라는 큰 대의를 위해 사용하기에는 이 나라의 문화와 인종이 너무 복잡하게 얽혀 있다. 인도의 거대한 사이즈는 이 나라의 최대 강점이지만, 어떤 면에서 이 나라가 미래로 가는 데 발목을 잡는 심각한 약점이 될 수 있다.

세계 초강대국이 되기 위해 어느 정도의 사이즈를 갖춘다면, 분명히 유리한 점으로 작용할 것이다. 하지만 창의성의 시대는 궁극적으로 사이즈만으로 겨루는 시대가 아니다. 사이즈도 중요하지만 사이즈가 모든 것이 아니라는 뜻이다.

우리가 '지상의 낙원'이라고 부르는 스위스의 인구는 불과 750만 명이라는 사실을 알아야 한다. 19세기 영국은 전 세계 인구의 4분의 1을 다스리는 '해가 지지 않는 대제국'을 건설했다. 그러나 정작 영국 자체 인구는 단 한 번도 수천만 명 수준을 넘지 않았다.

지금은 중국과 인도가 거대해 보일지라도 본질을 살펴보면 사이즈 자체는 지나치게 두려워할 요소가 아니다. 다양성을 기반으로 한 창의력으로 겨뤄야 한다면, 그리고 그것을 하나의 국가의 힘으로 모아야 한다면 한국은 중국이나 인도에 비해 훨씬 더 비옥한 토양을 가지고 있는 나라다.

■ 우리는 무엇으로 세상의 중심이 될 것인가

중국은 오랫동안 자신이 세상의 중심이라고 믿고 살아온 나라다. 그들이 말하는 중화사상(中華思想)은 '중국 것이 아니면 모두 오랑캐의 것'이라고 믿는 오만한 신념에 뿌리를 두고 있었다.

그런데 실제 동양의 역사를 살펴보면 중국이 스스로를 '세상의 중심'이라고 믿는 그 신념이 완전히 허황된 것도 아니었다는 생각이 든다. 그만큼 그들이 강했고 거대했기 때문이다. 그들은 실제로 동양 역사에서 수천 년 동안 권력의 중심에 있었다.

2000년 전 서양 세계를 지배했던 로마도 마찬가지였다. 그들은 이베리아 반도를 출발점으로 북아프리카와 지중해 일대를 장악했고 게르만족이 지배하던 북부 유럽을 점령했다. '모든 길은 로마로 통한다'라는 말은 단지 로마가 교통의 중심지였다는 뜻만이 아니었다. 당시 유럽 사회의 종교, 문화, 군사력, 경제력 등 모든 요소의 핵심은 로마로 모여들었다.

한국의 미래는 어떨까? 이미 밝혔듯이 나는 한국의 미래 모습을

'허브(hub)'라고 믿고 있다. 그리고 그 허브는 지리적 유리함을 바탕으로 작은 경제적 이익이나 취하는 소극적 개념의 허브가 아니다. 동아시아와 세계 질서에서 빼놓을 수 없는 중요한 역할을 하는 그런 허브를 말하는 것이다.

> 내가 그리는 한국의 미래는 바로 창의력, 혁신, 성취감, 공정함의 중심이 되는 허브다.

그런데 여기에서 분명히 해둬야 할 것이다. 그렇다면 도대체 한국은 무엇으로 세상의 허브가 될 수 있느냐는 것이다.

과거 중국이나 로마가 그랬던 것처럼, 한국이 '미래 세계 권력의 중심'이 될 수 있다고 말하기는 쉽지 않다. 물론 그렇게 될 수도 있겠지만 그것은 결과로 나타날 수 있는 일일 뿐이지, 우리가 지향해야 할 일이 아니다.

'군사력의 중심지'나 '돈의 중심지'도 마찬가지다. 그렇게 될 수도 있겠지만 그것을 목표로 삼는 것은 정답이 아니다. "세계에서 제일 부자가 되자"라고 아무리 떠들어봐야 그런 목표는 이뤄지지 않는다.

나는 한국이 창의력의 허브(hub of creativity), 혁신의 허브(hub of innovation), 성취의 허브(hub of fulfillment), 공정함의 허브(hub of fairness)가 되기를 원한다. 세계에서 가장 창의적인 나라, 세계에서 가장 도전 정신이 충만한 나라, 세계에서 가장 자기 혁신에 철저한 나라, 도전과 성과에 대한 공정한 성취가 가장 잘 보장되는 나라가 되기를 소망한다. 이런 환경의 변화를 이뤄내면 파워는 자연히 따라오게 돼 있다.

세계 각 나라의 창의적인 인재들이 한국이라는 나라에 꿈을 품고

구름처럼 모여들었으면 좋겠다. 한국이라는 나라가 인종과 언어, 문화의 장벽을 넘어서서 이 모든 인재들을 품을 수 있는 그릇이 돼줬으면 좋겠다. 불공정한 관행과 옛 세대의 벽에 막혀 꿈을 펴기 어려운 각국의 젊은이들이 '기회의 땅' 한국에 집결했으면 좋겠다.

금융 허브, 교통 허브 같은 쩨쩨한 수준에서 허브를 말해서는 안 된다. 권력의 허브나 돈의 허브 같은 결과 지향적인 허브도 우리의 꿈이 아니다. 내가 그리는 한국의 미래는 바로 창의력, 혁신, 성취감, 공정함의 중심이 되는 허브다. 한마디로 표현한다면 '허브 오브 엑설런스(hub of excellence)'라고 할까.

이는 어렵지 않은 일이며, 또 어려운 일이기도 하다. 어렵지 않다는 것은 우리가 조금만 노력해서 환경을 바꾸면 얼마든지 이런 기회를 얻을 수 있다는 뜻에서 하는 말이다.

기업이 바뀌고 재벌 위주의 경제 구조가 바뀌면 된다. 리더들이 창의력을 가진 인재들을 중용하고 한층 더 역동적인 보상 체계를 만들면 된다. 기득권층이 기득권을 내려놓고 진지하게 그 기회를 개방하면 된다. 공정한 경쟁을 통해 승자가 성취감을 느끼고 패자가 승복하는 문화를 만들면 된다. 도전을 환영하고 끊임없이 조직을 혁신하면 된다. 개방적인 생각으로 우리와 다른 문화를 진취적으로 받아들이면 된다.

이렇게 하면 한국은 세계 각 나라의 우수한 요소와 인재들의 교량이 되고 허브가 될 수 있다.

그러나 이렇게 환경을 바꾸는 일은 너무 오랫동안 우리가 몸에 체득해놓은 것들을 버려야 하는 것이기에 말처럼 쉽지 않을 수 있다. 그래서 이 일이 어렵지 않으면서도 어려운 일이라고 말하는 것이다.

내가 이 책에서 "한국이 운명을 거는 자세로 변화를 고민해야 한다"라고 주장하는 이유가 여기에 있다. 설렁설렁, 대충대충 고민하다 마는 척하는 태도로는 이 어려운 난제들을 절대 극복할 수 없다. 정말 운명을 건다는 자세로 임해야 한다.

지금 세계에서 이런 허브 역할을 하는 나라가 몇이나 되며, 또 이런 꿈을 가진 나라가 몇이나 될까? 적어도 중화의 늪에 빠져 자국 우월주의 사상을 가진 중국이나 영토 전체를 '국가'라는 하나의 이름으로 묶어내기에도 버거운 인도, 도전 정신과는 담을 쌓고 지내는 일본이 그 주인공은 아니지 않은가!

■ 한국인이 품고 있는 '꿈의 크기'는 어느 정도인가

한국 사람들은 한국의 미래에 대해 어느 정도 확신을 하는지 모르겠다. 아니, 어떤 꿈을 가지고 있는지 모르겠다.

나는 내가 선조들과 마찬가지로 양화진 묘역에 묻힐 때쯤, 한국이 어떤 모습을 하고 있을지를 가끔 그려본다. 그리고 나는 한국이 그 무렵에 동아시아와 세계를 호령하는 '허브 오브 엑설런스(hub of excellence)'의 역할을 하는 나라에 올라서 있기를 기대한다.

나는 순수 토종 한국인이 아니기에 맹목적인 애국심을 갖지 않는다. 따라서 내가 그리는 한국의 미래는 충성심을 기반으로 한 근거 없는 낙관이 아니다. 깊게 생각하고 판단해본 결과 한국은 그럴 자질이 충분히 있다. 심지어 한국

> 모름지기 꿈을 꾸는 사람만이 미래를 개척할 수 있는 법이다.

은 교과서의 가르침대로 '위치마저도 아주 좋은 나라'다.

한국은 역사적으로 보면 너무 오랫동안 비(非)강대국으로 살아왔다. 그래서 은연중에 우리가 그런 세계의 허브가 되는 것을 불가능하다고 생각하거나, 아니면 아예 그런 그림 자체를 머리 속에 그리지 않는 것 같다. 그저 세계 10위 수준의 잘사는 나라가 되면 만족하는 걸까?

이런 약소국 마인드를 빨리 버려야 한다. 약소국 마인드는 전적으로 '꿈의 크기'의 문제다.

모름지기 꿈을 꾸는 사람만이 미래를 개척할 수 있는 법이다. 나 같은 중립자가 객관적인 시각으로 보기에 한국은 그 꿈의 크기를 한껏 키워도 되는 잠재력 있는 나라다. 그런데 정작 한국 사람들은 꿈을 꾸지 않거나 작은 꿈을 꾼다.

세계를 이끄는 리더가 되겠다는 큰 꿈을 꿔야 한다. 그래야 우리의 애티튜드가 바뀐다. 갑자기 돈 좀 만지게 된 졸부들은 가난한 사람들을 깔보고 거만한 자기 만족에 빠진다. 하지만 더 큰 미래를 꿈꾸는 인재들은 부자가 되더라도 개척해야 할 미래가 있기에 늘 진지하고 겸손하다.

가끔 일부 한국 사람들이 동남아시아 같은 작은 나라에 가서 졸부 행세를 하고 다닌다는 이야기를 들으면 나는 가슴이 먹먹해진다. 꿈이 없는 사람들만이 보일 수 있는 모습이기 때문이다. 한국이 세계의 리더가 되겠다는 꿈을 가지고 있다면, 그리고 그 꿈을 국민 모두가 공유하고 있다면 그런 오만함이 얼마나 나라 이름에 먹칠을 하는지 잘 알게 될 것이다. 미래를 위해서라도 그런 짓을 할래야 할 수가 없다.

반면 아프리카 오지에서 선교 사업을 하면서, 아시아 밀림에서 봉사 활동을 하면서 자신을 희생하는 한국의 청년들을 보고 있노라면 가슴이 벅차 오른다. 물론 그 사람들이 '세계의 리더 한국'이라는 큰 꿈을 가지고 활동하지는 않았을 것이다. 그러나 지금 그들의 그런 희생은 미래 한국이 세계의 리더가 됐을 때 우리의 위상을 높이는 소중한 자산이 될 것이다.

다시 한 번 말하지만 미국 등 서구 사회와 어깨를 나란히 할, 또는 그들을 추월할 만한 세계적 허브 국가가 아시아에서 나온다면 한국은 가장 유력한 후보 가운데 하나다.

우리 모두가 이 꿈을 간직하면 실로 많은 것을 고칠 수 있다. 내가 이 책에서 지적한 것들은 너무 오랫동안 당연시해왔던 것이기에 어찌 보면 참 고치기 힘들다. 그러나 꿈의 크기를 키운다면 단번에 고칠 수 있는 것들이기도 하다. 실제 한국 사람들은 중국인이나 일본인에 비해 변화를 받아들이는 데 단연 뛰어난 능력을 가지고 있다.

고대 세계를 지배했던 로마는 해적의 침입을 두려워했던 지중해의 약소국에서 출발했다. 지금 세계를 호령하는 미국은 영국의 프로테스탄트들이 세운 농업 국가였다.

세상 일은 그래서 모르는 법이다. 우리가 큰 꿈을 가지고 혁신을 위해 스스로에게 강한 채찍을 든다면 한국이 세계의 허브로서 존경 받는 초강대국이 될 가능성은 항상 열려 있다.

내가 나이가 들어 양화진에 묻힐 때, 나는 한국이 바로 이런 나라가 되어 있었으면 한다. 그리고 하나의 꿈을 달성했더라도 절대 멈추지 않는, 끊임없이 반성하고 스스로를 혁신하는 역동적이고 창의적인 나라가 되기를 간곡히 소망한다.

FIRST MOVER
퍼스트 무버

1판 1쇄 발행 2012년 3월 10일
1판 6쇄 발행 2017년 4월 5일

지은이 | 피터 언더우드
편집인 | 최현문
발행인 | 이연희
본문·표지 디자인 | 정현옥
발행처 | 황금사자
출판신고 | 2008년 10월 8일 제300-2008-98호
주소 | 서울시 종로구 홍지동 104-21 세검정아트오피스텔 205호
문의전화 | 070-7530-8222
팩스 | 02-391-8221

한국어판 출판권 ⓒ 황금사자 2012
ISBN 978-89-97287-01-7 13320
값 14,000원

이 책의 한국어판 출판권은 저작권자와의 독점계약으로 황금사자에 있습니다.
저작권법에 의해 한국 내에서 보호를 받는 저작물이므로 무단 전재와 복제를 금합니다.

* 잘못된 책은 구매하신 서점에서 바꾸어 드립니다.